城市群地区土地承载力和经济发展建设理论与实践

——以哈长城市群为例

胡 囡 著

哈爾濱工業大學出版社

内容简介

本书系统阐述了城市群地区土地承载力与经济发展水平的时空差异。全书共分为六章和附录。第一章为"绪论",阐述研究背景、目的、意义、内容与方法;第二章为"城市群规划相关理论";第三章为"研究区概况";第四章和第五章分别为"哈长城市群土地综合承载力研究""哈长城市群经济发展水平时空差异";第六章为"结论与展望"。附录部分收录了本书参考的原始数据和相关规划的内容。

本书可供从事城乡规划、国土空间规划、土地管理的科技工作者及相关专业高校师生参考。

图书在版编目(CIP)数据

城市群地区土地承载力和经济发展建设理论与实践:以哈长城市群为例/胡囡著. —哈尔滨:哈尔滨工业大学出版社,2022.8

ISBN 978-7-5767-0084-8

Ⅰ.①城… Ⅱ.①胡… Ⅲ.①城市群-土地承载力-研究-东北地区②城市群-区域经济发展-研究-东北地区 Ⅳ.①F323.211②F299.273

中国版本图书馆CIP数据核字(2022)第158349号

策划编辑 闻 竹
责任编辑 马 媛
装帧设计 郝 棣
出版发行 哈尔滨工业大学出版社
社 址 哈尔滨市南岗区复华四道街10号 邮编150006
传 真 0451-86414749
网 址 http://hitpress.hit.edu.cn
印 刷 三河市明华印务有限公司
开 本 787 mm×1 092 mm 1/16 印张7.5 字数133千字
版 次 2022年8月第1版 2022年8月第1次印刷
书 号 ISBN 978-7-5767-0084-8
定 价 48.00元

前　　言

城市与区域发展是国际学术界研究的一个重要领域,学者们基于不同的学术背景和研究视角在探究中逐步确立了一些富有影响力的研究方向。我国的城市与区域发展研究更是一片前景广阔的新天地,其不仅与我国的经济增长模式密切相关,更是因为我国自身所具有的诸多特殊性。由于自然地理和人文地理条件以及历史发展的巨大差异,我国不同城市与区域的经济多样化显著。从国家的区域发展战略和城市、区域自身的特殊性,从旧城改造到开发区、产业集聚区、CBD(中央商务区)、城市新区建设,从区域城镇体系规划到世界城市、国际化大都市、国家中心城市、区域中心城市的定位,从都市圈、城市群规划到高度一体化的融城和经济区构建等都为城市和区域经济的发展研究提供了新元素和新课题。因此,深入开展我国城市与区域发展研究,不仅是立足国际学术前沿,探索城市与区域发展规律,与国际前沿理论对话的现实要求,更是认识和理解我国经济增长模式,实现我国经济社会可持续性增长以及促进区域经济协调发展的战略需要。

本书的整体架构是:第一章"绪论";第二章"城市群规划相关理论";第三章"研究区概况";第四章"哈长城市群土地综合承载力研究";第五章"哈长城市群经济发展水平时空差异";第六章"结论与展望"。附录补充提供本书参考的原始数据和相关规划的内容。通过对哈长城市群的实证研究表明,本书所提出的研究方法具有较好的实用性,研究结果具有较高的可信度。本书在筹备过程中得到同人的悉心指导,得到黑龙江省自然基金和国家自然基金(面上项目)的大力支持,在此向他们忠心地表示感谢!本书参考了许多专家学者的论著和科研成果,书中对引用部分一一做了注明,但仍恐有挂万漏一之误,诚请多加包涵。

由于作者的研究成果整理得比较仓促,再加之水平有限,不足之处仍有很多,恳请广大同人批评指正!敬请阅读本书的读者多提宝贵意见,作者万分感激!

作者

2022 年 2 月

目　　录

第一章　绪　论

第一节　研究背景

一、国内宏观背景

（一）城市群是支撑我国经济高质量发展的主要平台

作为世界第二大经济体，我国近年来一直保持着较高的经济发展速度，在经济高速发展的同时，也在经历着人类史上最大规模的城市化进程。1978—2021 年，我国城镇常住人口从 1.7 亿人增加到 9 亿人，常住人口城镇化率从 17.9% 提升到 64.72%，年均提高 1.09 个百分点；我国拥有超大城市（城区常住人口 1 000 万以上的城市）7 座（上海、北京、深圳、重庆、广州、成都、天津）、特大城市（城区常住人口 500 万以上 1 000 万以下）14 座（武汉、东莞、西安、杭州、佛山、南京、沈阳、青岛、济南、长沙、哈尔滨、郑州、昆明、大连）。京津冀、长江三角洲、珠江三角洲三大城市群，以 2.8% 的国土面积集聚了 18% 的人口，创造了 36% 的国内生产总值，成为带动我国经济快速增长和参与国际经济合作与竞争的主要平台。在"十三五"规划前，我国仅将长江三角洲、珠江三角洲、京津冀三大城市群列入国家战略规划。当前，我国城市群的发展重心已从三大城市群的集中发展模式，向"十四五"规划纲要中提出的 19 个主要城市群协调发展模式转变。区别于早期单一地区的城市化，随着地区间经济协作关系的日益紧密，若干城市在经济发展的带动下，"集群"推进城市发展的"群模式"已成为我国城市化发展的趋势。同时，城市群的发展，也对我国的经济社会形态和城市体系产生了深远的影响。城市是区域的重要组成部分，从社会经济发展角度考虑，城市又是区域中最具活力的组分，同时也与城市之外的区域相互协调，相互依存。改革开放以来，尤其是 21 世纪以来，在世界经济发展整体增速低迷的趋势下，我国经济却以平均每年 9% 以上的增幅逆势上扬。激流勇进中，我国的经济总量在 2005 年超越英国，2007 年超越德国，2010 年又超越日本，一跃成为仅次于美国的世界第二大经济体。

我国经济创造的奇迹与区域和城市的快速发展始终是相伴而生、同步前行的。据统计,国家层面的经济增长主要来自一些区域,2010 年沿海省市的经济总量占到全国的 62.2%,其中广东、江苏、山东、浙江四省又占全国的 38.6%,这些区域中,城市又占据了很大的比重。这一特征在经济全球化和市场化改革催化下,促成了由政府主导的城市与区域经济的异军突起。显而易见,政府主导下的城市与区域经济的广泛开放促进了我国经济的增长。在分税制的引导下,各地方政府通过不拘一格、各显其能的对外开放来吸纳全球化和市场化过程中各种流动的资源,以占有资源的先机,并努力将这些资源进行优化配置,以取得最显著的政绩效果。

(二)城市群已成为我国经济发展格局中最具活力和潜力的核心地区

我国城市群是国家经济发展的战略核心区和国家新型城镇化的主体区,是世界经济重心第三次转移的重要载体,是我国走向世界的关键门户,也是“一带一路”建设的主阵地,中国城市群发展的国际战略地位正在显著提升。在经济全球化、城市化的背景下,城市群已成为城市发展的主流和趋势。城市群作为国家新型城镇化规划建设的“主体形态”,其发展水平和质量影响着“中国梦”的内涵。城市群是我国未来经济发展格局中最具活力和潜力的核心地区,在全国生产力布局中起着战略支撑点和增长极点的作用,承担着全国和地区各种生产要素流的汇聚与扩散职能,是我国未来城市发展的重要方向。城市群建设,已成为我国城市化的战略模式,以城市群来调整区域经济的均衡发展。

2006 年“城市群”第一次出现在中央文件中,《中华人民共和国国民经济和社会发展第十一个五年规划纲要》中明确提出:“要把城市群作为推进城镇化的主体形态。”2007 年党的十七大报告指出:“以特大城市为依托,形成辐射作用大的城市群,培育新的经济增长极。”《中华人民共和国国民经济和社会发展第十二个五年规划纲要》提出:“在东部地区逐步打造更具国际竞争力的城市群,在中西部有条件的地区培育壮大若干城市群。”2012 年党的十八大报告指出:“继续实施区域发展总体战略,科学规划城市群规模和布局。”2013 年中央城镇化工作会议提出:“要在中西部和东北有条件的地区,依靠市场力量和国家规划引导,逐步发展形成若干城市群。”2014 年中共中央、国务院印发《国家新型城镇化规划(2014—2020 年)》及“十三五”规划,要求建设长江三角洲、珠江三角洲、京津冀、山东半岛、海峡西岸、哈长、辽中南、中原、长江中游、成渝、关中平原、北部湾、山西中部、呼包鄂榆、黔中、滇中、兰州－西宁、宁夏沿黄、天山北坡 19 个城市群。2017 年党的十九大报告指出:“以城市群为主体构建大中小城市和小城镇协调发展的城镇格局。”2018 年中共中央、国务院印发《关于建立更加有效的区域协调发展新机制的意见》明确指出：“推动国家重大区域战略融合发展”“建立以中心城市引领城市群发展、城市群带动区域发展新模式，推动区域板块之间融合互动发展”。2015 年至今，国务院已批复 19 个城市群规划，部分城市群规划印发时间见表 1－1，它们承载了我国 78% 的人口，贡献了超过 80% 的国内生产总值。伴随着我国城镇化进程的不断加快，城市群地区已经成为今天和今后我国经济发展格局中最具活力和潜力的核心地区，主宰着我国经济发展的命脉。

表 1－1 部分城市群规划印发时间

文件名称	印发时间
《长江中游城市群发展规划》	2015 年
《京津冀协同发展规划纲要》	2015 年
《哈长城市群发展规划》	2016 年
《中原城市群发展规划》	2016 年
《成渝城市群发展规划》	2016 年
《长江三角洲城市群发展规划》	2016 年
《北部湾城市群发展规划》	2017 年
《关中平原城市群发展规划》	2018 年
《呼包鄂榆城市群发展规划》	2018 年
《兰州—西宁城市群发展规划》	2018 年
《粤港澳大湾区发展规划纲要》	2019 年

（三）化解城市群可持续发展面临的主要矛盾

一个地区当城市化和市场化发育到一定程度时，根据资源最优配置和环境功能整合的原则，要求跨越原有行政界限重新构建经济组织、空间组织（城市体系），城市群就应运而生了。当代城市，尤其是大城市，其空间范围或影响范围都在客观上构成了由多个城市相结合而成的城市群，其成为现代城市化发展的一个非常重要的现象。在全球化、信息化时代，当代城市竞争已不是单个城市间的竞争，而是以中心城市为核心的城市区域或城市集团的竞争，城市群已经成为全球化分工、合作以及竞争过程中的基本单位，它的发展深刻影响着国家的国际竞争力。同时,城市群的形成、发展过程必然伴随着城镇密度提高、产业集聚发展、公路等交通运输网络形成等现象,这些要素的发展又不可避免地会引发资源过度消耗、生态破坏、环境污染等问题。探讨城市群地区经济社会发展与土地承载力之间的相互作用机理,涉及城市群地区的土地承载力如何、经济发展问题。这些问题均关系到我国城市群的可持续发展,进而影响到我国城镇化的健康发展,亟待研究并解决。

(四)我国"双评价"工作的现实要求和技术服务

随着生态文明建设的深入推进,"资源环境承载能力"和"国土空间开发适宜性评价"(以下简称"双评价")工作受到了党和国家的高度重视。2019年,我国"双评价"相关指导工作迅速开展。同年6月,为切实支撑各级国土空间规划编制,自然资源部国土空间规划局研究制定了《资源环境承载能力和国土空间开发适宜性评价技术指南(试行)》,并选择典型地区开展试评价工作,旨在确保"双评价"技术方法科学、合理、适用。2020年1月,自然资源部办公厅印发《资源环境承载能力和国土空间开发适宜性评价指南(试行)》,旨在指导各地开展资源环境承载能力和国土空间开发适宜性评价工作,保证评价成果的规范性、科学性和有效性,并进一步明确相关单项评价的操作流程。

土地综合承载力是重要的科学指南,不仅探究了对社会经济发展的支撑程度,而且政府可以参照土地综合承载力水平来规划未来的发展。土地综合承载力等单项承载力评价研究,在当前我国"双评价"工作及未来发展中都具有重要地位。土地综合承载力是区域人口、资源与环境可持续发展评价的重要指标,对土地综合承载力的界定既要最大限度满足当前经济社会发展需求,又要考虑到土地资源利用的可持续性,不浪费现有资源,不会对后续利用造成难以弥补的负面影响。因此,土地综合承载力的研究,对"双评价"结果具有重要支撑及借鉴意义。

二、区域背景

(一)面临振兴东北老工业基地的机遇和挑战

第一轮东北老工业基地振兴战略主要是通过政策扶持推进东北地区的产业结构转型升级,政策支持的重点实质上是对装备制造、石油化工、能源原材料等原有传统优势产业的改造,因此产业结构调整效果并不明显。2016年4月26日,《中共中央 国务院关于全面振兴东北地区等老工业基地的若干意见》发布,指出东北地区面临的"矛盾和问题归根结底是体制机制问题,是产业结构、经济结构问题”，要“坚持多策并举，‘加减乘除’一起做，全面推进经济结构优化升级，加快构建战略性新兴产业和传统制造业并驾齐驱、现代服务业和传统服务业相互促进、信息化和工业化深度融合的产业发展新格局”，这也为哈长城市群的经济振兴注入了新的动力。

（二）破解“新东北现象”的主要途径

2003—2012年，辽宁、吉林、黑龙江三省GDP年均增速分别为12.8%、13.8%和11.7%，迎来了东北振兴战略实施后的10年黄金期。然而，2014年经济增速跌落至全国后五名之列，分别为5.8%、6.5%和5.5%，2015年一季度经济增速仍未见起色，因而被外界不甚乐观地称为“新东北现象”。“新东北现象”深层次的结构性矛盾主要表现为产业结构未能根据经济结构变化适时进行调整，无效供给过剩与有效供给不足并存。作为我国的主粮仓和能源、重工业基地，东北经济可以看作是我国实体经济的缩影。因此，在我国经济新常态下，东北经济失速具有更加标志性的意义。如何破解“新东北现象”，适应经济新常态，实现新作为，是当前东北地区面临的重大课题。

第二节　研究目的与意义

一、研究目的

（一）梳理土地综合承载力和区域经济发展差异的研究理论基础和研究现状

对城市群、承载力、土地综合承载力、经济发展水平等概念进行详细阐述，并对相关理论进行归纳总结，基于概念和理论的认知，梳理国内外的相关研究现状，最后落脚到研究区域，为实证分析交代背景。

（二）厘清哈长城市群发展概况

哈长城市群是我国二级国家级城市群，位列其之首。通过对哈长城市群的发展脉络的厘清，概括分析哈长城市群社会经济发展的概况和存在的问题、城市群的规模体系，从而形成对城市群整体发展较为系统的认知，为研究城市群的经济发展打下基础。

(三)定量与定性分析评价哈长城市群经济发展、土地综合承载力的时空差异

在定量与定性分析评价哈长城市群经济发展、土地综合承载力的基础上探究影响其经济发展差异和承载力的因素;通过单一指标和多元指标的综合对比分析,对定量测度的结果进行内涵揭示;同时揭示经济发展空间差异的内生机制。

(四)提出哈长城市群经济发展和土地利用的对策和建议

理论存在的目的是指导并求证于实践,以期为哈长城市群可持续发展和区域规划决策提供一定的理论依据。

二、研究意义

(一)理论意义

丰富城市群经济发展差异、土地承载力的研究内容和方法,并通过梳理城市群发展脉络,夯实实证研究的理论依据,提升相关综述理论的实效性。

(二)实践意义

为制定区域协调发展政策、编制和实施区域发展规划等方面提供基础资料;为城市群地区可持续发展提供决策依据;为城市群发展规划提供有力支撑;为落实振兴东北老工业基地战略提供前提基础。

第三节　研究内容与方法

一、研究内容

本书共分为六章和附录。第一章为绪论,包括研究背景、研究目的与意义、研究内容与方法。第二章为城市群规划相关理论,包括两部分内容,城市群部分梳理了概念、内涵、特征、界定标准、发展模式、等级类型等;城市群规划基础理论部分主要阐述了不均衡发展、增长级等理论。第三章为研究区概况,介绍了哈长城市群的提出,明确了其地域范围、地理位置、空间格局、城市规模与城市职能;社会经济概况中总结了现阶段发展存在的问题。第四章为哈长城市群土地综合承载力研究,阐述了土地综合承载力的研究背景,国、内外研

究现状,明确了承载力、土地承载力、土地综合承载力的概念,构建了评价指标体系,对2012年和2016年的数据进行对比分析;计算2012年与2016年各准则层和评价指标的权重;运用多目标综合评价模型获得土地承载力得分;按照等间距法建立分级标准,从整体上概括区域空间差异特征,并分析各级承载力区土地综合承载力和子系统承载力,找出主要影响因素,提出有针对性的利用对策。第五章为哈长城市群经济发展水平时空差异,包括区域经济差异及理论基础,总结分析区域经济差异国内外研究成果,从经济规模、经济结构、对外贸易、人民生活、基础设施5个子系统构建经济发展水平评价指标体系,运用熵值法确定权重,利用综合评价法分析哈长城市群2011—2019年经济发展水平的动态变化,应用传统统计方法变异系数分析区域经济差异。第六章为结论与展望,提出主要结论和建议,总结创新点和不足之处,以此明确未来研究的思路与方法。附录部分收录了本书参考的原始数据和相关规划的内容。

二、研究方法

(一)文献研究法

文献研究法是指研究者针对一定的研究目的或课题,通过研究文献活动,全面地了解所研究的问题,揭示其规律、属性的一种方法,是一种古老而实用的方法。研究过程中,通过搜集、整理和归纳各类期刊、著作、时评、音像、图集等文献资料,梳理与本研究相关的理论基础知识;同时,对国内外发达地区的城市群资料、城市群规划进行研读,探究其可借鉴的共性经验与特殊性。通过评述文献资料对研究主题的指导和影响意义,明确研究的切入点。

(二)定量评价与定性分析相结合

针对不同的研究对象采取定量评价和定性分析相结合的研究方法,其中包括对哈长城市群的发展脉络、现状的梳理以及对城市群经济发展水平的影响因素和存在问题的分析。本书对哈长城市群经济发展水平的时空差异和土地综合承载力运用综合评价法,进行定量评价与定性分析;对于经济发展水平指标的构建、经济发展时空分异的演化序列,采用定量测度和量化方法进行研究。定性探究2012年与2016年土地承载力状态变化规律,为哈长城市群的发展提供相关的政策依据。

(三)理论研究与实证分析相结合

研究过程中涉及多学科理论知识,在对理论知识的吸纳过程中,紧密结合时代背景、区域实情,在对理论进行评述归纳的同时,明确本书所采取的主要研究思路和理论依据。哈长城市群是区域性城市群,是国家二级城市群,又是重工业基地,在振兴东北老工业基地战略的背景下需针对特殊的时代背景、机遇和挑战、区域发展特征,制定相应的优化对策;同时在研究中以时效性较高的数据和政策理论作为支撑,使得研究结果更加客观。

(四)横向、纵向对比分析

土地综合承载力空间差异分析中,在总结规律的基础上选取 2012 年和 2016 年,针对高、中、低承载力区进行横向对比分析;针对经济发展水平,选取三个时间段,即哈长城市群规划提出前、提出之后进行纵向对比分析,研究其变化规律,找出主要问题,有针对性地提出建议。

第二章　城市群规划相关理论

第一节　城　市　群

一、城市群概念与内涵

在西方相关城市群空间理论的基础上,我国学者提出了城市统计区(周一星等, 1995)、城市集群(张京祥, 2000)、城镇密集区(刘荣增, 2003)、都市圈(张伟,2003;董晓峰等,2005)、城市 - 区域系统(王发曾等, 2007)、都市区(宁越敏等, 2011)等诸多与城市群相近的概念名词。

周一星认为都市区(Metropolitan Area)是由中心市(城市实体地域内非农人口在 20 万人以上)和与中心市存在着密切社会经济联系的非农化水平较高的外围邻接地区两部分组成的。姚士谋提出城市群(Urban Agglomerations)的概念,认为城市群是指“在特定的地域范围内具有相当数量的不同性质、类型和等级规模的城市,在一定的自然环境条件下,以一个或两个超大或特大城市作为地区经济中心,共同构成的一个相对完整的城市集合体”。胡序威在对区域有关地域概念进行辨析的基础上,指出在较发达地区有较多城市沿主要交通干线或沿江、沿海成轴线发展,有可能形成彼此间距不远、联系较为密切的城市聚集带,在作用于不同区域范围的主要核心城市周围,聚集了不同类型、规模的城市,形成与核心城市保持较密切联系的群体,可称为城市群。方创琳指出,城市群是指 3 个以上不同规模、不同等级和不同发育程度的城市按照一定的组合方式,通过各种通道有机联系而形成的空间聚合体和综合集群体。

因此,用系统理论分析,城市群是一个城市分布的区域系统。在一个城市群区域中,城市之间、城市与地区之间存在着相互作用、相互制约的特定功能,它们结合在一起形成一个有机整体,是一个大系统。从地域空间考虑,城市群是一个特定区域内相对独立的有机整体,也是一个处于动态发展中的开放的有机系统,其经济联系的巨大流动性、社会生活的稳定性与结合性,表明它是一个不断变化的物质世界和精神世界。

根据方创琳的观点,城市群具有 9 方面的内涵,分别是科技同兴、生态同建、金融同城、交通同网、环保同治、产业同链、市场同体、规划同编、信息共享。

二、城市群界定定量指标

基于姚士谋提出的概念,针对我国的城市群我们提出以下若干定量指标,见表 2 - 1。

表 2 - 1　城市群界定定量指标

序号	指标名称/单位	超大型城市群	其他类型
1	城市群区域总人口/万	1 500 ~ 3 000	<1 500
2	城市群区域内特大城市/座	≥3	<2
3	城市群区域内城市人口比重/%	≥35	<35
4	区域内城镇人口比重/%	≥40	<40
5	区域内城镇人口占省区比重/%	≥55	55 ±
6	城市群等级规模结构/五个等级	较完整	不完整
7	交通网络密度/km · 10^{-4} km^2	铁路网 250 ~ 550, 公路网≥2 500	铁路网 250 ~ 400, 公路网 <2 500
8	社会消费品零售总额占全省区比重/%	≥45	<45
9	流动人口占全省区比重/%	≥65	<65
10	工业总产值占全省区比重/%	≥70	<70

资料来源:姚士谋,陈振光,朱英明,等. 中国城市群[M]. 合肥:中国科学技术大学出版社,2001.

发展至今,城市群的空间范围识别标准有所提高,主要包括以下 10 个指标:

(1)城市群内都市圈或大城市数量不少于 3 个,作为核心城市的超大城市(市区常住人口大于 1 000 万人)或特大城市(市区常住人口 500 ~ 1 000 万人)至少有 1 个。

(2)城市群内人口总规模不低于 2 000 万人。

(3)城市群内城镇化水平大于 70%。

(4)城市群人均 GDP 超过 10 000 美元,工业化程度较高,一般处于工业化中后期。

(5)城市群经济密度大于 1 500 万元/km^2。

(6)城市群内形成高度发达的综合运输通道和半小时、1 小时和 2 小时经济圈。

(7)城市群非农产业产值比率超 70%。

(8)核心城市 GDP 中心度 > 45%,具有跨省城市功能。

(9)城市群经济外向度大于 30%,承担着世界经济重心转移承载地的功能。

(10)各城市的地域文化认同感大于 70%,具有相似的自然人文地理环境和地域文化环境。

三、城市群特征

(一)动态性

城市群的形成发展过程具有动态变化的特征。首先,城市群内各类不同性质的城市,其规模、结构、形态和空间布局都处于不断变化的过程中。其次,城市群的形成发展要经历一个从发育到不断成熟、完善的过程。

(二)人口和城镇高度密集性

与一般区域相比,城市群地区是人口和城市高度密集地区,因此也是城市化水平较高的地区。产业发展在城市群形成中发挥了关键性的作用,产业的集聚和经济的发展引起人口在城市群地区的高度集中和城镇群体的发展壮大,由此造成城市群地区资源消耗和环境污染问题较为突出,资源环境与社会经济发展的矛盾也成为制约城市群可持续发展的重要问题。

(三)网络结构性

城市群不是城市单体,具有更广泛的空间网络结构性,主要反映在地区内各个城市规模的大小、城市群网的密度以及城市之间相互组合的形式上。城市群的空间网络结构性使其内部城市之间功能互补、运用协同的程度要高于非城市群地区。正是城市群内部城市发展的整体协调性特征使城市群地区单位资源利用和环境治理的效益有所提高。城市群内各个城市之间相互联系的强化与网络功能作用的加强是城市群发育成熟的重要标志。

(四)区域内外连接性和开放性

任何一个城市群的形成和发展不但不能脱离区域内各个城市的相互联系,而且必须与区域外的地区发生联系,且随着生产力和市场经济的发展,这种相互联系的强度越来越强。由此决定了城市群是具有高度开放性特征的区域系统,城市群地区人口、社会经济发展与外界有着千丝万缕的联系,不仅城市群地区的高速发展需要外界的资源和生态系统支持,而且城市群地区的发展对外界也具有重要的影响。

(五)区域内城市相互之间的吸引集聚和扩散

集聚和扩散特征也是城市群不断形成发展的内部作用机制。城市群以物质、人员、技术、金融、信息、文化等形式通过经济协作网络和运输通信体系发挥集聚与扩散作用,实现集聚效益和扩散效益的有机统一,使城市群的整体功能得到更好的发挥。随着社会生产力的进一步发展,城市群内部的协调作用会越来越明显,这样又加强了地区城市群的吸引力与扩散力。

四、城市群发展模式

结合我国国情,以强大的聚集效应和辐射力为特点的中心城市发展战略,以及加强中心城市的作用,完善中心城市的区域城市体系,形成有机结合的城市群体,这是我国城市群发展模式的指导思想。在这种思想指导下,按照各地区现有的经济基础、自然条件与城市发展形态,我国城市群可以划分为 4 种创新空间与发展模式(姚士谋,2007)。

(一)"高度集中型"的发展模式

这种模式在我国城市群中表现比较突出。这些区域城市群集中的空间因素十分突出,社会化、生产集约化和城市规模不断扩大化的现象很明显,区域内的人口集中、物质要素的集聚和自然环境的开发利用的集约化程度也最高。

(二)"双核心型"的发展模式

一对城市在城市群的形成发展过程中始终起到"双核心的作用"。从地区布局的特征分析,中心城市的主从关系不明确,城市间相互依存,又相互制约,尤其体现在行政与经济职能中。哈长城市群就属于这种模式,大部分城市都具有行政与经济双重职能,职能分工明确,发展趋势日益明显。

(三)"适当分散发展"的发展模式

城市化发展呈现一种在规模上由小到大(建成区扩大)和由大到小(发展郊区卫星城)的双向运动,结果在地区城市群发展模式上出现"两头大、中间小"的不平衡状态。例如,湖南省湖中地区的长沙、湘潭、株洲 3 个城市群体的发展模式呈现为分散形式。长—湘—株三市附近区域还有湘乡、醴陵、郴州、韶山等几个小城市相连,共同组成一个中等规模的湘中城市密集地区。这种城市群发展模式在我国今后一段时间内,作为地区经济发展比较均衡的模式,是促进生产力布局趋向区域化、合理化的一种比较好的模式。

(四)“交通走廊轴线”的发展模式

对我国的经济发展现状进行分析可知，许多城镇密集区的范围相对比较广阔，在可预见的规划期限内，城市发展与区域经济总体布局总是沿着那些交通条件比较优越或用水、用地条件好的发展轴线展开。客观上，区域城市群的城市扩展大多数是沿着交通走廊的轴线，形成经济发展轴线和城市发展地带。哈长城市群的发展兼具这种模式的特征。

五、城市群等级类型

依照国内外学者对城市群特征的关注频度的统计结果，“层级结构/多中心性”“外部联系及内部联通性”“内聚力特征”是城市群的三大特征。此外，经济全球化和信息化进程加快，资源环境问题日益凸显，开放程度和资源环境效应越来越成为当今城市群发展的另外两个重要外延特征。我国学者黄金川(2015)按照全面性、权威性、普适性和可比性原则，构建了以开放程度、发育程度、分散程度、产业结构以及资源环境效应为目标层的城市群类型划分指标体系，计算得到了我国22个城市群特征因子得分，并基于5个因子得分，运用Q型聚类分析方法，将我国城市群聚为5类，分别为：Ⅰ型：成熟外向型；Ⅱ型：双核驱动型；Ⅲ型：环境友好型；Ⅳ型：单核辐射型；Ⅴ型：内陆粗放型。根据研究可知，哈长城市群属于Ⅲ型，即环境友好型。

第二节　城市群规划基础理论

一、不均衡发展理论

区域增长究竟应是均衡的还是非均衡的，长期以来一直是区域经济学所争论的中心问题。新古典增长理论学派认为，区域长期增长取决于资本、劳动力与技术进步要素，在自由竞争条件下，劳动力总是从低工资区域向高工资区域流动，资本则总是从高工资区域向低工资区域流动，因此区域增长是倾向均衡的。与新古典增长理论学派相对立，缪尔达尔、赫希曼学派认为，区域增长是一个非均衡化的过程。1957年缪尔达尔提出循环累积因果理论，认为在市场力量作用下，发达区域的经济表现为一种上升的正反馈运动，不发达区域的经济表现为一种下降的正反馈运动。在这种累积循环过程中，存在着扩散与极化两种效应。扩散效应是指发达区域的强大经济势能向周边区域的扩散和辐射，主要表现为资本、信息、技术向落后区域的转移和传递，其实质是发达区域经济结构调整而引起的生产要素区际再分配，这种效应有利于带动落后区域的经济增长。极化效应是指生产要素从落后区域流入发达区域的现象，它将引起落后区域经济的衰退。在循环累积因果过程中，极化效应总是大于扩散效应。因此如果没有周密的经济政策干预，市场力量的作用通常是倾向扩大而不是缩小区域间的差距。区域经济的发展总是一个低水平均衡—不均衡—高水平均衡的发展过程。

二、增长极理论

（一）早期的空间极化发展思想

增长极（growth pole）概念最早是由法国经济学家弗朗索瓦·佩鲁（Francois Perroux）提出的。20 世纪 50 年代初，他针对古典经济学家的均衡发展观点，指出现实世界中经济要素的作用完全是在一种非均衡的条件下发生的。通过对实际经济活动的观察，他认为“增长并非同时出现在所有地方，它以不同的强度首先出现于一些增长点或增长极上，然后通过不同的渠道向外扩散，并对整个经济产生不同的最终影响”。佩鲁的增长极概念是一个纯经济学概念，与地域空间系统无关。他还使用过“经济空间”概念，把其定义为“存在于经济元素之间的结构关系”。他认为，在经济空间中，经济元素之间存在着不均等的相互影响，一些经济元素支配着另一些经济元素。经济空间并不是均衡的，而是存在于极化过程中。在经济空间中，存在着类似“磁极”作用的现象，一些经济元素对另一些经济元素施加不可逆的或部分不可逆的影响，就是二者为支配关系，他称之为支配效应。他指出：“呈现在我们面前的国民经济像是相对活跃的集合体（一些领头产业，在地理上聚集的产业极与活动极）和相对被动的集合体（受推进产业和依存于地理上集聚的一些活动极的地区）的组合，前者导致后者产业增长现象”。

佩鲁把经济空间分为 3 种类型：(1) 作为计划内容的经济空间。(2) 作为受力场的经济空间。(3) 作为均质整体的经济空间。其中第二种经济空间是增长极的出发点。这类空间“由若干中心（或极、焦点）所组成。各种向心力或离心力则分别指向或背离这些中心。每一中心的吸引力和排斥力都拥有一定的场；它们与其他中心的场相互交汇”。

（二）布德维尔对增长极概念的转化

佩鲁的增长极概念的原始含义是模糊不清的，他是从抽象的经济空间出发,强调产业的部门联系,强调推动型企业对区域经济增长的作用。佩鲁的增长极中的“极”,是指推动型的企业及与其相互依赖的产业部门,而不是地理空间中的“极”。他对经济增长的空间结构的重视是不够的。虽然1955年他在《“增长极”概念》一文中也注意到了地域集聚促进了极化过程的形成,提到了“在地理上集聚的产业极”,但是他并没有把地域的极化作为增长极的一个内在要素。

尽管佩鲁提出的增长极本身的含义比较模糊,基本上是指那些具有强大增长潜力的工业企业,它存在于抽象的经济空间,不是某一个具体的地理位置,然而,增长极这个概念提出后,“几乎一夜之间变成了具有魔力的标记”,一时间成为许多学科研究的热门话题,并使增长极理论很快得到充实和发展。法国地理学家布德维尔(Boudeville)在1957年和其他许多学者一起将“极”的概念引入地理空间,并提出了“增长中心”这一空间概念。

布德维尔强调经济空间的区域特征,认为“经济空间是经济变量在地理空间之中或之上的运用”“增长极概念与推进型产业相关联”“把作为经济活动在地理上集聚的‘极’比作不同于全国矩阵的部门复合体系统更为可取”。总之,增长极将以拥有推进型产业的复合体的城镇出现。1966年布德维尔给增长极下了一个简要的定义:增长极是指在城市区配置不断扩大的工业综合体,并在其影响范围内引导经济活动的进一步发展。

布德维尔把增长极同极化空间、城镇联系起来,使增长极有了确定的地理位置,即增长极的“极”位于城镇或其附近的中心区域。这样,增长极包含了两个明确的内涵:一是作为经济空间中的某种推动型工业;二是作为地理空间中的产生集聚的城镇,即增长中心。于是增长极便具有“推动”与“空间集聚”意义上的增长之意思。

布德维尔的增长中心的思想具有很强的吸引力。他提出投资应该集中于增长中心,并且增长会从这个中心向周围地区传播的观点。从20世纪60年代起,人们对增长极的研究沿着部门增长极(推动型产业)和空间增长中心(集聚空间)两条主线展开。

(三)增长极对周围地区的影响效果

增长极与周围地区的相互作用关系是增长极及后来提出的发展中心概念提出后,许多学者研究的重要课题。

增长极主导产业的发展具有相对利益,产生吸引力和向心力,使周围地区的劳动力、资金、技术等要素转移到核心地区。瑞典经济学家缪达尔(Myrdal)认为,增长中心无论最初的扩展原因是什么,其内部经济和外部经济的累积增长都会加强这个中心在区域中的地位，这一过程是通过资本、货物和服务等的流动得以实现的。

增长极对周围地区产生的正效果是扩散作用的结果。扩散作用是由于核心地区的快速发展，通过产品、资本、技术、人才、信息的流动，对其他地区产生促进、带动作用，提高其他地区的就业机会，增加农业产出，提高周围地区的边际劳动生产率和消费水平，引发周围地区的技术进步。这种正效果被称为扩散效果。赫希曼在研究均衡发展理论时把这一过程称为“涓滴效应”，也有人形象地把这一效果称为“波及效果”。扩散作用是与极化作用同时存在但作用方向相反的另一种地域变化过程。它的表现是经济要素从核心地区向外围扩散、延展，从而带动整个区域经济的发展。扩散作用所以能够发生，主要由于以下 3 点原因。

第一，极化中心的带动和促进作用。极化中心的原料、材料、燃料、食品等物资要依赖周围地区的供应。极化中心的发展必须从逐步扩大的地域范围内和其外围地区取得日益增多的农副产品、矿产品及各种初级原材料的供应，因而带动、促进了整个区域农业和初级加工工业的发展。极化中心要利用甚至依赖外围广大地域的市场。极化中心先进的技术装备、科学技术和经营管理经验，不可避免地会影响到周围地区，带动整个区域社会经济的进步和科学技术水平的提高。同时，极化中心为了满足自身的需要并提高经济效益，势必将一些创新活动，以及一些加工过程中失重大的初级加工工业、原料易腐烂变质或者加工后产品不宜远运的加工工业放在外围地区，因而使核心地区以外地区的一些工业生产也得到了发展。

第二，极化中心的经济“外溢”作用。随着极化中心社会经济的发展，原来对极化中心发生过重要作用的一些产业，如劳动密集型工业、自然资源密集型工业、某些污染严重的工业、仓储业等逐步向外地转移，产生极化中心经济“外溢”的现象。极化中心的产业外移是带动和扶持外围地区经济发展的有效举措。

极化中心经济“外溢”的另一个重要表现是极化中心居民的外出旅游。核心地区人口密度大，外出休闲、度假、观光、游玩是居民生活中的一项重要内容。人均收入的增多、交通运输事业的发达，又使外出旅游活动的愿望有了实现的可能。增长极核心地区的外围区域可以通过发展多种类型的旅游业促进其他经济部门的发展。

第三，政府的调节。政府为了平衡地区经济发展，可以通过税收、地价、投资优惠、工业区位等政策、法规对极化过程进行干预，以强化扩散过程，防止和缩小极化中心与周围地区经济发展水平的差距。

增长极的极化作用和扩散作用是同时并存的复合过程。极化作用使区域经济向核心移动,工业、商业、金融等几乎所有的经济主要部门,以及科技、高等教育、文化体育事业、医疗卫生事业都会集中到极化中心。扩散作用是一种离心力的作用,会使核心地区的信息、资金、产品、人口向周围地区转移,影响和带动周围地区经济的发展,缩小中心极化地区与外围地区经济发展水平的差距。扩散作用将使经济在地区间均衡地发展。

极化作用与扩散作用其作用力的大小是不相等的,在它们的相互作用过程中,极化作用的强度比扩散作用的强度更大。增长极的出现意味着增长在地区之间的不均等,这是其本身不可避免的伴随物和出现的条件。人们可以从城乡关系等现实中体会到,在强大的市场经济规律的作用下,如果没有政府的干预,极化中心与周围地区发展的差距将是在新水平上的扩大,而不是缩小。缪达尔通过分析经济发达地区与落后地区的关系,提出了累积因果循环理论。他认为市场力的作用通常是倾向扩大而不是缩小地区间的差异。在长期的作用过程中,回流效应(即极化作用)总是大于扩散效应。为了缩小地区差距,唯一可行的办法是加强国家干预。

当然人们的认识不是完全一致的。赫希曼认为,增长极的"极"的累积性集中增长,在起始阶段会扩大中心与外围之间的差距,或扩大增长性地区与落后地区之间的差距,但是从长期看,地理上的涓流效应(即扩散作用)将足以缩小区域之间的差距。因为增长的累积性集中不会无限地进行下去,一旦推进型企业的增长在国家领土的一部分生根,显然会产生一种力量来作用于领土的其他部分。这种趋势的不可避免性是由于增长的"极"会产生集聚不经济,从而促使工业分散,使地区差距趋于缩小。

(四)对增长极理论的评价

自从佩鲁提出增长极的概念后,模糊不清的增长极概念一下子便引起广泛关注。以后,增长极、增长点、增长中心、发展中心、生长点等概念不断地出现在众多的描述性研究和规划研究的文献中。增长极理论不断得到修正和补充,并被广泛运用到区域规划的实践中。法国、英国、意大利、巴西、印度等许多国家先后都曾以增长极理论作为地区发展规划的指导。但是,增长极的极化效应和扩散效应并不是相等的,在发展中国家和地区,增长极的极化效应往往比扩散效应大得多。

不少人在对增长极的继续研究中取得了一系列富有意义的理论成果。如布赛尔在 1979 年 3 月于加拿大召开的关于平等、相互依赖和国际组织讨论会上,在其提交的论文中重新检验了增长极战略的目标,分析了促进战略目标实现的关键以及不同区域增长极战略的不同形式。又如英国的经济学家理查逊认为,扩散效应和回流效应是随时间推移而变化的。整个过程可分为3个阶段:第一个阶段是回流效应大于扩散效应;第二个阶段是扩散效应增强,回流效应减弱;第三个阶段是扩散效应继续加强,回流效应降至零。从第一个阶段至第三个阶段约需15年或更长的时间。

增长极理论是区域开发中不均衡开发理论的一个典型。它强调据点开发、集中开发、集中投资、重点建设、集聚发展、政府干预、注重扩散等,使它具有广泛的应用性。增长极理论强调经济结构的优化,着重发展启动型工业,也强调经济地域空间结构的优化,以发展中心带动整个区域。经过后人的不断发展,已派生出增长中心、生长点的概念和核心－边缘理论、发展中心理论等,增长极理论已成为内涵十分丰富的一个理论。

(五)增长极理论对于区域开发和区域规划有重要的指导意义

增长极对于区域经济发展的积极影响有两个方面:一是极化中心本身的经济增长;二是极化中心对周围地区的影响。前者是集聚效果,后者是增长极的扩散效果。集聚效果是有关的生产和服务职能在地域上的集中而产生的经济效果和社会效果,主要是通过规模经济和生产协作、生产联合、城市建设、资源合理利用等外部经济的节省而实现的。增长极的扩散效应,既表现在区域经济总量的增长上,也表现在区域经济部门结构的变化和区域经济空间结构的变化上,是通过区域内的乘数作用和区际乘数作用来实现的。

我国在20世纪80年代的区域开发理论探求中已引入增长极理论,并把它作为一种有效的政策工具加以应用。在区域规划实践中,应用增长极理论时需要特别注意如下6点。

一是增长极与城镇的关系。不能把增长极与城镇等同起来。增长极一般要依托城镇,或在城镇附近建立,但并不是所有的城镇都是增长极。增长极是指具有发动型工业的产业集聚点,它能在一定的地域范围内起到经济集聚与扩散的作用,同地方经济融为一体。只有具备发动型或启动型工业的城镇才能算是区域的增长极。

二是增长极类型与规模的选择。要根据当地的资源、对外经济联系的条件和社会经济基础,根据市场的变动趋势,选择启动型工业,确定适合本区域发展的主导部门和发展规模。

三是选择适宜的地点培植增长极。增长极通常不是布置在原有相当规模的城镇建成区中,而是在原有城镇的附近或边缘,在不发达的、较低层次的发展轴线上。这样既可以使增长极有充分的发展余地,又能使一定区域获得增长极带来的社会经济效益。

四是充分发挥增长极的功能。增长极最主要的功能是启动型工业，核心是建立强大的工业系统。但增长极也应该是创新中心、社会交往和信息集聚中心，以及服务中心。因此，增长极既要大力培育启动型工业，也要大力发展满足区域发展多种社会职能的服务设施。

五是增长极的体系。要从城镇体系发展的要求出发，考虑增长极的体系问题。应该有全国一流的增长极，相当于省、区级的增长极，也要有省内地区级增长极、县内增长极。增长极形成体系，必然要考虑增长极的分工与联系。

六是对增长极要集中投资。完善增长中心各项基础设施建设，建立相应的经济体制，创造有利于增长极发育成长的软环境，产生较好的投资效果。

自工业革命以来，城市已经成为地区经济与社会发展的核心，并日益形成网络化的联系。随着经济全球化程度的加深，以特大城市和大城市为主体的世界城市或区域中心城市，已经成为全球经济增长的主要节点。随着全球化的加速和城市化的高速发展，城市之间的竞争不再仅仅表现为单个城市间的竞争，而是越来越体现为以核心城市为中心的城市区域或城市集团之间的竞争，以大城市为核心的都市圈已经成为一种具有全球性意义的城市—区域发展模式与空间组合形式。从经济全球化的角度来看，加快、加大以大城市为核心的都市圈规划，对以都市圈为单元参与国际竞争具有举足轻重的作用。为了顺应全球化和城市化高速发展的趋势，亟须将大城市的发展与周边城市、区域联系起来整体考虑、统一规划。

基于当前的宏观发展趋势，以都市圈来整合区域内相关城市的发展，形成强强组合、区域协调的发展格局来提升整个区域的国际、国内竞争力成为一种常见的选择。

三、核心 – 边缘理论

核心 – 边缘理论是解释经济空间结构演变模式的一种理论。虽然普洛夫(Prov)在分析世界经济空间组织格局时，曾把美国分为中心区和边缘区两部分，德莱西(Delaisi)也曾把欧洲分成由工业的中心区和农业的腹地区组成的中心 – 外围空间结构，但是较为系统、比较完整地提出“核心 – 边缘”演变模式的还是美国区域发展与区域规划专家弗里德曼(Friedmann)。他于1966年在研究委内瑞拉区域发展演变特征时提出“核心 – 边缘”模式，之后又进行了修改和提炼。他根据缪达尔(Myrdal)和赫希曼(Hirschman)等人有关区域间经济增长和相互传递的理论，提出了核心与外围(或核心与边缘)发展模式。该理论解释了一个区域如何由互不关联、孤立发展，变成彼此联系、发展不平衡，又由极不平衡发展变为相互关联的平衡发展的区域系统。

由于核心－边缘理论基本上是以极化效应和扩散效应来解释核心区域与边缘区域的演变机制，与增长极理论的机制解释有许多类似之处，有些人常把这两种理论相混淆，或者互相替换。又因为核心与边缘的关系有一定的控制和依赖的关系，与西方所谓激进经济学派的依附理论有一定的相似性，故有人也把该理论与依附理论相提并论，或视为同一。

（一）经济增长的空间动态过程

按照核心－边缘理论，区域经济增长的同时必然伴随经济空间结构的改变。随着社会经济的发展，经济空间结构的变化可以划分为如下4个阶段，每一个阶段都反映了核心区域与边缘区域之间关系的改变。

1. 前工业化阶段

社会经济不发达，生产力水平低下，区域经济结构以农业为主，工业产值比重小于10%，商品生产不活跃，各地方基本上自给自足，各地经济发展水平的差距比较小，区际经济联系不紧密，彼此孤立。城镇的产生和发展速度慢，各自呈独立的中心状态。多数城镇的规模都比较小，城镇等级系统不完整。

2. 工业化初期阶段

随着社会分工的深化、生产的发展、商品交换的日益频繁，在某些位置优越、交通便利的地方，物资集散交换的中心，加工业和制造业发达的地方，取为核心，也就是城市。核心区域与边缘区域经济增长速度不同，差异扩大。这种关系一旦形成，核心区域就可以依靠它的支配地位，不断吸引边缘区域的劳动力、资金和资源，从而具有更大的发展优势，产生回流效应。边缘区域的人力、资金、物资向核心区域流动，核心区域也不断向边缘区域扩展，也就是城市化过程。核心区域经济实力增大，必然导致政治力量集中，使核心区域与边缘区域的发展不平衡进一步扩大。

3. 工业化成熟阶段

工业化成熟阶段又称为快速工业化阶段，工业产值在经济中的比重在25%～50%。核心区域发展很快，核心区域与边缘区域之间存在着不平衡的关系，其矛盾体现在4个方面：一是权利分配，核心区域是决定政治、经济的权力区域，绝大多数的政策、决定都由核心区域制定，然后才下达到边缘区域；二是资金流动，多数资金都流向核心区域；三是技术创新，几乎所有的大学、科研机构都集中在核心区域，因此创新都几乎由核心区域流向边缘区域；四是人口流动，劳动力一般都由边缘区域流向核心区域。所以，核心区域对边缘区域起着支配和控制作用。由于核心区域的效益驱动以及核心区域与边缘区域之间的矛盾越来越紧张,边缘区域内部相对优越的地方便会出现规模较小的核心区域,把原来的边缘区域分开。次一级核心区域的形成使大范围的边缘区域缩小,使边缘区域逐渐分裂且并入一个或几个核心区域中。

4. 空间相对均衡阶段

空间相对均衡阶段亦称为后工业化阶段。核心区域对边缘区域的扩散作用加强,如核心区域需要从边缘区域得到更多的原材料和农产品,其规模经济所产生的剩余资本也投入边缘区域新的发展区,核心区域的先进技术将向更大的范围扩散,因而出现资金、技术、信息等从核心区域向边缘区域流动加强的现象。边缘区域产生的次中心逐渐发展,并趋向于发展到与原来的核心区域相似的规模,基本上达到相互平衡的状态。次级核心的外围也会依次产生下一级的新的核心,形成新的核心与边缘区城。整个区域成为一个功能上相互依赖的城镇体系,形成大规模城市化的区域,又开始了有关联的平衡发展。

(二)经济活动的空间结构形态

经济活动的空间结构形态与经济发展水平相关。在不同的经济发展阶段,会出现不同的空间结构形态。依据核心－边缘理论,经济活动空间结构形态基本上可分为4种,即离散型、聚集型、扩散型、均衡型。

1. 离散型

生产力发展水平低下,经济活动前后向联系少,城市化水平极低,工业不发达,经济活动以小地域范围内的孤立、分散、封闭状态为特征。城镇规模小,职能较单一,等级均衡,同级城镇间联系不密切。城镇的联系以上、下等级之间的行政、商业及其他服务性活动的联系为主。

2. 聚集型

商品经济的进一步发展使区域中具有区位优势的城镇快速成长,形成极化发展的空间结构。城镇之间横向联系逐步加强,中心城市逐步形成。城市首位度提高,城镇数目比(即下一等级城镇数量与上一等级城镇数量之比)增加,城市化进程加快。

3. 扩散型

进入工业化成熟阶段,中心城市已有相当大的规模,对区域的扩散作用日渐增强,周围城镇得到发展,成为新的增长点。随着扩散作用的日益加强,城市等级规模体系基本形成,各城镇的基础设施日益完善,小城镇数量增多,城镇职能分工和互补性明显。

4. 均衡型

区域经济已进入产业结构高技术化阶段，知识和信息成了推动生产力发展的主要动力。区域生产力逐步向均衡化发展，极化与扩散作用出现均衡。中心城市发展速度减缓，并出现郊区化、逆城市化现象。城市间联系密切，城市体系出现网络化、多中心的特征。

（三）核心区域与边缘区域的划分

什么是核心区域？什么是边缘区域？所有的空间极化理论对此都未有确切的定义。弗里德曼为了弄清区域发展不平衡和差异的程度，以便有针对性地制定区域发展政策，曾认为任何一个国家都是由核心区域和边缘区域组成的。弗里德曼划分的区域类型有如下两种：

1. 核心区域

弗里德曼所说的核心区域一般是指城市或城市集聚区，这类地区工业发达，技术水平较高，资本集中，人口密集，经济增长速度快。它包括 4 类地区：(1)国内都会区。(2)区域的中心城市。(3)亚区的中心。(4)地方服务中心。

2. 边缘区域

边缘区域是国内经济较为落后的区域，它可分为两类：过渡区域和资源前沿区域。

(1)过渡区域。

过渡区域又可以分为两类：

上过渡区域。这是联结两个或多个核心区域的开发走廊，一般处在核心区域外围，与核心区域之间已建立一定程度的经济联系，受核心区域的影响，经济发展呈上升趋势，就业机会增加，能吸引移民，具有资源集约利用和经济持续增长等特征，该区域有新城市、附属的或次级中心形成的可能。

下过渡区域。社会经济处于停滞或衰落的向下发展状态。这类区域可能曾经有中小城市发展的水平，其衰落的原因，可能是初级资源的消耗、产业部门的老化，以及缺乏某些成长机制的传递，放弃原有的工业部门，与核心区域的联系不紧密。

(2)资源前沿区域。

资源前沿区域一般地处边远，但拥有丰富的资源，有开发的条件。这类区域有资源的发现和开发的潜力，可能出现新的增长势头，同时在这里有新城镇形成的可能，有可能发展成为次一级的核心区域。

核心区域与边缘区域会随着经济的发展发生变化。弗里德曼曾对美国核心－边缘区域的模式做过实例分析。他认为，19 世纪和 20 世纪初期，随着来自欧洲的成本、劳动力在美国东北部的集中，东北部成为美国制造业的中心，使该区域经济迅速发展，因而成为核心区域。该区域成为核心区域后，由于集聚经济和规模经济效应，结果东北部沿海一带发展为庞大的城市化区域。加利福尼亚州当时还是资源型边缘区域，后来随着金矿的发现、移民的拥入，城市化快速发展，从而成为美国一个主要的次核心区域。当时美国南方大部分地方经济都比较落后，城市化水平低、人均收入少，属于明显的边缘区域。以后，随着东北部制造业向外扩散，美国经济重心向南部和西部转移，财富向南部和西部转移，区域关系发生了改变。尽管核心区域与边缘区域的对比仍然存在，但强度却已大大减弱。随着西部太平洋沿岸巨大城市带的形成、东部太平洋沿岸城市带的形成，它们与五大湖南部城市带并立，使核心区域和次核心区域范围扩大，边缘区域大大缩小，区域之间不平衡发展现象也有了很大改观。

（四）核心－边缘理论在规划中的应用

弗里德曼最初提出来的“核心－边缘”模型，其区域空间结构和形态的变化是与经济发展的阶段相联系的，这一观点明显受到了赫希曼、罗斯托等人思想的影响，是他们学术思想的进一步发展。弗里德曼对“核心”与“边缘”也没有明确的界定，只形成一种相对的概念。但是核心－边缘理论对经济发展与空间结构的变化都具有较高的解释价值，对区域规划师具有较大的吸引力。所以，该理论建立以后，许许多多的城市规划师、区域规划师和区域经济学者都力图把该理论运用到实践中去。核心－边缘理论在处理如下两种关系方面有一定的实际价值。

1. 城市与乡村的关系

城市是核心，乡村是边缘，这是最直接的理解。但是城市和乡村之间的关系，可以是控制与被控制的关系，也可以是带动、互补、经济利益一体化、相辅相成的关系。

马克思主义基本原理告诉我们，在不同的生产方式下，有不同的城乡关系。在资本主义社会里，城乡关系是对立的。城市通过各种方式带动了周围乡村的发展，这是社会分工、生产力发展、城乡商品交流的必然结果。但是资本主义的城乡对立极大地限制了城市中心作用的充分发挥，乡村也无法得到应有的发展。在社会主义社会，城乡差别依然存在，但根本利益是一致的，城市和乡村能够协调发展，实现一体化。

弗里德曼的核心－边缘理论认为，核心区域与边缘区域的关系在经济发展的不同阶段会发生转化。在发展的初级阶段,核心区域对边缘区域控制,边缘区域对核心区域有所依赖,然后依赖和控制关系加强。随着社会经济的发展和核心扩散作用的加强,核心区域将带动、影响和促进边缘区域的发展。边缘区域将形成次级核心,甚至可以取代原来的核心区域的控制。

核心 - 边缘理论的积极意义是阐明了核心与边缘的联系,发展核心,带动边缘,发展城镇,带动周围乡村,这在规划实践中可供借鉴。城镇和区域的利益关系是密不可分的。城镇是区域经济活动的中心,区域是城镇赖以存在和发展的基础:首先,城镇通过交通、信息、商品、流通、金融等网络系统,与周围的区域紧密联结在一起,形成自己的腹地。因此,任何一个区域都要重视核心区域的发展,要形成和壮大区域内的中心城镇。区域必须依靠中心城镇把区域内各种经济社会活动联结成整体。缺乏中心,区域经济将成一盘散沙。尤其是经济落后的地区,要十分注意培育自己的经济中心。其次,要重视大城市卫星城镇和农村小城镇的发展。这些城镇既可减轻大城市、特大城市规模过大的压力,又可以使城市周围区域和广大乡村形成新的增长中心。再次,要合理确定城镇发展规模,既要防止城镇数量过多,造成城镇规模过小不经济,又要防止特大城市规模无限度地发展,区域经济过分集中,造成规模过大不经济,对边远地区的辐射、扩散"鞭长莫及"。最后,中心城市的工业和一些服务业,要有步骤地主动向外围扩散,促进本身产业结构的调整,带动边缘区域的发展。

2. 发达地区与落后地区的关系

发达地区与落后地区的划分是相对的,可变的。区域规划中,针对不同地区的发展状况、存在的问题和发展的潜力,应制订不同的发展规划方案,提出不同的发展策略。一般说来,核心区域应充分发挥当地优势,大力发展高科技产业,巩固和加强金融、信息、商业、科技等产业的领先优势,适当向外围地区扩散传统工业和人口,控制核心区域城市人口和产业过度臃肿以及环境质量退化的现象。要改善核心区域大城市交通系统,完善卫星城镇体系,缓解大城市的拥挤状态。对于上过渡区域,要调整陈旧的产业结构,以高技术、高附加值、高需求的产品作为主导部门的发展方向,搞好区域内基础设施建设,密切与核心区域的联系和协作,更多地吸引核心区域的投资和外迁企业。对于下过渡区域,宜改造和提高传统产业部门,不断调整产业结构,增加新的就业岗位,并通过调整布局以及发展与核心区域的互补经济等手段,使其重新获得增长动力。资源前沿区域宜尽可能变资源优势为深加工产品优势,不断壮大输出性强的基础部门,并通过这些部门发展对当地经济产生的产业关联效应,带动其他部门的发展。同时实施建设增长中心的策略,促使资源前沿区域成长为具备次级中心的区域。

四、点－轴渐进扩散理论

在区域规划中，采用据点与轴线相结合的模式，最初是由波兰的萨伦巴和马利士提出来的。波兰在20世纪70年代初期开展的国际级规划中，曾把点－轴开发模式作为区域发展的主要模式之一。1985年萨伦巴教授到我国珠海市讲学，在讲授沿海地区的空间发展模式时，曾对“节点与走廊发展模式”进行讲解和图示。我国经济地理工作者陆大道等在深入研究宏观区域发展战略的基础上，吸取了据点开发和轴线开发理论的有益思想，对生产力地域组织的空间过程做了阐述，提出了点－轴渐进扩散理论，把点－轴开发模式提到了新的高度，同时构设了我国沿海与长江流域相交的“T”形空间发展战略。后来，点－轴开发成了《全国国土规划纲要（2011～2030年）》中空间发展战略的主体思想。

（一）据点开发理论和轴线开发理论

据点开发理论是地域极化理论的一种，该理论认为，由于资金的有限性，要开发和建设一个地区，不能面上铺开，而要集中建设一个或几个据点，通过这些据点的开发和建设来影响与带动周围地区经济的发展。日本第一次全国综合开发计划的实施策略就是据点开发策略。

轴线开发或者称带状开发是据点开发理论的进一步发展，该理论认为，区域的发展与基础设施的建设密切相关。将联系城市与区域的交通、通信、供电、供水、各种管道等主要工程性基础设施的建设适当集中成束，形成发展轴，沿着这些轴线布置若干个重点建设的工业点、工业区和城市，这样布局既可以避免孤立发展几个城市，又可以较好地引导和影响区域的发展。

在据点开发和轴线开发的基础上，又进一步发展了条带开发模式。如20世纪80年代以后，我国提出的产业带模式、三个地带发展战略等，都是条带开发模式的具体反映。在我国沿海地带，重点开发“一环”（环渤海湾）、“一岛”（海南省）、“一湾”（北部湾沿岸）、“三个三角”（长江三角洲、珠江三角洲、闽南金三角），联结成最大的产业密集带。这种开发模式构想便是在点－轴开发模式基础上的进一步发展。

（二）点－轴开发模式

点－轴开发模式是点－轴渐进扩散理论在区域规划和区域发展实践中的具体运用，也是经济空间开发的一种重要方式。

点 - 轴开发中的“点”是指区域中的各级中心城市,它们都有各自的吸引范围,是一定区域内人口和产业集中的地方,有较强的经济吸引力和凝聚力。“轴”是联结点的线状基础设施束,包括交通干线、高压输电线、通信设施线路、供水线路等工程性线路。线状基础设施束经过的地带称为“轴带”,简称“轴”。轴带的实质是依托沿轴各级城镇形成产业开发带。区域内各个城镇是成等级系统的,同理,联结城镇的发展轴也是可分成若干等级的。不同等级的轴线对周围的区域具有不同强度的吸引力和凝聚力。在区域规划中运用点 - 轴开发模式,分析和确定“点”及“轴”的位置与等级是一件事关全局的工作。工作步骤通常如下:

首先,在区域范围内确定若干具有有利发展条件和开发潜力的线状基础设施经过的地带,将其作为发展轴,予以重点开发。

其次,在各条发展轴线上,确定若干个点,作为重点发展的城镇,并且要明确各个重点发展城镇的地位、性质、发展方向和主要功能,以及它们的服务、吸引区域。

最后,确定点和轴线的等级体系,形成不同等级的点轴系统。在一定的地域范围内,重点发展的轴线、城镇应与其等级、开发先后次序相适应。一般应着重优先开发重点发展轴线及沿线地带内若干高等级、区位好的点(城市、镇)及其周围地区。之后随着发展轴及重点发展城市实力的增强,开发重心将逐步转移到级别较低的发展轴和中心城镇,并使发展轴逐步向不发达地区延伸,促进次级发展轴线和线上的城镇发展,最终形成由不同等级的发展轴及其发展中心组成的具有一定层次结构的点 - 轴系统,从而带动整个区域的发展。

(三)重点发展轴和重点发展城镇的选择

1. 重点发展轴的选择

区域经济发展轴的形成和发展具有重要的战略意义,要经过较长时间才得以形成和发展。随着区域经济实力的增强,发展轴线也可升级,出现更多的次级发展轴线。

重点发展轴的选择,通常从如下 4 个方面进行考虑。

(1)最好由经济核心区域和发达的城市工业带组成。重点发展轴不是一般的交通线,而是经济发展轴线。它是产业、城镇、运输和通信等线状基础设施集中成束的地带或走廊。发展轴上的城市应有较强的经济吸引力和凝聚力,是经济活动、产业、人口等的优先集聚地带和发达地带。如果重点发展轴能由经济核心区域、工业带或经济发展潜力巨大的城市带组成是最为理想的。

(2)有水陆交通运输干线作为依托。交通运输干线及相应的综合运输通道是城市、发展中心、增长极、经济发达区域的联结线路，它们的发展壮大，对于促进区域发展具有重大意义。因此，许多国家和地区的经济发展轴都是由港口比较密集的沿海地带或主要通航河流的沿河地带构成，这与国际贸易对大规模的水上运输有高度的依赖有关。沿海地带、大江河沿线地区本身也是发展条件较好的地域，往往成为国家的经济重心区域。此外，主要铁路、高等级的公路是构成区域经济空间结构的基本骨架，经济开发的注意力一般都集中在这些便利的交通沿线地带，它们也是轴线选择的对象。但一般单功能的铁路干线，如以晋煤外运为主的大秦铁路则较难成为重要的发展轴。

(3)自然条件优越，建设用地条件好，农业生产发展水平较高的地带。区域经济发展轴是工业和大规模城市建设优先发展或着力发展的地带，良好的工程地质、水文地质条件有特殊重要的意义。那些地势开阔、平坦、切割度小、无断裂带通过、地震烈度小、不受淹浸、无须采取大量土石方工程措施和追加建设投资的地带，是经济活动能够最有效地发挥作用的地方，无疑是经济发展轴首先考虑之地。农业是一切经济活动的基础，农业生产力水平高，城市发展和工业建设就有较好的基础。

(4)矿产资源和水资源丰富的地带，特别是水资源丰富，或者是水源可供给性良好的地带。在人口不断增加，城市建设和工农业生产迅速发展，人民生活水平日益提高的当今形势下，水资源缺乏的地区，工业与农业、生产与居民生活在水的供需上矛盾很多，常常成为经济发展的重大制约因素。但是，矿产资源和水土资源能很好组合的地带并非很多。如山西省，能源资源丰富，但受水资源的制约较大。四川省矿产资源种类较多，水资源也丰富，但受能源的制约较大。西藏自治区水土资源丰富，但探明的矿产储量较小，也成为制约经济发展的因素。

2. 重点发展城镇的选择

发展轴上的各个“点”是经济发展轴带地域的各级中心城镇，它们是轴线集散作用和扩散作用的核心。与所有城市成等级系统一样，同一轴线地带上的点，也有等级层次，有相应的主次之分。重点发展城镇的确定，通常从下述3个方面进行考虑：

城镇发展的条件及其在区域中的地位。根据各个城镇的位置、发展条件，分析其在区域城镇体系中的主要职能、发展方向及其在区域内外的地位和作用，明确各中心城镇的吸引范围和辐射范围。重点发展城镇应是地位重要、对发展轴的形成和发展作用大、吸引范围广的城镇。

城镇的发展规模。从区域城镇化发展水平、历史进程、未来发展速度和规模等级分布状况等方面分析各城镇经济发展和社会发展趋势，明确发展轴上各中心城镇的发展规模。在经济比较发达的地区,城市规模大,吸引范围广,辐射力强,往往选择规模较大的城市作为发展的重点。而在经济比较落后的地区,需要培育新的增长极核,往往会选择一些规模相对较小的城镇作为发展的重点,通过对它们的开发,带动后进地方的发展。

城镇空间分布的现状。点-轴开发模式的实施是从高级轴线向次级轴线及从高等级城镇向次级城镇逐步展开的过程,因此确定重点发展城镇时,应根据城镇空间分布的现状,在与中心城镇相适宜的距离上,选择有较好发展条件的点作为重点发展的城镇,使其成为次级发展中心。高等级的中心城镇将对次级中心城镇进行扩散和经济协作。同理,围绕次级中心,将选择三级乃至四级中心城镇。由此可见,与中心城镇相适宜的距离,便成为选择重点发展城镇的依据之一。

(四)点-轴开发模式对区域发展的意义

点-轴开发模式是地域开发有效的方式之一。在尚未充分开发的区域,其作用更为显著,在规划实践中有重要的指导价值。

1. 有利于发挥集聚经济的效果

由点到轴,由点、轴到集聚区的空间结构是地域经济组织变化的客观趋势,点-轴开发模式顺应了经济发展在空间上集聚成点,并沿轴线渐进扩展的客观要求,有利于发挥集聚经济的效果。

2. 能够充分发挥各级中心城镇的作用

点-轴开发模式突出城镇的地位和作用,点轴渐进式扩散对区域经济增长的推动作用比单纯的点状开发方式要强。因为点-轴开发实际上是一种地带开发,在空间结构上是点和带的统一,点、线与面的结合,基本上呈现出一种网络的趋势。点-轴开发模式,可以发挥城镇在地带上的核心作用,能够较好地转化城乡经济二元结构,又可以通过轴线使整个区域逐步向网络系统发展。

3. 有利于把经济开发活动结合为有机整体

点-轴开发模式有利于把经济开发活动,尤其是城镇发展、工业布局与交通、能源、水源、通信线路等区域经济发展的支撑力量紧密结合为有机整体,使工业、农业、城镇的发展和布局与区域性的线状基础设施的发展相融合,统一规划,同步建设,协调发展,互相配套,避免实践中常常出现时空上的相互脱节。

4. 有利于区域开放式地发展

点-轴开发模式有利于区域生产力要素的流通,使区域经济开放式地发展。生产力要素的流动以交通及通信工具为主要载体，以能源等为动力。点-轴开发模式的点，一般都是交通线的交会点，或者是网络节点，它具有较高的交通可达性，因而往往成为区域开发的优选地位。它的发展又会在离心力的作用下，通过线状基础设施和联结成的网络，将资金、信息、技术等向四周扩散，带动周围区域的发展。

第三章 研究区概况

第一节 基 本 概 况

一、《哈长城市群发展规划》的印发

2013年6月26日，受国务院委托，国家发展和改革委员会主任徐绍史做了《国务院关于城镇化建设工作情况的报告》，指出我国的城镇化将以建设世界级城市群为目标，全面提升东部三大城市群发展水平，除此之外，将再打造10个区域性城市群，“哈长（哈尔滨—长春）城市群”入列国家10个区域性城市群的规划中。根据2014年3月16日中共中央、国务院印发的《国家新型城镇化规划（2014—2020年）》，国家将“加快培育成渝、中原、长江中游、哈长等城市群，使之成为推动国土空间均衡开发、引领区域经济发展的重要增长极”。2015年，全国城市群规划进入正式编制阶段，初步从重点培育国家新型城镇化政策作用区的角度出发，确定打造20个城市群，即“5+9+6”模式，包括5个国家级城市群、9个区域性城市群和6个地区性城市群。重点建设5个国家级城市群，包括长江三角洲城市群、珠江三角洲城市群、京津冀城市群、长江中游城市群和成渝城市群；稳步建设9大区域性城市群（国家二级城市群），包括哈长城市群、山东半岛城市群、辽中南城市群、海峡西岸城市群、关中城市群、中原城市群、江淮城市群、北部湾城市群和天山北坡城市群；引导培育6大新的地区性城市群，包括呼包鄂榆城市群、晋中城市群、宁夏沿黄城市群、兰西城市群、滇中城市群和黔中城市群。

2016年国家发展和改革委员会印发《哈长城市群发展规划》，指出，哈长城市群“在推进新型城镇化建设、拓展区域发展新空间中具有重要地位”。

二、地域范围与地理位置

哈长城市群位于122°24′E～131°18′E，42°00′N～48°55′N，横跨黑龙江、吉林两省，包括黑龙江省中南部和吉林省中部地区，是东北地区城市群的重要组成区域，处于全国“两横三纵”城市化战略格局京哈京广通道的纵轴北端。哈长城市群以哈尔滨市和长春市为核心，还有大庆市、齐齐哈尔市、绥化市、牡丹

江市以及吉林市、四平市、松原市、辽源市，共 10 个地级市和 1 个延边朝鲜族自治州。规划面积 26.36 万 km^2，核心区面积约 5.11 万 km^2。

三、空间结构

哈长城市群构建了“双核、一轴、两带”的城市群空间格局，强化哈尔滨、长春两市的核心带动作用，有效发挥其他城市的支撑作用，建设“哈长发展主轴”和“哈大(庆)齐(齐哈尔)牡(丹江)发展带”“长吉(林)图(们江)发展带”。2020 年城市群整体经济实力明显增强，功能完备、布局合理，城乡区域协调发展格局已基本形成。哈长城市群具备四方面的战略定位：(1)东北老工业基地振兴发展重要增长极。(2)北方开放重要门户。(3)老工业基地体制机制创新先行区。(4)绿色生态城市群。

四、城市规模与城市职能

(一)城市规模

根据国务院 2014 年印发的《国务院关于调整城市规模划分标准的通知》，城市规模划分标准为：城区常住人口 50 万以下的城市为小城市，其中 20 万以上 50 万以下的城市为Ⅰ型小城市，20 万以下的城市为Ⅱ型小城市；城区常住人口 50 万以上 100 万以下的城市为中等城市；城区常住人口 100 万以上 500 万以下的城市为大城市，其中 300 万以上 500 万以下的城市为Ⅰ型大城市，100 万以上 300 万以下的城市为Ⅱ型大城市；城区常住人口 500 万以上 1 000 万以下的城市为特大城市；城区常住人 1 000 万以上的城市为超大城市。

一般来说，城市的中心城区人口规模越大，意味着城市集聚资源要素和辐射周边的能力越强。

1. 2016 年规划建设之初

哈长城市群包括地级市与县级市共 36 个，其中：Ⅰ型大城市有 2 个，Ⅱ型大城市有 3 个，大城市占哈长城市群城市总数的 13.89%，城区常住人口占城市群城区常住人口(1 941.52 万人)的比重却达 62.74%，表现出强劲的人口集聚效应。中等城市仅有 3 个，占城市群所有城市的比重为 8.33%，相应的人口比重为 10.01%，说明中等城市发育很不完善。Ⅰ型小城市和Ⅱ型小城市数量较多，两者占哈长城市群所有城市的比重为 77.78%，而相应的人口比重仅为 27.25%(表 3-1)。

表 3-1 2016 年哈长城市群城市规模等级构成

城市等级	城市名称	城市数量		城区常住人口	
		数量/个	比重/%	数量/万人	比重/%
Ⅰ型大城市	哈尔滨市、长春市	2	5.56	836.18	43.07
Ⅱ型大城市	大庆市、吉林市、齐齐哈尔市	3	8.33	381.85	19.67
中等城市	牡丹江市、四平市、延吉市	3	8.33	194.42	10.01
Ⅰ型小城市	松原市、辽源市、绥化市、肇东市、榆树市、公主岭市、德惠市、敦化市、安达市、珲春市	10	27.78	318.74	16.42
Ⅱ型小城市	桦甸市、海伦市、蛟河市、双辽市、五常市、磐石市、尚志市、舒兰市、扶余市、龙井市、和龙市、海林市、讷河市、绥芬河市、东宁市、图们市、穆棱市、宁安市	18	50	210.33	10.83
合计		36	100	1 941.52	100

注:城区人口 = 城区常住人口 + 城区暂住人口。

数据来源:《2016 年城市建设统计年鉴》。

通过以上数据分析可知,2016 年哈长城市群的城市规模等级发育很不完善,缺少超大城市和特大城市;大、中、小不同规模等级城市在数量上的比例不协调,层级结构不合理;中等城市缺乏,小城市众多,特别是规模较小、发展很不充分的Ⅱ型小城市数量较多。

城市数量结构呈现“类金字塔形”分布特征(图 3-1)。我国城市发展的实践证明,正是中等城市的存在才使得大城市的发展有了强大的支撑,同时也能带动周边小城市的发展。中等城市的数量和水平在一定程度上决定了城市体系所在区域的发展水平。

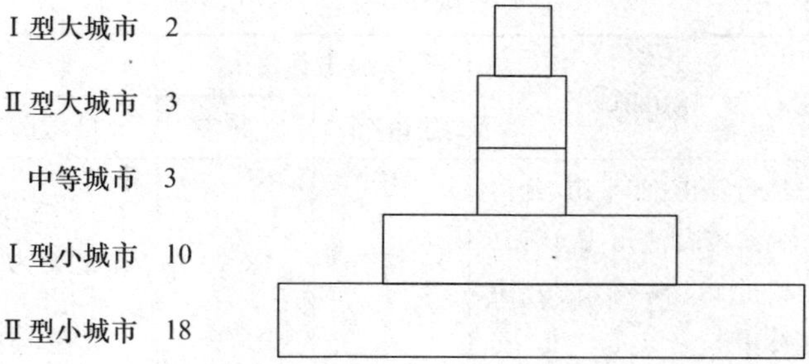

图 3－1　哈长城市群各规模等级城市数量分布

2. 截至 2020 年

相较于 2016 年,哈长城市群地级市与县级市共 37 个,增加了 1 个延边朝鲜族自治州,城区常住人口 5 451.1 万人,增加了 3 509.58 万人。其中:特大城市 2 个,哈尔滨市、长春市从Ⅰ型大城市扩大为特大城市,占城市总数的 5.4%,城区常住人口占城市群城区常住人口的 35%,聚焦效应很强。Ⅰ型大城市 3 个、Ⅱ型大城市 7 个,大城市占城市总数的 27.03%,较 2016 年增加了 13.14%;城区常住人口占城市群城区常住人口的比重达 45.39%,较 2016 年下降了 17.35 个百分点,表明虽然城市数量有所增加,但人口数量却在下降。中等城市有 7 个,占城市群所有城市的比重为 18.92%,相应的人口比重为 9.25%,较 2016 年城市数量提高了 10.59 个百分点,提高幅度较大,但人口比重却下降了 0.76 个百分点,说明中等城市在人口的聚集程度上仍有很大发展空间。Ⅰ型小城市和Ⅱ型小城市数量较多,两者占哈长城市群所有城市的比重为 48.65%,而相应的人口比重仅为 10.36%,较 2016 年小城市数量下降幅度很大,下降了 29.13%,人口比重下降了 16.89%,说明小城市较 2016 年有了长足的发展,部分小城市发展成中等城市,人口也在逐渐向大城市聚集。2020 年哈长城市群城市体系规模级别构成见表 3－2。

表 3－2　2020 年哈长城市群城市规模等级构成

城市等级	城市名称	城市数量		城区常住人口	
		数量/个	比重/%	数量/万人	比重/%
特大城市	哈尔滨市、长春	2	5.40	1 907.68	35.00
Ⅰ型大城市	绥化市、吉林市、齐齐哈尔	3	8.11	1 144.74	21.00

续表 3-2

城市等级	城市名称	城市数量		城区常住人口	
		数量/个	比重/%	数量/万人	比重/%
Ⅱ型大城市	牡丹江市、四平市、延边朝鲜族自治州、大庆市、松原市、榆树市、公主岭市	7	18.92	1 329.99	24.39
中等城市	五常市、德惠市、舒兰市、扶余市、肇东市、延吉市、辽源市	7	18.92	504.38	9.25
Ⅰ型小城市	尚志市、海林市、安达市、讷河市、桦甸市、双辽市、海伦市、磐石市、蛟河市、敦化市、珲春市、宁安市	12	32.43	472.38	8.67
Ⅱ型小城市	绥芬河市、东宁市、穆棱市、图们市、龙井市、和龙市	6	16.22	91.93	1.69
合计		37	100	5 451.10	100

注:城区人口=城区常住人口+城区暂住人口。

数据来源:《2020年城市建设统计年鉴》。

通过以上数据分析可知,2020年哈长城市群的城市规模等级发育日趋完善,特大城市有所增加,但仍缺少超大城市;Ⅱ型大城市增加明显;大、中、小不同规模等级城市在数量上的比例不协调,层级结构不合理;中等城市缺乏,小城市众多,特别是规模较小、发展很不充分的Ⅱ型小城市数量较多(图3-2)。

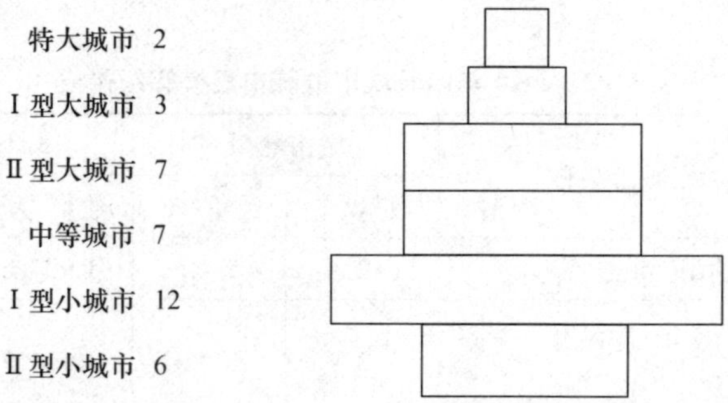

图3-2　哈长城市群各规模等级城市数量分布

(二)城市职能

表 3-3　哈长城市群主要节点城市的功能定位

城市	功能定位
哈尔滨市	东北北部中心城市、国家重要的制造业基地、历史文化名城和国际冰雪文化名城
大庆市	石油化工产业基地、装备制造基地、新材料产业基地
齐齐哈尔市	重型装备制造基地、绿色食品基地、生态旅游基地
绥化市	绿色农产品加工与物流集散基地、寒地黑土生态宜居城市
牡丹江市	黑龙江对俄合作桥头堡、国际休闲与北国风光山水旅游名城
绥芬河市	区域商贸物流中心、对俄合作开放示范城市
长春市	国家创新型城市、东北亚区域性服务业中心城市、先进制造业基地、面向东北亚的休闲型旅游目的地
吉林市	先进制造业基地、面向东北亚的休闲型旅游目的地
松原市	粮畜生产加工基地、绿色产业城市和生态宜居城市
四平市	绿色产业与物流集散基地、蒙吉辽区域合作示范区
辽源市	绿色产业与物流集散基地
延边朝鲜族自治州	图们江区域合作开发先行区和生态文明示范区

资料来源:各地区"十四五"规划及产业规划纲要。

五、社会经济概况

(一)经济规模

哈长城市群作为东北地区的重要增长极之一,自从2016年提出发展规划以来,极大地推动了区域经济的蓬勃发展,带动区域经济快速提升,为地区生产总值做出了巨大贡献。2020年哈长城市群地区生产总值21 194.07亿元,占两省地区生产总值的81.5%,占东北地区生产总值的31.5%。

城市群经济总量快速增长的同时,不同区域之间却存在较大差距(表3-4。)

表 3-4　2020 年哈长城市群各地区生产总值

城市	地区生产总值/亿元	占哈长城市群生产总值的比重/%
哈尔滨市	5 183.80	24.50
齐齐哈尔市	1 200.40	5.70
大庆市	2 301.10	10.90
绥化市	1 150.20	5.40
牡丹江市	831.70	3.90
长春市	6 638.03	31.30
吉林市	1 452.60	6.90
四平市	526.60	2.50
松原市	752.88	3.60
辽源市	429.90	2.00
延边朝鲜族自治州	726.86	3.40

数据来源：各城市 2020 年国民经济和社会发展统计数据。

在城市群中，两个核心城市哈尔滨市和长春市两地的生产总值超过 5 000 亿元，占城市群地区生产总值的 55.8%，占比过半。其余 9 个地区中有 4 个城市——齐齐哈尔市、大庆市、绥化市、吉林市的 GDP 在 1 000 亿元 ~2 500 亿元之间，其他 5 个城市均低于 1 000 亿元，区域差异显著。

同时 GDP 增速差异明显。哈尔滨市、大庆市、牡丹江市、吉林市、延边朝鲜族自治州 5 个地区增速较慢，均低于哈长城市群（1.9%）及全国（2.2%）平均水平；松原市和绥化市 2 个地区与哈长城市群和全国平均水平持平；齐齐哈尔市、长春市、四平市、辽源市 4 个地区增速较快，在 3.3% ~3.7% 之间，高于全国和城市群平均水平（图 3-3）。

城市群是国家经济发展的重要贡献者，哈长城市群整体经济水平与我国其他城市群相比不高。2020 年全国地区生产总值是 101.36 万亿元，长三角城市群地区生产总值为 24.47 万亿元，哈长城市群地区生产总值为 2.12 万亿元，不到长三角城市群的 1/10，可见哈长城市群在未来经济发展中仍面临巨大的挑战。

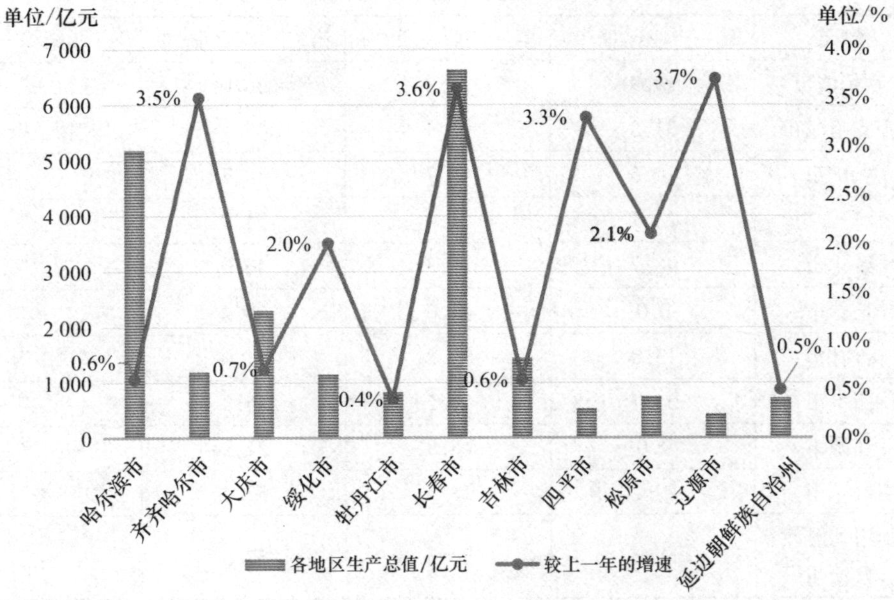

图3－3　2020年哈长城市群各地区生产总值及增速

(二)产业结构与产业类型

1.产业结构

从哈长城市群各城市产业结构及其变动来看,均有一定程度的优化。第一产业占比,除大庆市和绥化市外,均表现为下降,体现了产业结构优化调整的过程。其中,大庆市主要面临资源型产业转型发展,第一产业占比有所提高。第二产业占比和第三产业占比,各市(州)表现出不同的变动态势。2008年,大庆市、长春市、辽源市、松原市、四平市和吉林市等城市均是第二产业占比超过第三产业;哈尔滨市、牡丹江市、齐齐哈尔市和绥化市等城市为第三产业占比超过第二产业。2018年,吉林市、松原市和延边朝鲜族自治州第三产业占比超过第二产业,大庆市、长春市、四平市和辽源市等则仍以第二产业占比最高。2020年,绥化市第一产业占比最高,大庆市和辽源市第二产业占比最高,其余9个地区均以第三产业占比最高。因此,从整体来看,哈长城市群的产业结构仍有待进一步优化和调整(表3－5)。

表 3-5　2020 年城市群主要节点城市产业结构

城市	第一产业比重/%	第二产业比重/%	第三产业比重/%	产业结构
哈尔滨市	11.9	22.1	66.0	“三二一”
齐齐哈尔市	31.3	22.4	45.9	“三一二”
大庆市	10.6	46.7	42.7	“二三一”
牡丹江市	23.7	21.4	54.9	“三一二”
绥化市	48.7	11.3	40.0	“一三二”
长春市	8.0	41.6	50.4	“三二一”
吉林市	13.8	35.2	51.0	“三二一”
四平市	34.7	19.5	45.8	“三一二”
辽源市	9.0	68.8	22.2	“二三一”
松原市	29.3	18.3	52.4	“三一二”
延边朝鲜族自治州	9.1	33.3	57.6	“三二一”

2. 产业类型

哈长城市群拥有煤炭、天然气、石油等优势的资源条件，在历史条件下，发展成为我国最大的商品粮基地与老工业基地，以石油化工、运输设备制造、农产品深加工、装备制造业为四大支柱产业，并在此基础上发展五类新兴特色产业，包括航空航天、电子信息、生物医药、新材料、新能源等，拓展六大类特色产业，包括能源、建材、食品、纺织、林产品加工、冶金等。此外，依托边境贸易的发展，形成了初步的开放型经济发展体系。

（三）交通网络

哈长城市群的交通体系分为对外交通与内部交通两个层次，形成了城市群发展的基础和网络骨架。交通方式以铁路、公路为主导，以民航作为补充。由于严寒地区的气候原因，冬季非常寒冷，水面结冰期高达 4～5 个月，现有水系可用作航运的时间相对较短。

1. 对外交通

哈长城市群的铁路与公路主要联系吉林省、辽宁省、内蒙古自治区等相邻行政区及省内腹地，进一步联系京津冀、长三角、珠三角等发育程度较高的城市群及俄罗斯、朝鲜、蒙古国等国家。城市群共设 6 个城市机场，包括哈尔滨太平、长春龙嘉、齐齐哈尔三家子、牡丹江海浪、延吉朝阳川 5 座国际机场和大庆萨尔图机场,哈尔滨市与长春市的国际机场为区域性航空枢纽,其余为航空支线,航班起降架次与吞吐量呈现逐年增长的趋势。

2. 内部交通

哈长城市群区域内公路网总里程为 11.69 万 km。其中,高速公路 2 885 km,一级公路 2 990 km,主要在区域中型及以上城市间形成联系通道;二级公路 11 023 km,主要在区域中型及以上城市与小城市之间形成网络联系;其余公路作为区域内部联系通道的补充。铁路营业里程为 6 102 km,占全国铁路营业总里程的 4.8%,其中,黑龙江、吉林两省的高速铁路均位于哈长城市群的范围内,营业里程为 1 052 km。哈长城市群的通航河流包括松花江、牡丹江、图们江 3 条主航道及其部分支流,航道总里程为 2 335 km。

(四)人口状况与城镇化水平

1. 人口状况

截至 2020 年年末,哈长城市群总人口为 4 345.35 万人,排名第一位的哈尔滨市有 1 000.10 万人,占比 23%,其中常住人口为 395.96 万人,占比 25.2%;第二位的长春市人口数量为 853.40 万人,占比 19%,其中常住人口为 362.09 万人,占比 42.42%(表 3-6)。

表 3-6　哈长城市群人口数(截至 2020 年年末)

城市	总人口数/万人	常住人口/万人
哈尔滨市	1 000.10	395.96
齐齐哈尔市	403.70	104.90
大庆市	278.10	115.27
牡丹江市	227.90	62.50
绥化市	371.70	32.13
长春市	853.40	362.09
吉林市	404.71	125.51
四平市	213.06	48.35
辽源市	114.76	38.51
松原市	273.26	39.94
延边朝鲜族自治州	204.66	48.20

数据来源:《中国城市建设统计年鉴》。

2. 城镇化水平

2020 年哈长城市群城镇化率为 61.48%，同期比东北地区低 6.23%，比全国低 2.41%。数据表明，哈长城市群人口城乡结构发生较大变化，人口聚集能力明显增强。同时，城镇化水平的提高还有很大空间。

哈长城市群城镇化率省际差异和地区差异较大。黑龙江省城镇化率为 65.1%，吉林省城镇化率为 62.64%。黑龙江省哈尔滨市、大庆市、牡丹江市 3 个城市和吉林省长春市、延边朝鲜族自治州 2 个地区的城镇化率均高于城市群整体水平，其余 6 个城市均低于城市群整体水平。两个核心城市哈尔滨市和长春市城镇化率高于全国水平（表 3 – 7、图 3 – 4）。

因此，哈长城市群的核心城市在未来的城镇化建设和发展的道路上，应充分发挥核心城市的辐射带动作用，与其他城市共同稳步提升，提升城镇化水平。

表 3 – 7　2020 年哈长城市群各地区城镇化率

城市	常住总人口/万人	城镇人口/万人	城镇化率/%
哈尔滨市	1 000.99	706.77	70.61
齐齐哈尔市	406.75	218.17	53.64
大庆市	278.16	201.61	72.48
绥化市	375.62	163.99	43.66
牡丹江市	229.02	150.71	65.81
长春市	906.69	597.91	65.94
吉林市	404.70	213.70	52.80
四平市	181.47	93.58	51.57
松原市	225.30	105.64	46.89
辽源市	99.69	57.52	57.70
延边朝鲜族自治州	204.66	142.16	69.46

数据来源：各城市第七次人口普查数据公报。

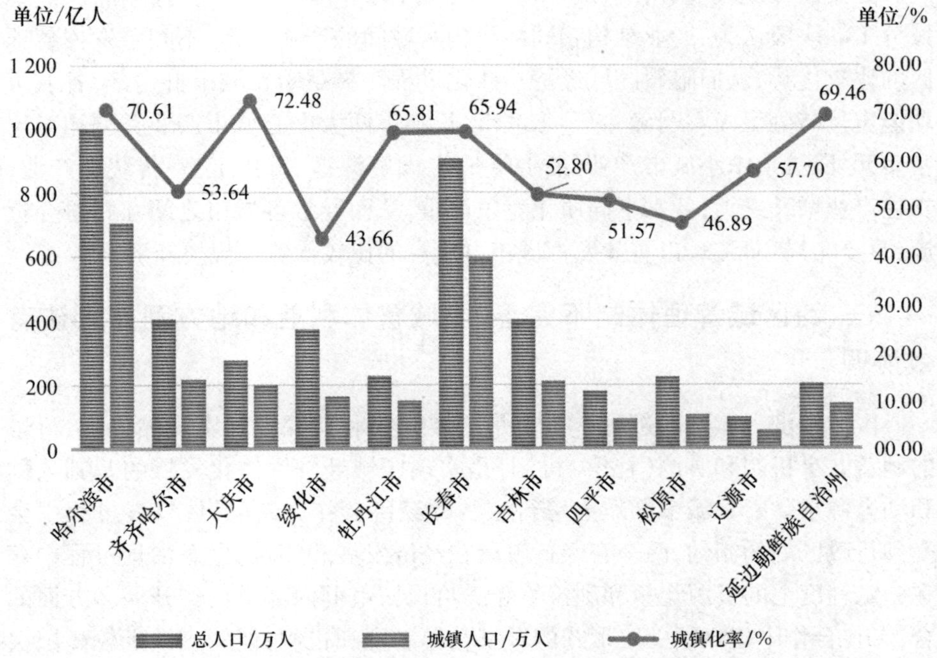

图 3－4　2020 年哈长城市群各地区人口及城镇化率

第二节　现阶段哈长城市群发展存在的问题

一、经济总量偏低，中心城市辐射带动能力弱

经济水平发展越高，市场越广阔，城市群内部之间的经济联系度越大。从国内城市群经济规模来看，长三角城市群经济总量最大，2018 年长三角地区 GDP 总量超过 21 万亿元，占全国经济总量的 23%；京津冀城市群 2018 年 GDP 总量约为 8.5 万亿元；粤港澳大湾区城市群中，仅广东省 2018 年 GDP 总量就超过了 9.7 万亿元。另外，中原城市群、成渝城市群、山东半岛城市群等的经济规模也在哈长城市群之上。哈长城市群 2018 年共实现经济总量 2.75 亿元，经济体量在国内城市群中处于中下游水平。两大中心城市哈尔滨市和长春市本身仍处于改革和振兴的发展阶段，对区域的辐射带动能力相对有限。

二、产业结构趋同，招商引资竞争激烈

城市群战略的本质是要促进我国区域协调发展，而区域协调发展的内涵

之一是要发挥比较优势,形成区域间相互合作、合理分工、取长补短的产业地域分工。一般认为,产业结构趋同会影响区域间的产业分工,不利于发挥各地区的比较优势,从而阻碍区域经济一体化进程。纵观哈长城市群内部,各城市功能定位与分工尚不明确,除哈尔滨市、长春市两大中心城市产业类型相对丰富多元外,其余中小城市产业结构单一,多偏资源型、重化工型、传统型产业,支柱产业增长乏力,低水平同质化竞争严重,从而导致各城市之间互相争夺资源,重复布局项目,难以有效发挥城市群应有的比较优势和规模经济。

三、跨区域管理体制不完善,区域整体利益和地方利益无法有效协调

区域经济一体化的过程本质上是区域共同利益探索和实现的过程,科学的利益共享机制和协调(补偿)机制,是实现区域经济一体化发展的基础条件和动力源泉。哈长城市群作为跨行政区的经济合作区,在具体发展过程中会受到行政区划的制约,两个省级行政区在经济发展和流域、生态治理过程中存在一定程度上的资源竞争和利益争夺。哈长城市群内部虽已经开展多方面的合作,在合作中建立了一定形式的转型合作制度和机制,但一直缺少较高层次的利益共享和补偿机制出台。

四、城镇空间分布和规模结构不合理,与资源环境承载能力不匹配

城市群布局不尽合理,城市群内部分工协作不够、集群效率不高;特大城市主城区人口压力偏大,与综合承载能力之间的矛盾加剧;中小城市集聚产业和人口不足,潜力没有得到充分发挥;小城镇数量多、规模小、服务功能弱,这些都增加了经济社会和生态环境成本。一些城镇密集地区资源环境约束趋紧,资源环境承载能力较强地区的城镇化潜力有待挖掘。

第四章　哈长城市群土地综合承载力研究

第一节　概　　论

一、研究背景

土地是人类生产生活不可缺少的重要资源。近年来,随着经济的高速发展,土地资源和生态环境面临着巨大的压力,一些地区资源环境承载能力已达到或接近上限。党的十六大以来,我国城镇人口大幅度增长,在人类需求与人口数量不断增加的条件下,生态环境的可持续发展面临着前所未有的挑战。

我国拥有960万km^2的国土面积,但土地资源仍然紧缺,可耕种的耕地面积逐渐减小。粗放型土地利用方式,对耕地质量造成严重的影响,出现了土地退化、土地污染、水土流失等现象,从而使人－自然－生态之间的关系更加紧张。同时我国人口基数大,人均耕地面积并未与国际水平相持平。

《国家新型城镇化规划(2014—2020年)》指出,哈长城市群的定位是东北老工业基地振兴发展重要增长极、北方开放重要门户、老工业基地体制机制创新先行区、绿色生态城市群。哈长城市群范围内地域辽阔,土地资源丰富,是我国北方重要的林、粮、牧的产出基地,也是我国首要的生态功能保护区,但是目前面临人类过度干扰、土地开发程度高、生态环境脆弱和社会经济发展相对落后等问题。研究哈长城市群土地综合承载力的空间差异,为区域差别化土地利用政策的制定和实施提供依据。哈长城市群正处于转型发展的重要阶段,对土地资源进行合理开发,促进土地资源可持续利用,提高土地承载力,对加快哈长城市群发展具有重要的意义。同时对实施土地利用规划和经济发展战略政策,以及对哈长城市群的人口、粮食、土地等其他相关政策的制定都具有深远的影响。

二、土地综合承载力研究进展

土地综合承载力研究涉及土地人口承载力、土地资源承载力等多个方面。

(一)国外研究进展

土地承载力的研究起步于生态学,最早应用在畜牧业当中。1758年,法国经济学家奎士纳开始研究经济财富增长与土地生产能力间的关系,这为以后土地承载力的研究起到启示性的作用。

国外城市土地承载力研究可以简单划分为两个阶段:

1.1970 年以前

早期的土地承载力研究,是与生态学密切相关的。1921 年帕克和伯吉斯就在有关人类生态学研究中提出了承载能力的概念。他们认为,可以根据某一地区的食物资源来确定地区内的人口承载能力。1970 年以前的土地承载力概念大多是生态学上承载力定义的直接延伸。其中以福格特的《生存之路》和阿伦的计算公式为代表。

2.20 世纪 70 年代以来

人口、粮食、资源、环境等全球性问题日甚一日,在人口急剧增长(主要是发展中国家)和需求迅速扩张(主要是发达国家)的双重压力下,以协调人地关系为中心的承载力研究再度兴起,并从土地扩展到整个资源领域,较具影响力的研究有三个。(1)澳大利亚的土地承载力研究。澳大利亚的科学工作者采用多目标决策分析法,从各种资源对人口的限制角度出发,讨论了该国的土地承载力。他们的研究考虑了澳大利亚的土地资源、水资源、气候资源等限制因素,除种植业外还考虑了畜牧业的发展潜力;分析了几种发展策略和相应的发展前景,指出按照澳大利亚的水资源条件可以养活 800 万人,能源将是主要的限制因素。(2)发展中国家土地的潜在人口支持能力研究,主要目的是研究发展中国家土地资源的人口承载能力。这项研究提供了确定世界农业土地生产潜力的新途径,即农业生态区域法(AEZ),这是一种综合探讨农业规划和人口发展的方法,它将气候生产潜力和土壤生产潜力相结合,反映土地用于农业生产的实际潜力,并考虑了对土地的投入水平和社会经济条件,对人口、资源和发展之间的关系进行了定量评价。指出不同的土地利用方式(投入水平)下,可以有不同的人口承载量。这一整套技术路线和工作方法已创造性地应用在我国的各级土地承载力研究中。(3)资源承载力研究的 ECCO 模型。20 世纪 80 年代初,在联合国教科文组织的资助下,开始设计 ECCO 模型,并在非洲试运行。它是由英国科学家斯莱瑟教授提出的一种承载力估算的综合资源计量技术,可以译为“提高承载力的策略模型”。它采用系统动力学方法,综合考虑人口、资源、环境与发展之间的关系,可以模拟不同发展策略下,人口变化与承载力之间的动态变化。资源承载力研究的 ECCO 模型,把承载力研究与持续发展战略相结合,强调长期性和持续性,为制订切实可行的长期发展计划提供了一条行之有效的途径。

(二)国内研究进展

国内的土地承载力研究兴起于20世纪80年代后期,并迅速呈现蓬勃发展之势,各类论著和研究报告数以千计,其中最有影响的当推1991年出版的《中国土地资源生产能力及人口承载量研究》。该项研究的内容分为5个基本层次,确定2000年和2025年为研究的时间尺度,并探讨了无具体时间尺度的理想承载力。它以《中国1∶100万土地资源图》划分的九大土地潜力区为基础,以资源—资源生态—资源经济科学原理为指导,以综合、协调、持续性为原则,从土地、粮食(食物)与人口相互关系的角度出发,讨论了土地与食物的限制性;从可能性角度出发,回答了我国不同时期的食物生产力及其可供养人口规模,并提出了提高土地承载力、缓解我国人地矛盾的主要措施。

近年来,土地承载力的研究范围逐步扩展到社会经济领域,认为区域土地综合承载能力的大小不仅取决于区域自然资源条件和生态环境的改善状况,还取决于区域社会、经济的发展水平。众多学者从不同的角度采用GIS技术等方法对不同的区域土地综合承载力进行评价和预测,其研究对象的主要走向是从静止到动态,从单一到综合,不仅仅是耕地,其他用地类型也成为重要的研究内容。

土地综合承载力源于最早的承载力概念。2001年王书华等提出,土地综合承载力指的是在一定时期,一定空间区域,一定的社会、经济、生态环境条件下,土地资源所能承载的人类各种活动的规模和强度的阈值。显而易见,土地综合承载力与土地承载力的区别在于:一方面,对于承载体而言,“土地”变得多元化,而不是仅指“耕地”,更应该包含园地、草地、林地、工矿用地等广义层面的土地;另一方面,对于承载物而言,也不仅是“人口”,而应该包含更多,如城市规模、交通规模等。

关于土地综合承载力的研究成果集中体现在以下两个方面。

1. 评价体系构建

(1)指标选取及标准化处理。

指标选取作为研究过程当中的重要一环,对于研究内容的科学性及合理性有着关键影响。土地综合承载力研究须遵循科学性、协调性、动态性、可操作性、层次性、系统性等原则。因地制宜选取科学合理的指标后,需要对指标进行进一步处理,即标准化处理。目前,常用的无量纲处理方法有3种,分别为标准化法、极差变换法、均值化法。在标准化处理时极差变换法可以对正向、负向指标分别消除量纲,而土地综合承载力评价的指标体系是一个综合的体系框架,其指标当中包含多个正向指标和负向指标,相比较标准化法和均值化法消除量纲的方法,极差变换法更加合理细致,因此,极差变换法成为土地综合承载力研究中应用较多的标准化方法。王翠华、何尹杰、鲁春阳、赵伟、郭志伟等学者均采用极差变换法对不同研究区的指标进行了无量纲化处理。

(2)指标权重确定。

在综合评价中确定各指标权重系数的方法有很多,区别在于原始数据来源不同,可以大致划分为以下两类:一类是主观赋权法,这种方法主要由专家根据经验主观判断给出,比如德尔菲(Delphi)法、古林法、层次分析(AHP)法等;另一类是客观赋权法,这种方法主要是依据对各种不同属性的指标数据特征做出定量分析,比如均方差决策法、主成分分析法、变异系数赋权法、因子分析法等。在主观赋权法方面,王翠华等运用层次分析法为四川省土地综合承载力研究指标确定权重;在客观赋权法方面,何尹杰、鲁春阳、赵伟等采用均方差决策法分别为珠海市、郑州市、杭州市土地综合承载力研究指标进行权重确定。同时还有多种方法结合的应用案例,比如两种客观方法相结合,陶虹向、卢必慧、郭志伟等学者运用均方差决策法及变异系数赋权法这两种客观赋权法分别为象山县、临安市、北京市的土地综合承载力研究指标进行权重确定;丁赏、朱颖、王爱红等学者采用主、客观赋权法结合的方法,即将均方差决策法与层次分析法相结合来分别确定杭州市、崇明岛及西部地区土地综合承载力研究指标权重。总体来看,赋权方法的选择存在多样性和灵活性,但是为保证评价体系的科学合理,建议采取多方法结合,例如"客观-客观"和"主观-客观",在此基础上可以将指标权重形成横向对比,更加突出不同赋权方法的特点;另外可以结合组合赋权的方法将采取不同赋权方法取得的权重进行综合,进一步提高权重确定环节的合理性。

(3)评价体系构建。

指标体系框架多采用AHP法,分为3个层次(目标层、准则层、指标层),目标层即研究区的土地综合承载力,准则层的选取以及指标层的创新均需要根据研究区不同的特点,联系实际情况与时俱进地进行确定。现有的评价体系中,较为典型的有以下几种:王书华等在研究我国东部沿海地区土地承载力时,构建了REST指标体系框架(R代表水土资源支撑系统、E代表生态环境支撑系统、S代表社会支撑系统、T代表经济技术支撑系统),这是目前应用较多的一种评价体系;何如海等运用类似的构建方法,研究了芜湖市土地资源承载力评价;赵淑芹等同样用此类体系分析了我国主要城市辖区土地综合承载指数;何尹杰等则借助珠海市的人口承载力、建设规模承载力、经济承载力、生态承载力构建了对应的指标体系;李新刚等将土地交通承载力的典型性指标纳入土地社会承载力中进行考察;王翠华等从经济承载、社会承载、生态承载3

个方面来构建指标体系。由此可见构建指标体系是开展土地综合承载力研究的关键一环,直接影响评价结果的可靠性和科学性。不同研究区存在天然的区别,加上其社会经济、资源禀赋的区域性,要求构建合理的指标体系应该遵循系统性、全面性、区域性等原则,从而得到较为客观、科学、可靠的评价结果。

2. 研究模型

关于土地综合承载力计算模型,伴随着社会的不断进步,从最初相对单一的土地人口承载力模型到目前多个模型,其发展存在一个逐渐成熟的过程。早期的承载力研究相对简单,涉及因子相对较少,近年来不断更新进步,研究内容不断丰富,指标选取更加多样,体系框架更加合理,模型的客观性不断增强。下面依据模型发展顺序,总结归纳出 5 个较有代表性的模型。

(1)“人口 - 土地 - 经济”结构模型。

“人口 - 土地 - 经济”结构模型中土地资源承载力(LCC)反映出研究区域人口与粮食的关系,土地资源承载指数(LCCI)反映出研究区域现实人口数量与土地资源承载力的相互关系,从而以粮食和人口两种数据来评价土地资源承载力。但随着社会经济的发展,区域开放性加强,人类对社会经济资源的依赖上升,多种自然资源因素逐渐显露,该模型考虑因素过于单一的弊端就体现了出来。

(2)相对资源承载力模型。

相对资源承载力模型能够有效解决研究片面化的问题,但是该模型在应用过程中涉及的影响因子依然不够具体且过于单一,其弊端主要在于过多的权重选择和对不同类型资源之间匹配关系的忽视影响了测算的准确性和科学性。

(3)农业生态区域法(AEZ)模型。

农业生态区域法模型将影响作物生产潜力的多重生产潜力考虑在内,在环境生态学和植物生理学基础上进行综合研究分析。近年来又有学者将社会经济因素融入模型,使得改进后的农业生态区域法模型在植被生产潜力方面的估算更加科学。

(4)系统动力学模型。

系统动力学模型的特点是在处理复杂系统的长、短期效果的矛盾方面,它能够较好地反映系统本质和模拟系统的变化趋势,但也存在一些缺点,即该模型的建立较大程度上受建模者对系统行为动态水平认识的影响,参变量的情况不容易掌握,如果控制不好可能会得出不够合理的评价结论。

(5)生态足迹模型。

生态足迹模型相比较上述几个模型,理论更加全面,思路更加严谨,实现了对生态目标的测度。但是该模型的缺陷在于它属于静态层面的研究,未考虑时间因素以及社会经济因素,这在一定程度上忽略了生态系统完整性,不能有效反映未来的发展趋势,从而无法真实反映出生态承载力水平。

总之,无论应用什么模型,在指标选取及评价体系构建过程中,都应尊重规律,遵循生态优先、因地制宜、简单易行的原则。

目前我国土地综合承载力研究的现状表现为:理论基础逐渐完善,指标选取更加合理,体系构建方面更加科学,针对性强,计算模型不断更新且更加注重实用性。

第二节　土地综合承载力相关概念及理论基础

一、相关概念

1. 承载力

承载力原本为力学概念,属于物理学范畴,它指的是物体在被破坏之前所能承受的最大负荷,可采用经验公式或通过实验进行度量。20 世纪 70 年代以前是承载力不断探索完善的阶段,应用范围较小,主要为了解决粮食与人口之间的关系,计算目的也相对单一,仅是求证一定量的粮食可以养活多少人口。在此之后,承载力概念慢慢渗入生物学及区域系统研究当中,前者指的是某一生态环境所能支撑的某一物种的最大数量;后者指的是区域系统相对于外部环境变化的最大承受能力。1798 年,英国人口学家马尔萨斯在《人口原理》中提出人口承载力概念,用以支持人口与粮食问题假说,此后关于承载力的研究在其他方面,如人口学、经济学等领域相继展开。

2. 土地承载力

土地承载力(land carrying capacity)一般是指区域土地所能持续供给的人口数量,即土地人口承载量(Land population Supporting Capacity)。国外有些学者也称其为农业资源承载力。

3. 土地综合承载力

土地综合承载力是资源条件、社会、经济、生态环境等系统共同支撑下所表现出的对人类各种活动的承载能力。根据土地综合承载力的内涵,其构成为土地经济承载力、土地社会承载力和土地生态承载力三个方面。

(1)土地经济承载力:在一定的经济条件下,区域的土地经济价值产出能力反映了土地的经济承载力规模。

(2)土地社会承载力:在一定的社会条件下,区域的土地资源的数量和质量承受人类社会发展所进行的各种社会活动的阈值。

(3)土地生态承载力:在一定的区域环境条件下,维持生态性能的稳定和良好的生态用地限度。

二、理论基础

1. 人地关系理论

人地关系是指在社会发展过程中,人类为了生存的需要,在有限的土地上不断进行开发利用,改变地理环境原有的面貌,从而影响了人类的生活与活动。人与自然的关系是人类生存与发展的基本关系。自然为人类提供生存和发展的条件,也制约着人类的行为,人类的生存发展依赖于自然,同时也影响着自然的结构、功能与演化过程。人与自然的关系是对立统一的辩证关系。只有人与自然和谐相处,才能实现社会的可持续发展。

2. 土地稀缺理论

作为人类生活和发展生产的先决条件,土地资源不同于其他资源可以再次生产,土地是有限的。随着人口的增长、城镇化水平的提高、工业与科技的发展,土地资源逐渐减少。这就需要我们充分了解土地资源的有限性,时刻关注土地承载力的状态变化,为以后的人类生活提供保障。

3. 可持续发展理论

随着社会的不断发展,人类对大自然的利用和改造的能力加强。人类为创造精神与物质财富,耗费了大量的自然资源,从而导致人与自然的关系进一步恶化,在一定程度上制约了人类的进一步生存和发展。人类在意识到人地关系出现矛盾后,提出了可持续发展理论。土地综合承载力就是在这种状态下寻求人与环境协调发展的最佳范围。可持续发展理论与土地综合承载力均主张人与自然的和谐且遵循土地利用过程当中存在的客观自然规律。

土地可持续利用的思想核心在于当前的土地利用不能对后代的持续利用构成危害,它要求土地资源的高效利用,既要满足当代人的需求,也要与其他自然资源相结合,共同满足经济社会的发展需求,决不能损害子孙后代的利益。土地综合承载力研究立足于可持续发展理论基础,分析评价的结果也应该重点放在土地的合理开发利用与社会生态良好结合的层面,不能一味地追求土地综合承载力而忽略了可持续利用这一重要前提和最终目的。

4. 土地优化配置理论

土地作为一种自然物,有着其特有的属性:位置固定性、面积有限性、质量差异性和功能永久性。但它又不仅仅是单一的承载物,因为随着人口增长及社会发展,土地逐渐被人类开发利用,从而形成了人与自然界有机联系的自然-经济综合体,受自然、经济、技术条件等多因素的综合作用。已利用土地资源结构的调整,是土地资源优化配置的核心和主体。可持续利用是土地优化配置的基本准则,即土地资源的可利用性以及土地用途的可调控性。土地综合承载力研究需要遵循土地资源优化配置的实质,即实现合理的土地数量结构、均衡的土地空间布局、稳定的土地用途以及持续的土地利用,在此基础上对土地综合承载力进行评价,对土地用途进行合理纠正及科学调控。由于土地资源的优化配置是一个动态的、渐进发展的社会过程,这就要求土地综合承载力的研究要注重区域性、综合性、动态性等特点。随着经济发展水平的提高、经济结构的升级优化和人口的不断增长,对于部分地区而言,土地利用过程中出现的新要求及新问题需要及时进行评价分析,进而提出应对措施,这体现出了土地综合承载力研究的迫切性。

三、土地综合承载力与区域经济发展的作用机制

土地是自然属性和社会属性的结合体,作为最基本的生产要素之一,土地为区域社会经济发展提供了物质基础和承载空间。近几十年来,我国经济快速发展,土地资源的开发利用取得了巨大的社会经济效益,同时也出现了生态环境恶化、人地矛盾突出、城市土地利用与经济社会发展关系失衡等问题,如何协调土地利用与区域社会经济发展之间的关系成为人们关注的重点。

“土地利用是社会的一面镜子。”一定时期的土地利用结构与社会经济结构存在着一定的对应关系,二者相互支撑、相互制约,揭示二者的发展规律,有利于合理利用土地,促进区域社会经济更好发展。

(一)承载与超载的关系

在可持续承载范围内,城市土地综合承载力的提升能够促进区域经济发展及区域经济空间结构的调整。城市土地综合承载力超负荷运行则会抑制区域经济增长和区域经济空间结构的调整,主要集中体现为区域经济发展中土地资源的“增长尾效”。

区域经济总量的不断增长需要挖掘城市土地的潜在综合承载力,这将增加超负荷运行的风险。区域经济空间结构的调整有利于城市土地的可持续承载,缓解超负荷运行的压力。区域经济空间结构的优化能够促进区域经济总量的不断增长,而区域经济总量的不断增长为区域经济空间结构的优化提供了保障。

（二）相互促进，协调发展

土地综合承载力影响区域经济发展的实现路径。优化配置人口、资源环境、经济社会等要素，增强科技文化的推动力，促进城市土地承载力的耦合协调，提高城市土地的综合承载能力。同时，诊断和补偿城市土地综合承载力的短板，构建城市土地综合承载力的预警机制，制定城市土地综合承载力的危机管理策略。此外，促进城市土地资源利用向集约型转变，增加城市生态环境保护投入，推动区域经济空间结构优化升级，提高区域经济总量水平，实现城市土地综合承载力与区域经济协调发展。

第三节　哈长城市群土地综合承载力

一、评价指标体系

根据所研究地区的土地资源特点，结合实际情况，参考国内外相关研究，在分析土地综合承载力概念的基础上，哈长城市群土地综合承载力评价的指标体系框架采用 AHP 法，分为 3 个层次（目标层、准则层、指标层），目标层为土地综合承载力；准则层分别是土地经济承载力、土地社会承载力、土地生态承载力；指标层根据哈长城市群自然、社会经济概况，遵循科学性、系统性、可操作性、动态性、可行性的原则，选取 12 项指标，其中，7 项指标为正向指标，5 项指标为负向指标（表 4－1）。

表 4－1　哈长城市群土地综合承载力指标体系

目标层	准则层	指标层	单位	指标性质
哈长城市群土地综合承载力	土地经济承载力	地均财政收入	万元/km^2	+
		地均生产总值	万元/km^2	+
		地均社会消费品总额	万元/km^2	−
		地均固定资产投资额	万元/km^2	+
	土地社会承载力	人口密度	人/km^2	−
		城镇化水平	%	+
		人均耕地	人/hm^2	+
		医疗卫生机构床数	张	+

表 4-1　哈长城市群土地综合承载力指标体系

目标层	准则层	指标层	单位	指标性质
哈长城市群土地综合承载力	土地生态承载力	地均财政收入	万元/km^2	+
		化肥施用量强度	吨/km^2	-
		建成区绿化覆盖率	%	+
		人均废水排放量	人/吨	-
		人均 SO_2 排放量	人/吨	-

注：指标性质：正向指标（+），表示该指标值越大越好；负向指标（-），表示该指标值越小越好。

二、评价方法与数据来源

（一）熵权法

综合评价中合理、科学的指标权重对评价起着至关重要的作用。主观赋权法和客观赋权法构成了确权方法。客观赋权法结果更加精准，有较高的信服力并且方法简单方便，它直接将原始数据经过一系列计算后进行分析，因此权重的确定少了很多人为主观因素的干预，更加准确。本书采用客观赋权法中的熵值法对各评价指标进行确权。

决策的精度和可靠性大小是由人们获得信息的多少和质量决定的，信息论中，信息熵与信息量两者绝对值相等，符号相反，在多指标决策中，某项指标的变异程度越大，信息熵越小，该指标提供的信息量就越大，因此在方案评价中所起的作用就越大，该指标的权重也就越大，反之则相反。根据各指标值的变异程度，利用信息熵计算各指标权重。

熵权法步骤：

1. 标准化处理

正向指标：

$$x'_{ij} = \frac{x_{ij} - \min(x_j)}{\max(x_j) - \min(x_j)}$$

负向指标：

$$x'_{ij} = \frac{\max(x_j) - x_{ij}}{\max(x_j) - \min(x_j)}$$

2. 计算第 j 年份第 i 项指标值的比重

$$c_{ij} = \frac{x'_{ij}}{\sum_{j=1}^{n} x'_{ij}}$$

3. 指标信息熵的计算

$$e_i = -k\sum_{j=1}^{n}(c_{ij} \times \ln c_{ij})$$

4. 计算信息熵冗余度

$$d_i = 1 - e_i$$

5. 计算指标权重

$$w_i = \frac{d_i}{\sum_{i=1}^{m} d_i}$$

（二）综合评价法

本书采用综合评价法得到土地综合承载力评价分值，公式为

$$F_j = \sum_{i=1}^{m}(x'_{ij} \times w_i)$$

式中，F_j 为总分值；x'_{ij} 为单个指标标准化数值；m 为评价的指标个数。

（三）数据来源

数据来源于 2012 年和 2016 年的《黑龙江省统计年鉴》与《吉林省统计年鉴》，研究样本为哈长城市群 10 个地级市以及延边朝鲜族自治州。

三、结果分析

（一）权重分析

将查找到的初始指标值代入公式进行数据标准化，得到该指标的标准化值，计算出 2012、2016 年的指标权重，在此基础上得到 2 个年份权重的算术平均值作为最终的评价指标权重（表 4－2）。

表 4-2　哈长城市群土地综合承载力指标权重

要素层	指标层
经济承载力(0.408)	地均财政收入(0.101)、地均生产总值(0.095)、地均社会消费品总额(0.122)、地均固定资产投资额(0.089)
社会承载力(0.302)	人口密度(0.043)、城镇化水平(0.063)、人均耕地(0.070)、医疗卫生机构床数(0.126)
生态承载力(0.290)	化肥施用量强度(0.135)、建成区绿化覆盖率(0.038)、人均废水排放量(0.049)、人均 SO_2 排放量(0.068)

从表 4-2 可以分析得出,经济承载力权重最大,为 0.408,明显大于其他两方面承载力。哈长城市群作为我国的粮食基地和老工业基地,经济结构中传统产业和产品占比较高,重工业是经济增长的核心。其次为社会承载力,为 0.302。生态承载力权重较低,仅为 0.290。对于哈长城市群土地综合承载力来说经济承载力居主导地位。

经济承载力中,地均社会消费品总额在经济承载力中比重是最大的,其次是地均财政收入、地均生产总值和地均固定资产投资额。哈长城市群在中高端消费上表现出了较为明显的优势,能够带动区域经济发展。社会承载力中生物医药产业是战略性新型产业的发展重点,医疗卫生机构床数在社会承载力中比重最大,其次为人均耕地、城镇化水平以及人口密度。生态承载力中化肥施用量强度占生态承载力比重最大,其次为人均 SO_2 排放量、人均废水排放量和建成区绿化覆盖率。城市群依托区域丰富的农(林)产品资源优势和黑土地资源优势,在农业方面投入较多。

(二)土地综合承载力得分分析

将计算得出的指标权重和标准化数值代入综合评价模型中,计算得到土地综合承载力得分(表 4-3)。各地区土地综合承载力得分均有所提高,11 个城市中提高的有 6 个,占 54.5%;5 个下降,占 45.5%。

表 4-3　哈长城市群各城市土地综合承载力得分

城市	土地经济承载力		土地社会承载力		土地生态承载力		土地综合承载力	
	2016 年	2012 年	2016 年	2012 年	2016 年	2012 年	2016 年	2012 年
哈尔滨市	0.146 5	0.232 2	0.203 4	0.213 1	0.083 1	0.071 0	0.433 0	0.516 3

续表 4-3

城市	土地经济承载力		土地社会承载力		土地生态承载力		土地综合承载力	
	2016 年	2012 年	2016 年	2012 年	2016 年	2012 年	2016 年	2012 年
齐齐哈尔市	0.142 6	0.118 0	0.057 7	0.068 5	0.114 6	0.084 9	0.314 9	0.271 4
大庆市	0.152 0	0.206 9	0.121 6	0.123 2	0.052 8	0.033 6	0.326 4	0.363 7
绥化市	0.135 7	0.126 4	0.068 3	0.057 2	0.035 2	0.128 3	0.239 2	0.311 9
牡丹江市	0.167 8	0.145 7	0.089 3	0.096 3	0.203 9	0.064 9	0.461 0	0.306 9
长春市	0.165 6	0.225 4	0.188 7	0.237 2	0.184 7	0.138 5	0.539 0	0.601 1
吉林市	0.171 3	0.101 0	0.200 1	0.177 1	0.102 4	0.123 0	0.473 8	0.401 1
四平市	0.165 5	0.214 4	0.165 5	0.125 8	0.227 6	0.224 5	0.558 6	0.564 7
辽源市	0.259 5	0.167 0	0.108 1	0.123 2	0.163 5	0.175 9	0.531 1	0.466 1
松原市	0.177 8	0.100 2	0.117 4	0.048 2	0.262 9	0.218 1	0.558 1	0.366 5
延边朝鲜族自治州	0.186 2	0.130 8	0.192 9	0.178 9	0.106 6	0.112 8	0.485 7	0.422 5

四、土地综合承载力空间差异

(一)土地综合承载力分级标准

为了深入分析哈长城市群土地综合承载力的空间差异,对各地区土地综合承载力进行分级,根据2012年和2016年哈长城市群土地综合承载力得分,按照等间距法建立分级评价标准,分值介于0.20~0.60分,分值越高,表明土地综合承载力越强(表4-4、表4-5)。

表 4-4 土地综合承载力分级评价标准

承载力等级	分值区间
高承载力(Ⅰ级)	0.50~0.60
较高承载力(Ⅱ级)	0.40~0.49
中等承载力(Ⅲ级)	0.30~0.39
低等承载力(Ⅳ级)	0.20~0.29

表 4－5　2012 年、2016 年哈长城市群土地综合承载力等级分类

承载力等级	2012 年	2016 年
高承载力	四平市、长春市、哈尔滨市	四平市、长春市、松原市、辽源市
较高承载力	延边朝鲜族自治州、辽源市、吉林市	牡丹江市、哈尔滨市、延边朝鲜族自治州、吉林市
中等承载力	绥化市、牡丹江市、大庆市、松原市	齐齐哈尔市、大庆市
低等承载力	齐齐哈尔市	绥化市

对比 2012 年和 2016 年的等级变化，土地综合承载力的等级无变化的是四平市、长春市（高承载力），延边朝鲜族自治州、吉林市（较高承载力），大庆市（中等承载力）5 个城市。其他 6 个城市的等级发生了变化，占地区总数的 54.55%。其中哈尔滨市、绥化市承载力降低，降了 1 个等级；松原市提高了 2 个等级；辽源市、齐齐哈尔市和牡丹江市 3 个城市都提高了 1 个等级。从综合承载力来看，大部分地区土地综合承载力有明显的提高，且区域等级差异较明显。

（二）区域空间差异

1. 总体特征

2012 年，四平市、长春市、哈尔滨市为高承载力区，总体上呈现出“以该区域为主线，向四周等级降低”的空间特征；2016 年，松原市、长春市、四平市、辽源市为高承载力区，呈现“西南高，向东、向北逐渐降低”的空间特征；2016 年与 2012 年相比，土地综合承载力等级分布较集中，各区域等级跃迁较明显。

2. 高承载力区（Ⅰ级）

2016 年与 2012 年相比，四平市、长春市仍然是高承载力区，没有变化。增加了松原市和辽源市，说明这两个城市的综合承载力水平有大幅提高，辽源市由较高承载力区提高到高承载力区，松原市变化最大，由中等承载力区跃升为高承载力区，承载力等级提高明显。

（1）四平市。

四平市地处松辽平原中部腹地，地形平坦，以平原为主，平原占总面积的 79%，位于辽、吉、内蒙古三省区交界处，是吉林省第三大城市，是哈长城市群南部的桥头堡，处于“东北亚”区域中心点，是吉林省中部创新转型核心区主要支点城市。2016 年与 2012 年相比，土地综合承载力稍有下降，降低了 1.08%，

变化不大。其中土地经济承载力下降明显，降低了22.8%；土地社会承载力有明显提高，升高了31.6%；土地生态承载力变化幅度较小，提高了1.4%。表明土地社会承载力的明显提高和经济承载力的下降是导致四平市综合承载力小幅下降的主要原因（图4－1）。

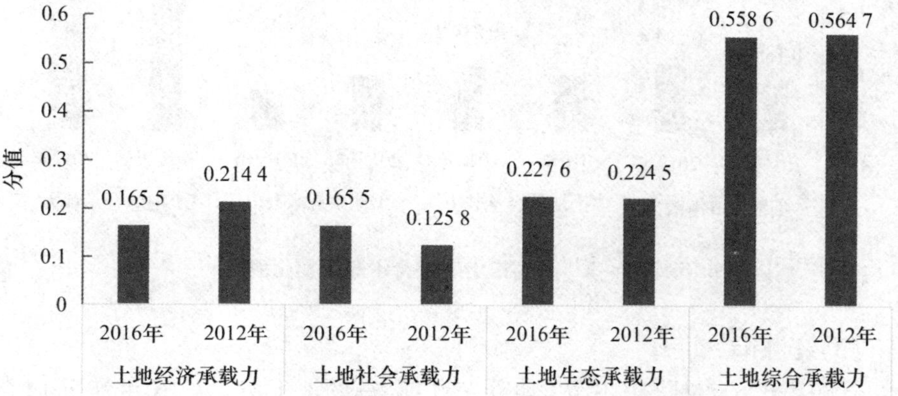

图4－1　四平市土地综合承载力变化图

四平市的城镇化水平较高，城镇化率2012年为52.9%、2016年为51.6%，人均耕地面积较大，是东北三大粮仓（另外两个是榆树市、齐齐哈尔市）之一。医疗条件较好，曾获"国家卫生城市"称号。科技发展快，辖1个国家级经济技术开发区、5个省级经济开发区，是我国最具投资潜力中小城市20强之一。四平市的地均社会消费品总额不断增加，教育事业也在不断发展。土地资源比较丰富，森林覆盖面积较大，绿化程度较好，覆盖率达36.3%，是国家园林城市。矿产资源丰富，银储备量居亚洲第一，能源矿产和金属矿产都比较丰富，经济基础雄厚。

（2）长春市。

长春市是吉林省的省会城市，是哈长城市群核心城市，是东北亚经济圈中心城市，位于东北地理中心。2016年与2012年相比，长春市土地综合承载力下降，降低了10.33%。其中土地经济承载力降幅明显，降低了26.5%；土地社会承载力有所下降，降低了20.4%；土地生态承载力提高幅度最大，提高了33.4%。表明土地经济承载力和社会承载力的下降是导致长春市土地综合承载力下降的主要原因（图4－2）。

长春市地均社会消费品总额与其他地区相比较大，该指标为负向指标，越大表明承载力越低，其是导致土地经济承载力下降的主要因素。城镇化率较高，但人均耕地面积下降较大，下降了0.2人/hm^2。医疗卫生机构床数也有所下降,导致土地社会承载力下降。生态环境基础好,绿化率居于亚洲大城市前列,是我国四大园林城市(南京、长春、杭州、昆明)之一。

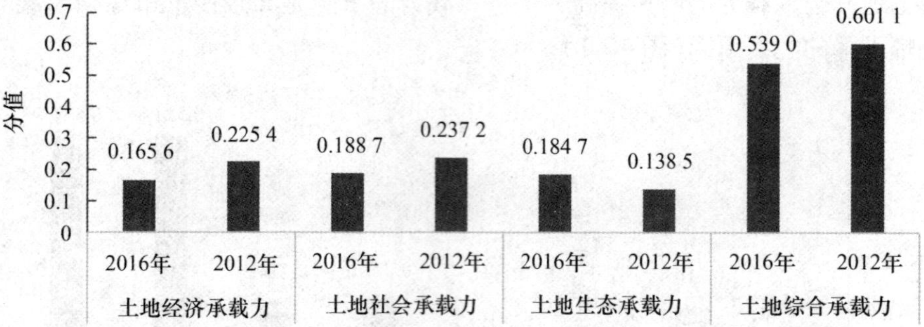

图 4－2　长春市土地综合承载力变化图

(3)辽源市。

辽源市位于吉林省中南部,地处东辽河、辉发河上游。2016 年与 2012 年相比,辽源市土地综合承载力有明显的提高,提高了 13.9%。其中土地经济承载力有明显的升高,升高了 55.4%;土地社会承载力与生态承载力变化不大,且都有小幅下降,分别下降了 12.3%、7%。因此,土地经济承载力的变化是导致土地综合承载力变化的主要原因(图 4－3)。

图 4－3　辽源市土地综合承载力变化图

辽源市主要以煤炭产业为主导,随着资源型城市的转型,国家与政府加大投入,煤炭产业不断发展,经济总量有所提高,但经济发展也带来了环境的恶化,工业生产中排放出大量的"三废",空气污染严重,SO_2 排放量明显增大,生态环境压力增强。

(4)松原市。

松原市是吉林省下辖的地级市,位于吉林省中西部。2016 年与 2012 年相比，松原市土地综合承载力明显升高，升高了52.3%。其中土地经济承载力、土地社会承载力以及土地生态承载力都在升高，而且升高的幅度都比较大，分别为77.4%、143.6%、20.5%，土地社会承载力提高幅度最大（图4-4）。

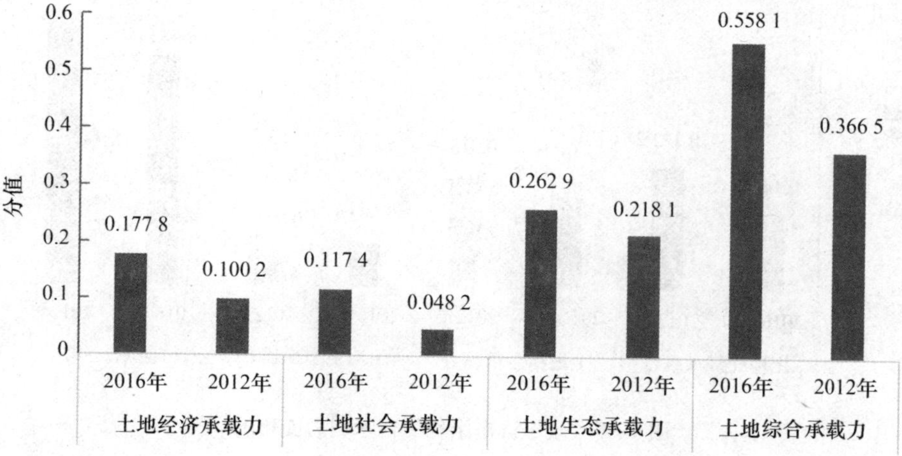

图4-4　松原市土地综合承载力变化图

松原市地处松嫩平原南端，坐落在美丽富饶的松花江畔。松源市素有"粮仓、林海、肉库、鱼乡"之美誉。享有国家园林城市、中国魅力中小城市200强、中国东北十大魅力城市等殊荣。森林的覆盖率较大，因此土地生态承载力相对更高。在国家和政府的扶持下，松原市积极推动转型，经济运行稳步向好。

高承载力区中松原市、辽源市土地综合承载力水平有所提高，明显提高的是松原市。长春市、四平市土地综合承载力下降，下降明显的是长春市。从子系统来看，土地经济承载力变化显著，松原市、辽源市上升，四平市、长春市下降；土地社会承载力变化较大，提高的是四平市、松原市，幅度最大的是松原市，下降的是长春市、辽源市；土地生态承载力变化幅度比前两者小，四平市、长春市、松原市都有所提高，只有辽源市有所下降。

3. 较高承载力区（Ⅱ级）

2016年与2012年相比，延边朝鲜族自治州、吉林市的承载力等级没有变化，增加了牡丹江市、哈尔滨市。牡丹江市是由中等承载力提高到较高承载力水平，哈尔滨市是由高承载力水平下降到较高承载力水平。

（1）哈尔滨市。

哈尔滨市地处我国东北平原东北部地区，2016年与2012年相比，土地综合承载力有明显的降低，降低了16.1%。土地经济承载力总体水平有所下降，降低了36.9%。土地社会承载力小幅下降，下降了4.6%。土地生态承载力提高，上升了17%。表明土地经济承载力的变化是土地综合承载力明显下降的主要原因（图4－5）。

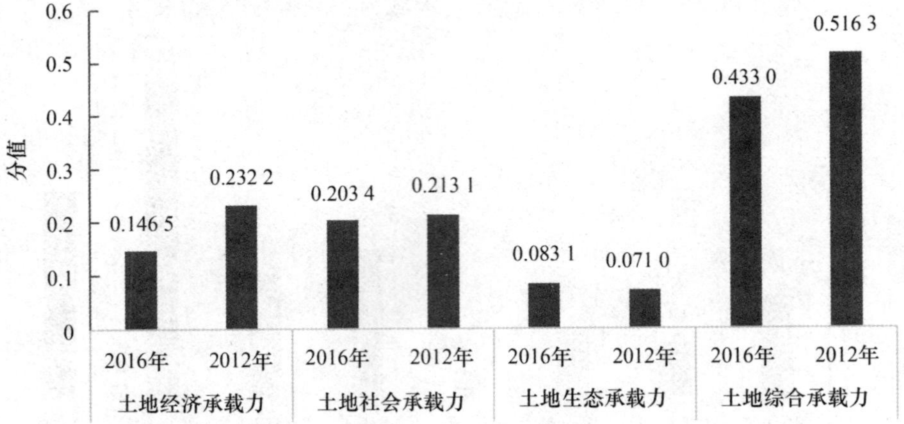

图4－5　哈尔滨市土地综合承载力变化图

哈尔滨市的地均生产总值和地均社会消费品总额、地均固定资产投资额均有所升高，其中地均社会消费品总额提高幅度最大，增长64%，但由于其是负向指标，权重值也最大（0.122），所以导致土地经济承载力下降。

（2）牡丹江市。

牡丹江市位于黑龙江省东南部，土地综合承载力提高显著，升高了50.2%。土地生态承载力、经济承载力提高，分别提高214.2%、15.2%；土地社会承载力小幅下降，降低了7.3%。表明土地生态承载力提高是牡丹江市土地综合承载力变化的主导因素（图4－6）。

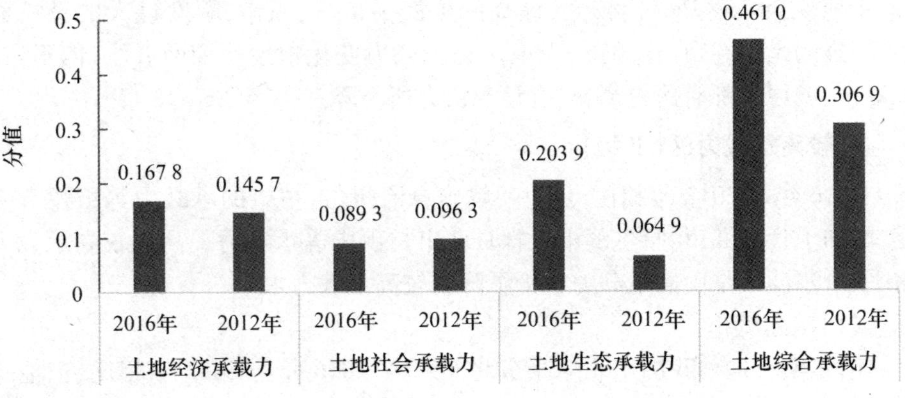

图4－6　牡丹江市土地综合承载力变化图

牡丹江市土地生态承载力提高显著，提高了两倍多，主要是由于该市的建成区的绿化覆盖水平较高，虽然城镇和工矿业分布集中，但废水、废气的排放量都有所减少，同时化肥的施用量强度也有所减弱，因此导致土地生态承载力水平提高明显。

(3)吉林市。

吉林市位于吉林省中部，位于东北腹地长白山脉，也是东北地区重要旅游城市和化工工业基地之一。2016 年与 2012 年相比，吉林市土地综合承载力提高，上升了 18.1%。其中土地经济承载力升高的幅度最大，上升了 69.6%；土地社会承载力提高了 13%，土地生态承载力下降了 16.7%，变化不是很大。表明土地经济承载力的大幅度提高是吉林市土地综合承载力提高的主要影响因素(图 4－7)。

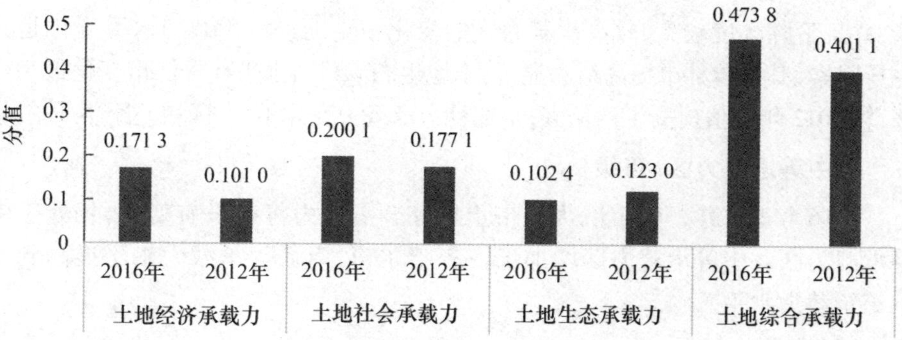

图 4－7　吉林市土地综合承载力变化图

国家和政府对吉林市投入资金较大，国内外旅游事业不断发展，医疗卫生机构床数也不断增加。吉林市是化工基地，工业生产过程中排放出大量的有害气体，大气污染严重，生态环境遭到严重破坏。

(4)延边朝鲜族自治州。

延边朝鲜族自治州地处吉林省东部，土地综合承载力升高，升高了 15%。其中土地经济承载力升高了 42.4%，上升幅度最大，土地社会承载力提高了 7.8%，土地生态承载力下降了 5.5%，变化都不大。因此，土地经济承载力是主导因素(图 4－8)。

延边朝鲜族自治州投资保持较快增长，项目建设不断推进，工业经济也在不断地发展，建筑业高位增长，旅游业发展势头良好，森林覆盖率较大，但消费市场总体低迷。

较高承载力区中牡丹江市、吉林市、延边朝鲜族自治州的土地综合承载力都有所提高，牡丹江市提高最为显著，只有哈尔滨市土地综合承载力水平下

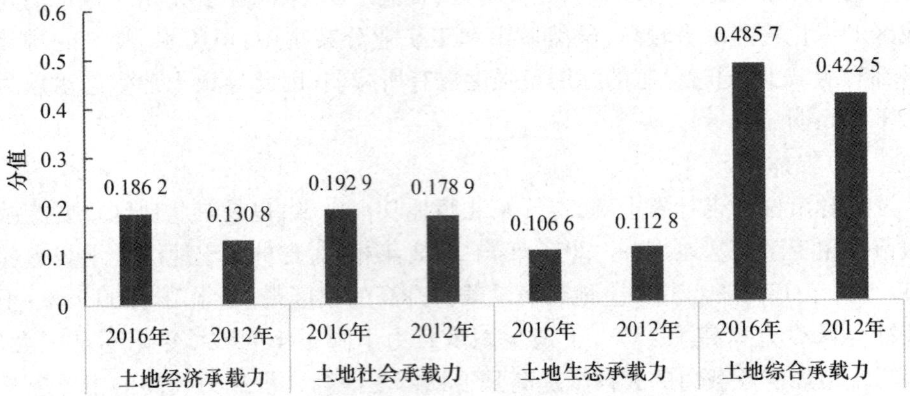

图 4－8　延边朝鲜族自治州土地综合承载力变化图

降，并且下降幅度较大，较高承载力区的变化中土地经济承载力水平变化是其主导因素，其中吉林市提高最为显著；土地生态承载力水平牡丹江市变化最为显著，较 2012 年分值提高了两倍多；土地社会承载力变化不大，区域差距不明显。

4. 中等承载力区（Ⅲ级）

2016 年与 2012 年相比，大庆市土地综合承载力等级没有变化，仍处于中等承载力区。中等承载力区增加了齐齐哈尔市，由低等承载力水平提高到了中等承载力水平。

（1）齐齐哈尔市。

齐齐哈尔市地处我国东北地区，于黑、吉、内蒙古三省区交会处，是黑龙江省第二大城市。土地综合承载力总体水平升高了 16%，土地经济承载力提高了 20.8%，土地社会承载力下降了 15.8%，土地生态承载力提高幅度较大，提高了 35%，土地生态承载力是其主导因素（图 4－9）。

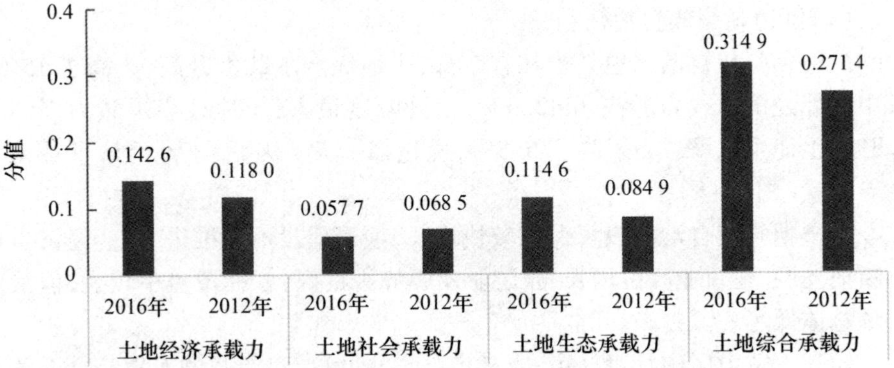

图 4－9　齐齐哈尔市土地综合承载力变化图

地均社会消费品总额和地均固定资产投资额升高的幅度较大，说明国家投资较大，人们的生活水平也在不断地提高。土地利用率和垦殖率水平高，化肥施用量强度降低。人均 SO_2 排放量（负向指标）增加显著。研究表明，单位 GDP 能耗每减少 1%，我国工业 SO_2 排放量会增加 0.925%；工业产值占 GDP 比重每增加 1%，我国工业 SO_2 排放量会增加 0.677%，由此说明，齐齐哈尔市高耗能产业仍是主导产业，产业转型、技术革新是未来发展必由之路。

（2）大庆市。

大庆市地处我国东北地区、黑龙江省西南部，是哈长城市群区域中心城市。2016 年与 2012 年相比，大庆市土地综合承载力水平下降，降低了10.3%；土地经济承载力总体水平降低的幅度较大，降低了 26.5%；土地社会承载力下降了 1.3%，变化不大；土地生态承载力提高明显，上升了 57.1%。可见，土地经济承载力是导致土地综合承载力变化的主要因素（图 4－10）。

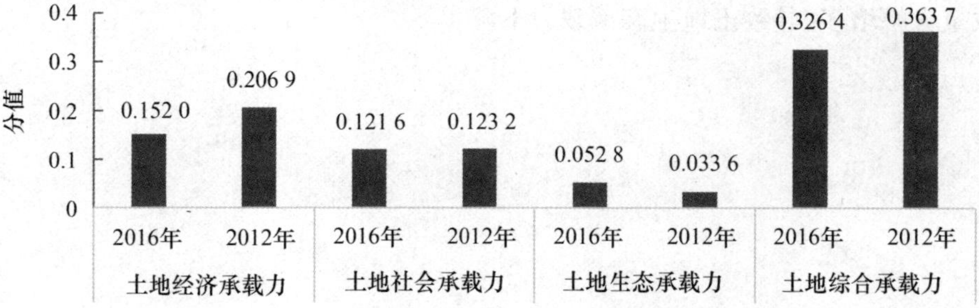

图 4－10　大庆市土地综合承载力变化图

大庆市地均生产总值和地均固定资产投资额降低的幅度较大，而且地均社会消费品总额下降的幅度较大，可以看出，大庆市虽然是石油资源型城市，依托于石油、石化工业的发展，但是人们的消费水平不断地提高，而生产与投资的资金减少，因此土地经济承载力呈下降的趋势。

中等承载力区中齐齐哈尔市变化最大，其主要影响因素是土地生态承载力；土地经济承载力和社会承载力区域差异不明显。

5. 低等承载力区（Ⅳ级）

2016 年与 2012 年相比，绥化市由中等承载力降低到低等承载力。

绥化市位于黑龙江省中部，黑龙江省处于世界三大“寒地黑土”带之一，绥化市位于“寒地黑土”核心区，黑土资源丰富。绥化市土地综合承载力下降了 23.3%。土地经济承载力与土地社会承载力提高，但变化幅度不大，分别提高了 7.4%、19.4%，土地生态承载力下降幅度较大，降低了72.6%，可以看出，绥化市土地综合承载力下降的主要影响因素是土地生态承载力。

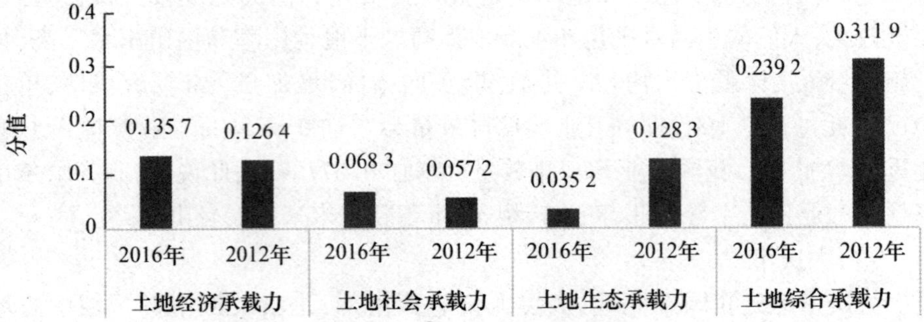

图 4-11 绥化市土地综合承载力变化图

绥化市建成区绿化覆盖率不高，在哈长城市群中处于最低水平，不超过26%，且还有所下降，化肥施用量强度下降，最大影响因素依然是人均 SO_2 排放量大幅增多，导致土地生态承载力下降。

第五章　哈长城市群经济发展水平时空差异

第一节　相关概念与区域经济差异研究综述

一、相关概念

(一)区域经济发展

发展就是进步。进步,就是现在比过去、将来比现在有可能实现更理想的状态。所以,区域发展就是指在一定的时空范围内以资源开发、产业组织、结构优化为主的一系列经济社会活动处在更好的状态。我国正处在快速发展阶段,经济发展是社会进步的主要表现形式。经济发展表现在很多方面,对国家经济而言大致包括 8 个方面,而对区域经济而言,基本上体现在以下 5 个方面。

1. 经济增长

狭义的经济增长指地区生产总值(Gross Domestic Product,GDP)的增加。GDP 指一个国家或者地区(国界范围内)所有常驻单位在一定时期内生产的所有最终产品和劳务的市场价值。GDP 是国民经济核算的核心指标,也是衡量一个国家或地区总体经济状况的重要指标。在经济发展的早期阶段,经济增长在经济发展中占有中心地位,但并不等于经济发展的全部。生产增长的水平可以用地区生产总值或人均地区生产总值测定,不宜单纯用工农业总产值和社会总产值指标,因为这两个指标中有相当一部分(中间消耗部分)是没有社会经济意义的。

2. 技术进步

技术进步(technological progress 或 technical progress)包括工具和机械的发明与改良、生产技术方面的知识增加、新产品的开发、劳动生产率的提高、资本效益的提高、成本的降低、大批量生产技术的开发、产品质量的提高、资源节约、环境改善等。由分工和大规模生产带来的生产率的提高也是其重要的特征之一。

3. 产业结构的改进

产业结构(industrial structure)是指各产业的构成及各产业之间的联系和比例关系。在经济发展过程中,由于分工越来越细,因而产生了越来越多的生产部门。这些不同的生产部门,受到各种因素的影响和制约,会在增长速度、就业人数、在经济总量中的比重、对经济增长的推动作用等方面表现出很大的差异。因此,在一个经济实体(一般以国家和地区为单位)当中,在每个具体的经济发展阶段、发展时点上,组成国民经济的产业部门是大不一样的。各产业部门的构成及相互之间的联系、比例关系不尽相同,对经济增长的贡献大小也不同。因此,把包括产业的构成、各产业之间的相互关系在内的结构特征概括为产业结构。

区域经济发展的历史就是区域产业结构演变的历史。典型的情况是,在区域经济形成和发展早期,社会从事农业这一单一的商品生产,后来随着新产业的兴起和它们之间的有机结合,各个产业的增加值增长了,整个社会也进步了。各产业兴起的时间不同,发展速度不同,各产业之间的关系也不同。产业结构标志着地区经济的发展水平。为促进区域经济的发展,就要适时地培育和扶持战略性新兴产业,使产业稳步地向有利于发挥地区优势、增加区域经济竞争力的方向发展。

4. 资本积累

资本积累(capital accumulation)是资本所有者把利润的一部分用于购买扩大生产规模所需追加的资本要素和劳动要素,如购买工具、机械设备、厂房、建筑物、库房等。上述经济发展中的技术进步和产业结构变化等现象,都是与投资活动有联系的,这些投资就来自资本积累。所以说,把新创造价值的一部分转换为生产设备的资本积累,是引起技术进步和产业结构变化并由此扩大生产的必要条件。资本积累一般用固定资产投资额来描述,目前更注重人力资本的积累,同时也逐渐开始重视生态资本的变化。

5. 与外界关系的改善

对于空间范围不大的区域来说,靠自产自销是发展不起来的,要增加收入就得出售产品。同样的道理,只靠区域内的资源是满足不了区域进一步发展的需要的。要保证生产资料的供应和产品的销售,就要与外界扩大联系,这体现了一个地区经济的开放性。与周边地区、国外有稳定良好的协作关系,这是一个地区经济成熟的标志,也是其今后发展的重要保障。当然,这种联系、这种协作关系是有原则的,应是互惠互利的。不能只讲协作而不顾区域本身的物质利益,更不能不顾国家利益。关键是要在发挥自身的优势、生产出有竞争力产品的基础上，勇于开拓市场，讲信誉，守合同，从而与其他地区、其他国家建立起良好的协作关系。我国实行改革开放、积极加入世界贸易组织（World Trade Organization，WTO）、建立自由贸易区等，意义就在于此。

总之，经济发展不完全等同于区域经济增长，区域经济发展的表现是多方面的，而且这些方面是相辅相成的。

（二）区域经济差异

由于我国各地区人口分布不均衡、土地资源利用程度不同、生态环境各异、地理气候多样等，我国区域经济之间的发展水平存在很大差异。在空间分布上呈现四大区域经济发展板块，这四大板块的状态为：东部率先发展、西部大开发、中部崛起和东北老工业基地振兴。具体的板块内部，由于区域范围有大、小之分，且不同区域之间由于地理区位、资源禀赋、历史沿革、经济社会结构和基础等方面的不同，区域发展在空间和时间上也存在明显的差异，具体可以表现为经济、社会、生态等方面的差异，其中区域经济差异是区域差异的重要研究部分。

在对经济活动的研究中，"差异"二字所反映的是经济现象在质与量两方面的不同，用来对经济现象和客体进行比较分析。虽然区域经济差异的现象非常直观，但是学术界对区域经济差异的界定仍存在分歧。区域经济差异的认知历程先后从经济总量差异研究转变为区域间经济总量、增速、结构等总体水平的差异研究，并且越来越多的学者提出应用人均水平上的经济发展指标来表现区域发展的非均等化现象，从而表征区域经济发展差异。随着社会经济发展的多元化，经济发展已从"以经济建设为中心"的高速增长模式转变为"以人民为中心"的高质量绿色发展模式，人们的生活保障以及幸福感等个体指标逐渐取代 GDP 总量等宏观总体指标，成为衡量经济发展和经济差异的主要标尺。

区域经济差异对区域经济发展的主体在经济行为上存在诱导和强化的作用，区域空间主体根据区域经济差异来调整自身的经济行为，因此，区域经济差异必然会对不同的经济主体产生正、反两方面影响。

一方面，区域经济差异的客观存在和变化，会在一定程度上增强各区域发展经济的主动性和紧迫感，对于欠发达地区而言，处在经济水平较低的行列使得它们具备经济发展的前进动力和参照目标，增大其发展经济的压力，以缩小地区之间的发展鸿沟为目标和动力。对于相对发达地区而言，面对区域层面的发展竞争，也不得不主动优化和更新发展策略，加快经济发展步伐，打造自身发展的特色，从而提升经济发展活力。

另一方面,区域经济差异的存在和演变会在客观上加剧各经济主体之间的竞争,甚至误导经济行为。区域经济发展中的短期行为、地方保护主义现象增多,区域之间的经济发展不协调,会引起国民经济发展的波动,不利于全国经济的可持续发展。因此,对于区域经济差异,应当通过科学的指标进行衡量,结合具体发展实情,深入剖析不同区域之间和区域内部的差异机制,并因地制宜制订区域协调发展的策略,引导区域差异化发展,从而一步一步跨越区域经济差异的发展鸿沟。

二、区域经济差异研究综述

(一)国外相关研究

国外对区域经济差异的研究由来已久,尤其是20世纪90年代以来,在全球化及地方化等因素导致区域不平衡发展逐步加剧的背景下,相关研究机构和学者对区域经济时空差异进行了大量研究。研究区域上,从洲际区域的宏观尺度到省市域层面的局部尺度;研究方法上,大致经历了从新古典经济学的描述统计方法到空间计量分析的过程;研究指标上,也从单一的人均GDP等指标逐渐转变为多元复合指标。

1. 研究区域

在研究区域上,国外学者首先从国际和国家层面研究区域经济发展差异。Barro和Salai Martin(1991)基于新古典增长模型,利用1840年以来的个人收入和1963年以来的国民生产总值数据,研究了美国48个州之间的经济差异收敛性。研究表明:在资本回报率下降非常缓慢的情况下,区域经济增长差异与新古典增长模型相吻合,且经济差异存在收敛的特征。King和Levine(1993)使用1960—1989年80个国家金融服务机构有代表性的相关数据,检验了金融发展与经济增长的关系。研究表明:金融部门的扭曲通过降低创新率降低了经济增长率,金融体系对于生产力增长和经济发展至关重要。Tsui(1991)以人均GNP为指标,探索了1952—1985年中国区域发展不均衡的变化。结果表明:实际收入差距在1952—1985年之间并没有缩小,财政分权与区域发展不均衡之间存在正相关关系。Hoferand和Worgotter(1997)分析了澳大利亚的区域经济差异。研究表明:区域经济存在明显的经济增长趋同现象。Asterious和Siriououlos(1998)通过研究20世纪80年代欧盟经济区的经济增长收敛性,揭示了希腊南部和北部地区二元结构的特征。

随着经济发展差异研究的深入,国外学者对于研究尺度也做了进一步细化。Rozelle(1994)利用基尼系数统计描述了1984—1989年我国东南沿海省份之间的区域经济差异。结果表明:随着农村工业化的开展,东南沿海省份的区域经济差异呈现出不断扩大的趋势。Coulombe 和 Lee(1995)分析了 1950—1996 年加拿大各种人均收入 - 产出指标的收敛程度。结果表明:贸易以及政府的转移和税收对收敛产生正向影响。Fukao(2000)等对日本县域的经济增长进行了研究。结果表明:各县域财政收入存在收敛。Bukenya(2011)使用横截面和时间序列技术分析了 1969—2008 年亚拉巴马州县级实际工资数据,探讨了亚拉巴马州农村和县城实际工资收敛的程度,测度结果因采用不同的方法而有所差异,但总体结果表明,居住在邻近城市地区的农村工人没有在潜在的溢出效应中受益,贫穷经济体(农村)的实际工资增长水平未能赶上富裕经济体(城市)。2009 年世界银行发布的《重塑世界经济地理》研究报告中,对地区发展不平衡、循环因果和毗邻效应三个经济发展的特征再次进行审视,并分别从密度、距离和分割等视角对经济发展的空间格局演变进行了回顾性分析,揭示了非均衡与均衡发展并行不悖的客观事实。

2. 研究方法

在研究方法上,国外学者首先是以新古典经济学相关理论及模型为基础开展研究。Mankiw、Romer、Weil 等(1992)利用附加了人力和资本的索洛经济增长模型,描述分析了区域收入水平的变化,发现区域收入水平的趋同现象客观存在,并且揭示了在人口增长和资本积累不变的情况下,各国的收敛速度大约是该索洛经济增长模型所预测的速度。Carlino(1996)对 1929—1990 年美国各地区人均收入的时间序列属性进行了研究,并验证了人均收入趋同的假设,支撑了新古典增长模型对条件收敛的预测。Chen(1996)运用索洛经济增长模型对 1978—1993 年我国省域人均 GDP 的变化趋势进行了描述,发现各省份人均 GDP 存在着条件趋同,认为受实物投资、就业增长、人力资本和沿海区位条件等的影响,1978 年以来我国地区之间经济差异有所缩小,并进一步通过变差系数,提出了区域总体不平衡下降而沿海与内陆之间收入差异增加的预设。Tianlun 等(1996)分析了我国各省在 1952—1993 年实际人均收入趋同的趋势,发现在 1952—1965 年,我国各省的实际收入没有表现出强烈的趋同或差异。在 1965—1978 年,由于重工业计划,城乡地区的经济增长速度差距凸显,区域经济差异加剧。直到 1978 年开始以市场为导向的改革之后,区域收入才开始明显平衡,这种收敛特征与农村生产力的提高密切相关,在对外开放程度较高的省份尤为明显。从 1990 年开始,由于沿海开放城市的建设,沿海省份的增长明显快于内陆,因此区域收入再次出现分化,区域经济差异又开始扩大。

其次是以计量经济方法为主要研究方法,即通过横截面数据、时间序列、面板数据和动态面板数据模型等进行描述性统计分析。Esposti(2008)采用条件收敛计量经济学模型,运用1989—2000年动态面板数据研究欧盟15个成员国的206个地区的经济增长水平,并探究结构性资金支出对欧盟地区的影响,结果发现增长趋同受到政策的影响,相关政策通过与其他区域结构变量相互作用,影响区域初始投资率,最终影响经济增长的稳态水平。Martin和Kerstin(2011)选取瑞典人均GDP作为指标,分析了1860—2009年瑞典24个地区处于区域长期增长轨迹中的社区,运用小波分析和主成分分析分解区域经济增长轨迹,揭示区域增长的趋同和周期性特征。结果表明:自然资源丰富的地区受益于第一次工业革命,并使瑞典在第二次工业革命进程中获得经济增长红利。Lessmann C(2009)基于1982—2000年OECD(经济合作与发展组织)23个成员国的截面和面板数据,实证研究财政分权对地区差异的影响。结果表明:较高的权力下放与较低的区域差距有关,分权越严重,区域经济差异相对越小,贫困地区不会受到权力下放的不利影响,反而会受益。

最后是以空间计量经济分析和空间描述为主要研究方法。Ying(2000)基于人均GDP数据,运用空间聚类描述方法,探讨了1978—1994年我国各省份经济差异。研究表明:区域不平衡存在先减少后扩大的"U形"模式,南部沿海地区的GDP上升是区域经济差异扩大的主要原因,揭示了在区域发展不平衡的背景下,传统的南、北非均衡发展格局已经逐步转变为沿海、内陆的区域经济差异格局。Rey(2001)运用马尔科夫转换矩阵和ESDA(探索性空间数据分析)方法,以州为研究单位,分析了1929—1994年美国各州区域收入分配随时间和空间的演变,通过整合马尔科夫框架内的局部空间统计量,对收入类别的跃迁水平和空间依赖性进行了测度,从而描述了经济差异的时空动态。Gallo和Ertur(2003)揭示了欧洲各地区经济发展水平的时空演变规律,发现了欧洲人均GDP的地理分布高度集中、欧洲地区之间的收敛速度逐渐放缓等现象,为进一步研究欧洲经济发展收敛性提供了实证依据。Ertur和Koch(2006)利用ESDA方法,在欧盟扩张的背景下研究了欧洲区域人均GDP的时空动态,利用15个欧盟成员国所在258个欧洲地区的样本数据,测度全局和局部空间自相关以及区域人均GDP的空间异质性,揭示了欧洲新的"西北-东部"极化模式在欧盟扩张过程中逐渐取代传统的"南北极化"模式。

(二)国内相关研究

国内学者对区域发展差异的研究是从20世纪90年代开始的,主要针对改革开放以来,伴随我国经济实力迅速提升而来的地域发展不平衡等现象。通过分析总结既有研究,可以发现学者们对我国区域经济发展差异的研究主要基于研究对象、测度指标和研究方法进行展开,以下从这三个方面具体分析学者们对我国区域经济发展差异的研究现状。

1. 研究对象

在研究对象上,大致经历了从全国范围的整体经济差异到南北—东西板块的区域差异再到省际城市群的市县域局部差异的研究转变历程。杨伟民(1992)以人均国民生产总值(GNP)作为衡量区域收入差距的主要指标,利用洛伦茨曲线、基尼系数和变异系数衡量了 1978—1989 年全国各地区收入的相对差距,得出的结论是改革开放 10 余年来,全国各地区间收入的差距并未扩大,反而呈现缩小的趋势。覃成林(1998)运用各省人均 GDP 与全国平均值的离差和比值,分别判断 1990—1995 年我国区域经济差异的空间演变序列,结果显示我国区域经济呈现"绝对差异扩大、相对差异缩小"的趋势。吴殿廷(2001)则系统描述了 1980—1999 年我国南、北方两大地带的经济不平衡演变特征,其结论显示:由于地缘优势和政策倾斜,以及出口和投资强度的差别,工业结构调整速度出现落差,经济发展水平已由改革开放前的北高南低转变为南高北低,并且会在短时间内持续下去。

随着区域经济的快速发展,过往南、北区域的划分已脱离我国经济发展研究的时代背景,"七五"计划提出了东、中、西三大经济地带的划分提法,学者们结合地理位置,对我国大陆东、中、西三大经济地带经济发展差异进行了分析。魏后凯(1992)以区域间资本流动视角,分析了我国三大经济地带的经济差距,结果表明:由于投资、政策在不同区域间的分配差异,尤其是对东部地区的倾斜,东、中、西部处于截然不同的发展阶段。同时,还揭示了资本流动和经济增长的基础与速度不同,加剧了中西部和东部地区的经济差异,形成了因果循环。到 20 世纪 90 年代末期,随着我国"西部大开发""中部崛起""振兴东北老工业基地"等一系列发展战略的实施,原有的三大经济地带的划分已与我国区域经济发展现状不符。因此,又有学者将我国划分为东部、中部、西部、东北部四大区域,研究表明:我国四大区域经济发展差异有逐步扩大的趋势。任建军(2010)从资本投入角度进行分析,指出四大区域经济发展的结构性断裂是我国经济持续高速发展背后的实情,区域经济非均衡发展的加剧导致四大地区经济差异扩大,难以形成有效的循环经济体系,并阐述了信贷、外资、固定投资等投资的区域非均衡性是导致区域经济发展差异的经济原因。

步入 21 世纪,东部沿海城市迅速扩张,都市圈与城市群的规划建设不断涌现。随着地区经济发展不均衡性的逐渐加剧以及区域发展一体化建设的不断加强,国内学者开始将城市群理论融入区域发展差异研究,并不断加深对城市群区域发展差异的研究。廖金华等(2008)对湖南"3 + 5"城市群的县域经济发展水平进行了主成分提取，并对经济空间格局进行层次聚类，揭示了湖南的城市群发展水平以及区域发展差异。陈永林等（2012）通过计算长江中游地区城市群人均 GDP 的标准差、变异系数、泰尔指数及 Moran's Ⅰ值，揭示了经济发展水平的空间相关性，从时间和空间的角度分析了区域经济差异，结果显示城市群区域经济总体发展水平不断上升，而区域间差异不断扩大。白雪（2015）对长江三角洲城市群 1982—2013 年间的经济重心移动轨迹进行了测度，并进一步通过均衡性发展的指标变化序列，揭示了区域经济发展差异的演变特征。游珍等（2017）从城市群、地级市、县域 3 个尺度，对比分析了京津冀、长三角、珠三角三大城市群人口分布的社会经济协调程度、区域差异与空间格局。王维等（2017）运用综合评价模型对长江经济带地级以上城市进行了经济发展综合评价，并借助 ESDA 方法进行了长江经济带经济发展差异的时空格局分析。

2. 测度指标

在测度指标的选取上，通过对既有研究的分析总结，测度指标可以大致分为单项指标和综合指标两大类。其中，单项指标多以 GDP 总量、人均 GDP 来进行测度，部分学者还利用人均国民收入进行测度。单一指标的优点是能够简明直观地反映地区经济发展水平，揭示其最主要的经济特征，同时倾向于认为过多的指标将难以避免指标重叠、指标共线性等问题。如欧阳南江（1993）以人均国民收入为指标，分析了 1980—1990 年广东省全省区域差异的总体状况、省内各地区之间的差异、省内各地区内部的差异三方面变化。结果表明：省内经济差异主要体现在珠江三角洲与省域其他地区的差别上，1980 年以来，改革开放使得珠江三角洲的发展呈现明显的均衡发展特点，而广东省区域差异的发展变化受农村改革的影响不明显。杨开忠（1994）以人均国民收入为指标，描述了 1952 年来我国区域经济差异的变动。结果表明：省级经济差异以 1978 年前后为基准呈“倒 U 形”特征，沿海与内陆经济差距在 20 世纪 60 年代前后呈“倒 V 形”变动，地区经济差异受区域管理体制直接影响，分权时期地区差异扩大，集权时期缩小。林毅夫（1998）以人均 GDP 和人均收入的变动趋势对比为视角，揭示了转型时期我国经济的地区差距变化。结果表明：各省之间的人均 GDP 差距并未显著拉大，而西部、中部、东部三大地带之间的人均收入地区差距则逐渐拉大。马晓熠（2010）以北京市 18 个区县的人均 GDP 作为测度指标，分析了北京市在成功申办 2008 年奥运会和举办完成期间的经济发展的时空演变特征。结果表明：各区县之间的经济发展差异在不断扩大，并且经济发展空间关联格局由“南低 - 北高”逐渐发展为“核心高 - 外围低”。

随着时代的进步，经济发展水平的内涵与外延都在不断拓展，有学者认为单一指标无法全面地衡量区域经济发展，经济总量、经济结构和经济质量等指标也影响着地方经济发展的差异变化。如代合治等(2003)选取涵盖经济均量、产业结构、居民生活质量在内的7项指标，运用层次分析法和聚类分析法，研究了山东省县域经济空间差异，得出宏观上"东高西低"、微观上错综复杂的经济差异空间特征。胡志远(2007)选取人均社会商品零售总额、人均GDP、人均居民储蓄存款和人均农业总产值4项指标，对1978—2004年江苏省的经济发展年度差异进行测度，结论显示：前三项指标对区域经济差异的贡献十分明显，苏南、苏北和苏中3个地区的区间差异不断扩大。欧向军等(2012)运用职工平均工资、人均GDP、人均工业总产值、农民纯收入4项指标，揭示了江苏省县域经济发展差异与极化的演变过程，结论显示：生产水平差异的二元差距扩大，生活水平的差异相对缩小。张秋亮等(2012)选取12项经济评价指标，采用主成分分析法和截面数据，基于ESDA分析工具，揭示了呼包鄂榆经济区县域经济的时间变化、空间变化、空间相关关系。宋晓珍等(2016)从经济发展实力、活力和动力3个方面选取9项指标评价了河西地区县域经济发展差异的演变轨迹，用泰尔指数对其进行了分解。刘书明(2016)从经济实力、结构和活力3个方面选取了15项指标，运用主成分分析法对甘肃省县域经济发展差异进行了评价，得出甘肃省内部经济差异较大的原因在于县域宏观经济、县域消费与金融、县域农业生产、县域人口结构、县域产业结构5个方面存在差异且协调发展存在缺陷。

3. 研究方法

在研究方法上，学界主要经历了从经典数理统计方法的描述性分析到空间探索方法和聚类可视化的空间分析的转变历程。从20世纪90年代开始，学者们普遍采用极差、标准差、变异系数、基尼系数、泰尔系数等工具，从绝对差异、相对差异两个方面来测度区域经济发展差异。例如，孙久文和姚鹏(2014)运用变异系数和泰尔指数等数理方法，对我国1978—2012年区域经济发展差异的演变规律进行了回顾性分析，结果表明：我国省区人均GDP变异系数和基尼系数呈现出平缓的"V"字形的变化，区域经济发展差异经历了"大—小—缓慢增大—逐渐缩小"的过程，其总趋势是缩小的。徐建华(2005)采用多阶段泰尔系数嵌套分解法和小波分析法，研究了我国区域经济差异的时空变化，认为地区间的整体差异在逐年扩大，东部省际差异的变化趋势和全国的变化趋势基本一致，中西部的省际差异相对较小且变化趋势缓慢。还有学者利用综合指标法进行了因子分析、主成分分析等。例如，潘安娥等(2005)采用主成分分析法对武汉市1996—2003年的14个经济统计数据进行了时间序列分析。王维贤(2018)对天山北坡经济带内23个市(县)具有代表性的指标进行了主成分分析,同时对综合主成分得分给出了排序,并进行了综合评价。

传统数理统计方法虽然已经具备相当成熟的应用条件,但缺乏空间视角,较难反映区域经济发展在空间维度上的差异变化和机制。随着学者们将地理空间效应引入区域经济发展的研究中,空间统计方法得到了进一步充实,ESDA(探索性空间数据分析)方法和GIS(地理信息系统)平台的广泛运用,使得学者们开始将区域发展差异从时间演变维度转变为时空演变复合维度的分析。潘竟虎等(2006)基于ESDA全局和局部空间自相关分析,对2004年甘肃省县域经济进行了实证分析。结果表明:甘肃省2004年总体上经济空间差异较大,经济重心、人口重心和几何中心均有较大偏移,县域层面的全局和局部经济空间相关性显著。曹芳东等(2011)以1990—2007年江苏省县域人均GDP为研究指标,利用不平衡指数、ESDA和相对发展率等方法,系统分析了江苏省区域经济发展时空差异及空间格局演变。结果表明:江苏省区域经济发展具有较强的空间自相关性,总体格局呈现一定的集聚趋势,并指出以县域经济为单元的区域经济发展空间差异将长期存在。任英(2018)运用传统数理统计方法、标准差椭圆分析法、ESDA等方法,综合分析了东北地区县域经济差异的时空演变特征,并对其影响机制进行了阐述。

分析国内及国外研究综述可知,国、内外关于城市群空间结构演化、区域经济差异方面的研究,均取得了丰硕的成果,无论是在方法使用还是在研究深度上,都已经趋于成熟,但综合已有研究成果可以发现目前还存在以下一些研究不足。

(1)城市群区域界定不统一,存在多层次划分。

已有研究中对于一个城市群的界定存在交叉重叠、多层次划分的现象,缺乏统一的标准,如目前对江淮地区城市群的划分就有多种,如江淮、南昌和大南昌城市群等。这种空间界定的不清晰使得研究不可延续,更导致相关研究结论缺乏参考价值,进而阻碍我国城市群研究的进度和深度。

(2)宏观尺度的城市群空间联系关注较少。

区域发展不是孤立进行的,任何一个城市群的发展都借助于与其他区域的各种联系才得以延续。目前,绝大部分文献都是基于单独的城市群进行的内部空间结构与演化的研究,宏观视角的关注尚不足,也就是说缺乏基于全国视角的城市群体系空间布局和演化分析。

(3)未能揭示区域差异的来源。

我国整体发展规划已将推动城市群区域协调发展作为主要方面,因此针对目前存在的经济发展不均衡现象,找寻其根源所在具有重要的现实意义。

而当前关于城市群的区域差异研究的文献不仅数量不多，更未能揭示城市群区域差异的来源。

第二节　哈长城市群经济发展综合评价

城市群作为我国未来经济建设的重中之重，对其经济发展进行研究具有重大意义。本书将从经济规模、经济结构、对外贸易、人民生活、基础设施5个子系统构建经济发展水平评价指标体系，运用熵值法确定权重，以综合评价法分析哈长城市群2011—2019年经济发展水平动态变化以及经济发展区域差异。哈长城市群经济发展水平差异研究有利于了解城市群对国家经济建设的作用。

一、评价指标体系

（一）指标选取原则

1. 科学性原则

在构建哈长城市群的评价指标体系时，以科学理论为指导，根据权威机构发布的统计指标，选择可比较指标和平均指标。

2. 系统性原则

为了避免遗漏和偏差，在选择评价指标时要全面、系统。在构建指标体系之前，要全面分析探讨影响经济发展水平的因素，广泛收集相关指标。

3. 以人为本原则

经济发展水平分析主要是分析经济发展中存在的问题，以提高经济发展水平，提高居民生活水平，最终目的是为人民服务。因此，指标的选取应以民情为中心，遵循以人为本的原则。

4. 可操作性原则

在选取指标的时候要尽量选取可比指标，方便分析，结果将更具说服力。在本次研究中，由于研究时间较长，研究期间有些指标可能会更改或取消，有些指标可能是新出现的，有些指标则可能因为客观原因出现数据的缺失。所以在选取指标的时候要考虑到实际操作的可能性。

（二）构建评价指标体系

经济发展水平是指经济发展满足社会和可持续发展要求的程度。本书基于此内涵构建了包括经济规模、经济结构、对外贸易、人民生活、基础设施5个子系统的评价指标体系（表 5－1）。

表 5－1　哈长城市群经济发展水平评价指标体系

目标层	准则层	指标层	单位	属性
经济发展水平	经济规模 Y_1	地区生产总值 Y_{11}	亿元	+
		人均地区生产总值 Y_{12}	元	+
		人均地方财政一般预算收入 Y_{13}	元	+
		地方财政收入比重 Y_{14}	%	+
	经济结构 Y_2	固定资产投资比重 Y_{21}	%	+
		第二产业比重 Y_{22}	%	+
		第三产业比重 Y_{23}	%	+
	对外贸易 Y_3	外贸依存度 Y_{31}	%	+
		人均出口总值 Y_{32}	元/人	+
	人民生活 Y_4	人均社会消费品零售总额 Y_{41}	万元/人	+
		城镇居民人均可支配收入 Y_{42}	元	+
经济发展水平	人民生活 Y_4	农村居民人均纯收入 Y_{43}	元	+
		在岗职工平均工资 Y_{44}	元	+
	基础设施 Y_5	建成区绿地率 Y_{51}	%	+
		人均城市道路面积 Y_{52}	m^2	+
		万人卫生技术人员数 Y_{53}	人	+

二、评价方法

采用综合评价法分析哈长城市群经济发展水平的差异。综合评价法是指把一部分变量聚集在一起经过计算得到可以表达整体内容的变量去做出分析的方法。

（1）选取 n 个城市、m 个指标，计算第 i 个城市的第 j 项指标的数值（$i=1,2\cdots,n;j=1,2,\cdots,m$）。

（2）标准化处理，具体方法如下：

正向指标（由于没有逆向指标，故只标出正向指标计算公式）：

$$x'_{ij}=\frac{x_{ij}-\min\{x_{ij}\}}{\max\{x_{ij}\}-\min\{x_{ij}\}}$$

式中，x_{ij}为第 i 个城市第 j 项指标的原始数值，x'_{ij}为标准化后的值。

(3)计算第 j 项指标下第 i 个城市占该指标的比重。

$$c_{ij} = \frac{x'_{ij}}{\sum_{i=1}^{n} x'_{ij}}$$

(4)计算第 j 项指标的熵值。

$$e_j = -k \sum_{j=1}^{n} (c_{ij} \times \ln c_{ij}), k = 1/\ln(n)$$

(5)计算第 j 项指标的差异系数。

$$d_j = 1 - e_j$$

(6)求权值。

$$w_{is} = d_i / \sum_{j=1}^{m} d_i$$

(7)计算各指标的综合得分。

$$F_j = \sum_{i=1}^{m} (x'_{ij} \times w_i)$$

三、数据来源与研究过程

本书研究数据来源于从黑龙江省统计局和吉林省统计局直接获取的或间接计算得到的数据，主要为2012—2020年的《黑龙江统计年鉴》和《吉林统计年鉴》。

（一）指标标准化与权重测算

由于评价指标体系中所选取的指标均为正向指标，因此对数据标准化运用公式进行处理，并采用其他公式得到各指标层和各准则层的权重，见表5-2。

表5-2　哈长城市群经济发展水平评价指标权重

准则层	指标层	权重
经济规模 Y_1(0.304 5)	地区生产总值 Y_{11}	0.108 2
	人均地区生产总值 Y_{12}	0.076 7
	人均地方财政一般预算收入 Y_{13}	0.066 6
	地方财政收入比重 Y_{14}	0.053 0

续表 5－2

准则层	指标层	权重
经济结构 Y_2(0.127 4)	固定资产投资比重 Y_{21}	0.027 8
	第二产业比重 Y_{22}	0.053 9
	第三产业比重 Y_{23}	0.045 7
对外贸易 Y_3(0.232 9)	外贸依存度 Y_{31}	0.143 9
	人均出口总值 Y_{32}	0.089 0
人民生活 Y_4(0.213 2)	人均社会消费品零售总额 Y_{41}	0.075 4
	城镇居民人均可支配收入 Y_{42}	0.054 1
	农村居民人均纯收入 Y_{43}	0.040 4
	在岗职工平均工资 Y_{44}	0.043 3
基础设施 Y_5(0.122 0)	建成区绿地率 Y_{51}	0.032 9
	人均城市道路面积 Y_{52}	0.058 3
	万人卫生技术人员数 Y_{53}	0.030 8

从准则层来看，经济规模权重最大，达到 0.304 5，是影响哈长城市群经济发展水平的最主要因素；其次是对外贸易，达到 0.232 9；第三是人民生活，所占权重与对外贸易相差不大，权重为 0.213 2，可以看出对外贸易对哈长城市群经济发展水平的影响占据第二位，人民生活占据第三位；基础设施与经济结构所占权重分别为 0.122 0 和 0.127 4，经济规模所占权重是基础设施与经济结构所占权重的约 2.5 倍，差距较大。综上可知，经济规模对哈长城市群经济发展水平的影响最大，其次是对外贸易，人民生活对哈长城市群的经济发展水平的影响与对外贸易相差无几，经济结构与基础设施对哈长城市群的影响最小。

从指标层来看，对哈长城市群经济发展水平影响最大的是准则层对外贸易中的外贸依存度，权重达到 0.143 9，比准则层经济结构和基础设施的权重分别高出了 0.016 5 和 0.021 9；其次是地区生产总值，权重为 0.108 2，16 个指标只有这两个权重大于 0.1，外贸依存度的权重占其所属子系统权重的 1/2 以上，地区生产总值权重占其所属子系统权重的 1/3，可见，地区生产总值与外贸依存度对哈长城市群经济发展水平的重要性；人均地区生产总值、人均地方财政一般预算收入、地方财政收入比重、第二产业比重、人均出口总值、人均社会消费品零售总额、城镇居民人均可支配收入、人均城市道路面积等指标权重都大于或等于0.05,所占权重合计0.527 1,是影响哈长城市群经济发展水平的主要指标。

(二)经济发展水平评价分值

运用公式得到2011—2019年哈长城市群各子系统经济发展水平综合评价分值,见表5-3、图5-1。

表5-3　2011—2019年哈长城市群各子系统经济发展水平综合评价分值表

年份	经济规模	经济结构	对外贸易	人民生活	基础设施	经济发展水平
2011年	1.19	0.71	0.49	1.31	0.62	4.32
2012年	1.20	0.73	0.51	1.22	0.61	4.27
2013年	1.24	0.63	0.72	1.30	0.62	4.51
2014年	1.19	0.74	0.79	0.86	0.66	4.25
2015年	1.19	0.74	0.81	1.01	0.68	4.43
2016年	1.22	0.61	0.78	0.90	0.68	4.19
2017年	1.23	0.65	0.74	0.90	0.60	4.12
2018年	1.10	0.62	0.55	0.92	0.65	3.83
2019年	1.18	0.60	0.78	0.89	0.64	4.09

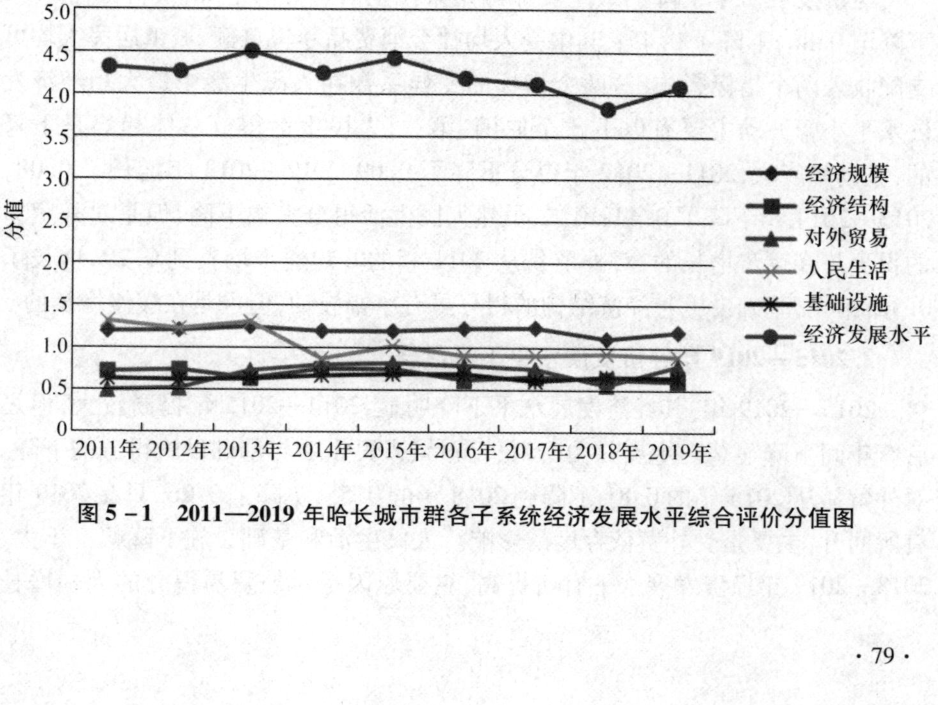

图5-1　2011—2019年哈长城市群各子系统经济发展水平综合评价分值图

第三节　哈长城市群经济发展时空差异

一、哈长城市群经济发展时间变化分析

2011—2019 年 9 年间哈长城市群经济发展水平总体呈现下降趋势，结合研究结果采用纵向对比的方法将其分为两个阶段：第一个阶段为哈长城市群规划提出前（2011—2014 年），第二个阶段为哈长城市群规划提出之后（2015—2019 年）。同时引入变异系数（CV），变异系数 =（标准偏差 SD/平均值 Mean）* 100%，变异系数是相对数形式表示的变异指标。它是通过变异指标中的全距、平均差或标准差与平均数对比得到的，常用的是标准差系数，本书用变异系数比较平均值不同数列之间的离散程度。以下分析所用哈长城市群各地区经济发展指标原始数据见附录。

（一）两个阶段的经济发展水平差异明显

1. 2011—2014 年经济发展水平波动下降

2011—2014 年，其间总体经济发展水平波动下降。2011 年经济发展水平得分为 4.32，2014 年为 4.25，下降了 0.07，变化不大，但 2013 年提高幅度较大，达到 4.51，是 9 年间的最高点。

经济发展水平下降的最主要原因是人民生活得分的下降，其得分由 1.31 下降至 0.86，下降了 0.45；其中受人均社会消费品零售总额、城镇居民人均可支配收入两个指标影响，这两个指标的变异系数在人民生活中最大。经济发展水平小幅波动主要有以下 3 个原因：第一，人民生活得分总体趋势是下降的，波动幅度大，2011—2012 年得分下降了 0.09，2012—2013 年增长了 0.08，2013—2014 年下降了 0.44；第二，虽然人民生活得分大幅下降，但是对外贸易的得分是在逐步增长的，对外贸易从 2011 年的0.49逐步增长到 0.79，增长了 0.30；第三，基础设施与经济结构的得分虽有小幅波动，但也是在缓慢增长的。

2. 2015—2019 年经济发展水平下降显著

2015—2019 年，其经济发展水平下降明显，2014—2015 年提高较大，但之后 5 年间下降显著。主要是由于对外贸易、人民生活与基础设施得分的下降。对外贸易从 2015 年的 0.81 下降到 2018 年的 0.55，下降了 0.26，只在 2019 年有所回升，主要是受外贸依存度的影响。人民生活和基础设施下降幅度不大。2018—2019 年经济发展水平有所提高，主要原因是对外贸易得分的大幅增长

和经济规模得分的小幅增长，分别为0.23和0.08。

（二）子系统对经济发展水平影响差异大

计算5个子系统的变异系数，说明子系统对经济发展水平波动的影响，见表5-4。子系统中经济规模、经济结构与基础设施的变异系数小于0.1，对外贸易与人民生活的变异系数分别为0.189、0.181，大于0.1，最高得分与最低得分相差0.154，说明对外贸易与人民生活对哈长城市群经济发展水平影响最显著。

表5-4　哈长城市群经济发展水平差异变异系数

	经济规模	经济结构	对外贸易	人民生活	基础设施	经济发展水平
平均值	1.193	0.670	0.685	1.035	0.638	4.222
标准差	0.042	0.058	0.129	0.187	0.029	0.199
变异系数	0.035	0.087	0.189	0.181	0.045	0.047

二、哈长城市群经济发展空间差异分析

（一）哈长城市群经济发展空间差异明显且呈扩大趋势

结合表5-5~5-7，2011年哈长城市群11个城市的经济发展水平的变异系数为0.406，差异显著。2011年，经济发展水平排名前三的城市（大庆市0.608 5、长春市0.561 6、哈尔滨市0.543 9）的平均分约为0.57，而发展水平最低的3个城市（绥化市0.107 6、四平市0.237 2、齐齐哈尔市0.256 2）的平均分约为0.2，前者是后者的2.85倍，差距较大。除2013、2015年变异系数下降外一直呈增长态势，至2018年达到最大值0.707。虽然2019年明显下降，但仍高达0.496，该年经济发展水平最高的3个地区的平均得分提高至0.6，而发展水平最低的3个地区的得分却有较大幅度的下降，降至0.18，其比值扩大至3.31倍，表明城市间发展水平差距扩大。

同时运用3年滑动平均法计算平均分，以初期（2011—2013年）和末期（2017—2019年）的变异系数对比分析区域差异趋势。初期变异系数为0.423，排名前3位的城市经济发展水平（长春市0.636 8、大庆市0.554 4、哈尔滨市0.537 4）平均分约为0.58，排名后3位的城市经济发展水平（绥化市0.093 7、齐齐哈尔市0.203 4、四平市0.268 9）平均分约为0.19，前者约是后者

的3.05倍;末期变异系数为0.526,排名前3位的地区经济发展水平平均分为0.61,排名后3位的地区经济发展水平平均分为0.17,前者约是后者的3.59倍,表明初期和末期均呈现区域经济发展水平差异扩大趋势。

表5-5　2011—2019年哈长城市群地区间经济发展水平差异

	2011年	2012年	2013年	2014年	2015年	2016年	2017年	2018年	2019年
平均值	0.392	0.388	0.494	0.386	0.402	0.364	0.360	0.320	0.372
标准值	0.159	0.165	0.187	0.196	0.187	0.188	0.188	0.226	0.185
变异系数	0.406	0.424	0.379	0.507	0.464	0.517	0.522	0.707	0.496

表5-6　哈长城市群3年滑动平均经济发展水平差异

	2011—2013年	2017—2019年
平均值	0.397	0.365
标准差	0.168	0.192
变异系数	0.423	0.526

表5-7　哈长城市群地区间经济发展水平得分

地区	2011年	2019年	2011—2013年	2017—2019年
哈尔滨市	0.543 9	0.522 0	0.537 4	0.518 3
齐齐哈尔市	0.256 2	0.238 0	0.203 4	0.218 5
大庆市	0.608 5	0.697 6	0.554 4	0.719 9
牡丹江市	0.524 3	0.487 2	0.533 1	0.436 0
绥化市	0.107 6	0.115 6	0.093 7	0.090 1
长春市	0.561 6	0.569 3	0.636 8	0.596 6
吉林市	0.444 0	0.300 3	0.459 4	0.318 9
四平市	0.237 2	0.189 0	0.268 9	0.190 2
辽源市	0.338 9	0.269 9	0.326 9	0.256 9
松原市	0.298 0	0.235 7	0.321 7	0.244 3
延边朝鲜族自治州	0.396 7	0.464 0	0.429 4	0.423 4

(二)哈长城市群经济发展水平等级跃迁不明显

综合本书研究成果(表5－8、5－9)和借鉴已有成果,将哈长城市群经济发展水平分为四个等级:高水平区(0.60～0.70分)、较高水平区(0.40～0.59分)、较低水平区(0.21～0.39分)、低水平区(0.10～0.20分),运用等级分区对2011年、2015年、2019年三个时间点进行空间差异及变化分析。

表5－8　哈长城市群11个地区经济发展水平分值

地区	2011年	2015年	2019年
哈尔滨市	0.543 9	0.584 8	0.522 0
齐齐哈尔市	0.256 2	0.206 1	0.238 0
大庆市	0.608 5	0.639 7	0.697 6
牡丹江市	0.524 3	0.396 7	0.487 2
绥化市	0.107 6	0.077 7	0.115 6
长春市	0.561 6	0.645 0	0.569 3
吉林市	0.444 0	0.426 9	0.300 3
四平市	0.237 2	0.252 5	0.189 0
辽源市	0.338 9	0.331 7	0.269 9
松原市	0.298 0	0.318 4	0.235 7
延边朝鲜族自治州	0.396 7	0.546 1	0.464 0

表5－9　哈长城市群11个地区经济发展水平等级

等级分区	2011年	2015年	2019年
高水平区	大庆市	大庆市、长春市	大庆市
较高水平区	哈尔滨市、牡丹江市、长春市、吉林市、延边朝鲜族自治州	哈尔滨市、牡丹江市、吉林市、延边朝鲜族自治州	哈尔滨市、长春市、牡丹江市、延边朝鲜族自治州
较低水平区	齐齐哈尔市、辽源市、松原市、四平市	齐齐哈尔市、辽源市、松原市、四平市	齐齐哈尔市、吉林市、辽源市、松原市
低水平区	绥化市	绥化市	绥化市、四平市

2011 年,哈长城市群 11 个地区的经济发展水平以较高和较低水平为主,共有 9 个地区,占比 81.82%,高水平区大庆市、低水平区绥化市 2 个地区,占比 9.09%。2015 年,高水平区 2 个、较高水平区 4 个、较低水平区 4 个、低水平区 1 个,较高水平区与较低水平区仍占比最大,但较 2011 年有所下降,减少 1 个地区长春市,长春市升级为高水平区。2019 年,较高水平区与较低水平区的城市数量与 2015 年相同,均为 8 个,高水平区 1 个、低水平区 2 个。说明哈长城市群经济发展水平 9 年间有所下降,且经济发展水平不高,较高水平区和较低水平区始终占据主体地位。

9 年间 11 个地区中只有长春市、吉林市、四平市 3 个地区发生等级跃迁,占比 27%,且并不明显。长春的等级在 2011—2015 年提高了 1 个等级,在 2019 年又下降到原有等级——较高水平区,且与 2011 年相差不大;吉林市和四平市的等级在 2015—2019 年都降低了 1 个等级,吉林市从较高水平区下降到较低水平区,四平市从较低水平区下降到低水平区,且均下降明显。

从各地区的等级分区看,大庆市始终处于高水平区,且分值在逐步提高;哈尔滨市、牡丹江市与延边朝鲜族自治州的综合评价分值虽然存在波动,但始终处于较高水平区;齐齐哈尔市、辽源市与松原市始终处于较低水平区;绥化市仍然处于低水平区。综上表明哈长城市群空间差异上呈现“中间高、两侧低”的总体特征。

第六章　结论与展望

第一节　主要结论与建议

本书以哈长城市群作为研究的基本空间单元，对经济发展水平不平衡性和土地综合承载力进行定量研究，有针对性地提出区域发展策略。

一、结论

（一）哈长城市群土地综合承载力相关结论

随着城镇化水平的提高和科技的发展，人地矛盾逐渐加剧，有限的土地资源是人类生活与社会发展的必要载体，提高土地综合承载力显得至关重要。通过分析2012和2016两年哈长城市群各地区各指标权重、承载力得分和承载力等级区域差异，得出以下结论。

1. 权重方面

要素层经济承载力权重最大，为0.408；其次为社会承载力，为0.302；生态承载力权重最低，为0.290。对于哈长城市群土地综合承载力来说经济承载力占主导地位，这与选取的指标有直接关系。

2. 区域差异特征方面

2012年呈现“以四平市、长春市、哈尔滨市的高承载力区为主线，向四周等级降低”的空间特征；2016年总体上是“西南高、向东向北逐渐降低”的空间特征；地区在各等级的分布逐渐均匀。

3. 变化幅度方面

土地综合承载力变化最为显著的是松原市（提高了52.3%），其次是牡丹江市（提高了50.2%），8个城市变化不大，变化幅度介于10%～25%，占城市群比重为72.7%，变化最小的是四平市（下降了1.08%）。子系统中，土地经济承载力波动最大，2016年11个地区中变化幅度排名前三的是松原市（提高了77.4%）、吉林市（提高了69.6%）、辽源市（提高了55.4%），变化幅度最小的是绥化市（提高了7.4%），其余7个地区变化在15%～43%，占城市群比重为63.6%;变化较大的是土地生态承载力,最显著的是牡丹江市(提高了214.2%),排名第二的是绥化市(下降了72.6%),再次是大庆市(提高了57.1%),变化最小的是四平市(提高了1.4%),其余7个地区幅度介于5%~35%;土地社会承载力波动区域差异最小,变化最明显的是松原市(提高了143.6%),其次是四平市(提高了31.56%),变化最小的是大庆市(下降了1.3%),其余8个地区介于5%~20.5%,占城市群比重为72.7%。可见,土地综合承载力区域差异影响因素排序是土地经济承载力、土地生态承载力、土地社会承载力。

4. 承载力等级方面

2016年与2012年相比,四平市、长春市、延边朝鲜族自治州、吉林市、大庆市5个地区的土地综合承载力的等级没有变化,占城市群比重为45.5%,其他6个城市的等级发生了变化,占地区总数的54.5%。其中1个城市提高了2个等级,松原市从中等承载力区升为高等承载力区;3个城市提高了1个等级:辽源市从较高承载力区提升为高承载力区,齐齐哈尔市从低等承载力区升为中等承载力区,牡丹江市从中等承载力区升为较高承载力区;2个城市降低了1个等级:哈尔滨市从高承载力区降为较高承载力区,绥化市从中等承载力区降为低等承载力区,可见,松原市变化最大。

(二)哈长城市群经济发展水平时空差异相关结论

城市群作为我国未来建设的重中之重,对其经济发展进行研究具有重大意义。本书选取哈长城市群作为研究对象,采用经济规模、经济结构、对外贸易、人民生活和基础设施5个子系统构建评价指标体系,运用熵值法计算权重与得分,使用综合评价法从时间与空间上分析了哈长城市群2011—2019年经济发展水平各指标权重、得分及变异系数。研究结果表明:

1. 权重方面

从准则层看,经济规模的权重最大,达到0.304 5,是影响哈长城市群经济发展水平的最重要因素;其次为对外贸易与人民生活;最后是经济结构与基础设施。从指标层来看,对哈长城市群经济发展水平影响最大的是外贸依存度,权重达到0.143 9;其次是地区生产总值,权重为0.108 2,16个指标只有这两个指标权重大于0.1,这两个指标是影响哈长城市群经济发展水平的重要指标。

2. 时间方面

2011—2014年哈长城市群的经济发展水平呈现下降趋势,最主要原因是子系统人民生活得分的下降；哈长城市群经济发展水平在2015—2019年呈现负增长，其呈现负增长的原因是对外贸易、人民生活与基础设施得分的逐步下降，对外贸易与人民生活对哈长城市群经济发展水平影响更大。

3. 空间方面

（1）区域差异明显，且差距呈扩大趋势，空间差异总体呈现"中间高、两侧低"的特征。哈长城市群2011年、2019年11个城市经济发展水平平均得分，以及滑动平均的初期、末期平均得分与其变异系数的增加，说明城市间经济发展水平差距逐渐扩大。

（2）城市经济发展水平等级跃迁不明显。2011—2019年9年间11个地区发生等级跃迁的不到1/3，其余等级没有发生变化。大庆市始终处于高水平区；哈尔滨市、牡丹江市与延边朝鲜族自治州始终处于较高水平区；齐齐哈尔市、辽源市与松原市始终处于较低水平区；绥化市仍然处于低水平区。

二、建议

可以集中从以下7个方面入手提高土地利用水平和加快经济发展建设。

（一）切实保护耕地，提高土地利用效率

1. 依法建立保护耕地的运行机制

国家合理划定基本农田区是为了更好地保障国家粮食安全，而确保基本农田数量以及质量是保障国家粮食安全的基础。对国家依法划定的基本农田区进行合理的利用，加大保护基本农田区的力度，实施最严格的征地保护政策，起到了保护耕地的作用。黑龙江省、吉林省作为农业产出大省，应严格执行国家耕地保护政策，根据耕地质量以及产出量等各方面的综合条件，选择耕地条件更为突出的地区作为黑龙江省的基本农田保护区。基本农田保护区是按照一个区域的平均水平进行划定的，所以区域内可能存在土地质量分布不均的问题，区域内可能存在着小部分的未被开垦的土地、一些小面积的乡村小路和一些耕地质量较低的区域，可以通过土地整理、土地合理规划等，使区域内土地得到更加合理的利用，使土地资源配置效率最大化，在有限的资源条件下，获得最大的耕地面积，提高区域粮食产量。国家高度关注耕地问题，通过制定周密的法律以及条款，来保证国家粮食安全的红线不被触碰。《中华人民共和国土地管理法》《中华人民共和国农业法》《中华人民共和国基本农田保护条例》等对耕地保护做出了详尽的说明，有效地保护了耕地。这些法律政策具有约束力，同时也需要进行动态调整，以从根源上扼杀违法用地行为。

2. 提高耕地质量,促进土地合理利用

区域内的耕地质量普遍不高,绝大多数为旱地,产量较低且不稳定的耕地也占据了大多数,所以如何通过提高区域内中、低产田的耕地质量来提高整个区域的粮食产量,就变得极具意义。同时,对于旱地来说,提高其保持水土的能力,避免水土流失,也算是节水的一种途径。区域内部具有差异性,应采取因地制宜的手段,保证区域内的粮食产量,以保障国家的粮食安全。国家应采取强制措施,实行更加严格的耕地管理制度,综合区域内人口容量、土地质量情况、生态环境状况以及环境状态这四个方面的考量,按照国家农用地分等定级标准,采取差别化的管理模式,对于高质量高产出的旱地、水田等采取保护措施,实施不同等级的耕地质量评价,实行同级别的保护。耕地耕作层是最好的土源,可通过增加耕地土层厚度,提高耕地质量。根据占补平衡的原则,对此过程中涉及的耕地进行评价,如果补充的耕地和占用的耕地不处于一个等级,专业部门可按照一定的折损系数来补充耕地数量。在此方面,其他省份如浙江省出台了相应管理办法,可以实际情况作为参考。

3. 发挥资源优势,提高土地利用效益

未来土地利用应发挥区域资源优势,有效提高土地利用的经济效益。未来土地利用应搞好土地整理,增加有效耕地面积,提高耕地质量,增加耕地投入,改善农业生产条件和生态环境;同时,在保障能源用地基础上,开展矿区土地整理,实行"退二进三"(缩小第二产业、发展第三产业)政策,提高建设用地集约利用水平,有效控制建设用地对耕地的占用。加大农业科学技术投入,发展生态农业和循环农业。未来土地利用重点围绕黑土保护工程、松嫩平原西部沙漠化防治和盐碱地治理等方面,有效提高区域水土资源和生态环境承载能力。

(二)优化产业结构

1. 创新发展

作为产业结构优化的根本动力,哈长城市群产业结构优化应注重运用新技术、新业态改造提升传统产业,以技术创新突破支撑和引领新兴产业集群发展;促进技术创新、管理创新和商业模式创新,拓展电子商务、现代物流、互联网金融等新兴服务业发展;以创新培育更多新技术、新产业、新业态、新模式,以创新推动技术进步和新旧动能转换,实现产业发展由要素投入驱动转向创新驱动。

2. 协调发展

作为产业结构优化的内在要求，产业结构优化要破解产业发展不平衡不充分的矛盾，以第一、二、三产业融合促进哈长城市群三大产业协调发展。以产业结构升级加强城市之间的产业分工与协作，优化哈长城市群产业空间布局，实现城市群内产业空间协调发展；以工业化、信息化、城镇化和农业现代化的协调发展，提升城市群产业发展的内涵和效率。

3. 绿色发展

作为产业结构优化的必要条件，哈长城市群产业结构优化要坚持绿色、生态、环保优先的基本原则，创新低碳循环产业体系，以新能源、新环保、新服务等绿色产业的创新发展驱动城市群经济持续高质量发展，以实现生态系统和经济系统良性循环，实现经济效益、生态效益和社会效益的有机统一，进而实现绿色生态城市群的战略定位。提高单位 GDP 能耗，以技术进步、结构优化抑制工业 SO_2 排放量增大。即调整产业结构，将能源密集型为主的重工业向第一和第三产业转移，减少污染物排放量，工业生产总值占 GDP 的百分比越小，工业 SO_2 排放量就越少。高度重视节能减排工作，推进松花江流域水污染防治规划项目实施，加大城市污水、生活垃圾无害化处理力度。加强植树种草造林工作。

4. 开放发展

作为产业结构优化的强大引擎，哈长城市群产业结构优化要加强内外联动，在“一带一路”倡议背景下，更好地利用国际、国内两个市场、两种资源。一方面，推进“中蒙俄经济走廊”、黑龙江陆海丝绸之路经济带和长吉图开发开放先导区建设，以中国（黑龙江）自由贸易试验区打造对外交流合作平台，构建外向型现代产业体系；另一方面，探索与国内辽中南、京津冀、环渤海、长三角、珠三角、长江经济带以及中西部等国内地区的协同发展机制，发挥哈长城市群的比较优势，积极承接国内经济发达地区的产业转移，强化地区之间的产业分工与合理布局，促进产业结构优化升级。例如，吉林省目前已实现经过俄罗斯扎鲁比诺港到达日本、韩国的陆海联运航线，与辽宁丹东港实现货物联运的第二条通道正在积极建设中，这条航线将对吉林省对接辽宁沿海经济带和京津冀经济圈带来重大影响。这一举措将使吉林省由向东开放逐步形成向东和向南共同开放的经济发展局面，对吉林省的现代物流、产品加工、科技创新等一体化建设具有重要意义。

5. 共享发展

作为产业结构优化的民生需要，“坚持共享发展，必须坚持发展为了人民、发展依靠人民、发展成果由人民共享”“使全体人民在共建共享发展中有更多获得感”。哈长城市群产业结构优化应破除重效率轻公平、重城市轻农村、重GDP轻民生、重“做大蛋糕”轻“分好蛋糕”等观念，以产业结构优化增加公共服务供给、促进就业创业、缩小收入差距，让人民群众公平享受产业结构优化升级的成果和红利。

（三）加强城镇化建设

大量实践表明，经济发展水平与城镇化水平具有较强的正相关关系，即城镇化水平高的地区，经济也比较发达。哈长城市群应重视对小城镇的开发建设，依托当地特色资源，努力培育一批重点村镇。加大地方财政在城镇化建设方面的投资力度，努力完善城市能源供应、公共交通、城市道路等基础设施。积极引进优秀人才，提高人才竞争力，为城镇化建设提供技术支持。合理利用土地资源，积极引导企业发挥其规模效应和集聚效应，形成分工有序、优势互补的城镇建设体系。增加中小城市数量，完善城镇规模等级。加强对高收入城市的培育力度，通过增长极效应，带动经济欠发达地区的发展。长春市、吉林市作为地区增长的核心，应增强其极化效应，带动周边城市经济发展。四平市、通化市、辽源市、白城市、松原市、白山市、延边朝鲜族自治州等要扩大人口发展的规模，扩展城市规划和开发空间。同时注重生活方式和文化教育的城镇化，实现内涵式发展。利用人口集聚和产业集聚所产生的巨大效应促进地区经济稳步增长。培育一批以县域为基础的中小城市，根据地方特色，如冰雪、剪纸、二人转、长白山采参等，培育自身绝对优势，打造城镇文化品牌。结合“互联网+”、新兴产业等，发展特色产业，形成以发展乡村旅游、休闲与农业为主的第三产业。

（四）深化政府改革

深化政府改革，释放市场活力。哈长城市群产业结构并不是完全单一化，因此应结合全区域的政策，考虑区域内部的差异，以避免有的城市为了获得政策优惠，盲目地招商引资，造成资源的不合理配置，导致产业结构同质化，严重影响地区经济发展。需要细化政策的具体内容，明晰不同城市的政府职能，保护市场的稳定运行，发挥市场的最大活力；同时需要政府支持和引导企业和个人积极参与到市场经济的浪潮中。要优化营商环境，为资本流入和形成提供优质条件，在此基础上通过外部资本的引入和内部资本的积累来增强城市群的要素集聚能力。提高资源配置能力和资源使用效率，将拥有的雄厚工业基础转化为经济发展上的优势，发展智能装备制造，提升装备制造业服务化水平,以长春市、哈尔滨市、吉林市为重点,整合周边地市的零部件配套优势,建设具有国际竞争力的汽车研发基地和汽车服务中心,统筹大庆市、哈尔滨市、松原市等城市的石油化工产业发展,依托城市群丰富的农林产品资源优势和黑土地资源优势,建设农业产业化示范基地,推进农业现代化,拓展产业链,提高产品附加值,积极发展生产性服务业。由于哈长城市群产业结构中重工业和能源产业占主导地位,大力发展生产性服务业,对于经济结构调整、资源型城市脱困都大有裨益。

努力提高政府的服务能力,明晰不同地区、不同部门的职责,例如,省会城市长春市和哈尔滨市,应在保证政府服务效率的前提下,实行不同职位不同授权的制度,且相互监督、相互制约,让资金和服务落实到真正需要的企业和个人。

首先,政府对企业改革提供资金保障,积极引导改革方向,且实行一定的奖惩机制,对于像哈尔滨市、大庆市和吉林市这种重工业城市,应严格制定惩罚措施和限制条件,积极引导企业转型升级。同时依托东北地区的区位优势,提高对外投资水平,加强与周边国家的投资合作,以多种方式积极参与国际合作,政府应加大资金支持力度,实行税收和财政的优惠政策以招商引资;其次,政府积极开展主题讲座和交流会等,构建和谐的人文环境;最后,建立以主要节点城市为主的区域协调机制,落实机制的实施、监督和后续改进。在民生问题上要以实现城市基本公共服务均等化为导向,加大对区域内落后地区的教育、医疗、文化以及社会救助等方面的投入。

(五)加强双核的辐射能力

强化双核城市(哈尔滨市和长春市)的辐射能力,核心城市的经济发展决定了整个城市群的经济增长速度,保证核心城市的经济发展条件,促进核心城市产业结构优化升级,从而与周围地区充分共享和学习。一方面,强化哈尔滨市、长春市两市的带动能力,发挥其他城市的支撑作用,推动哈长城市群区域内构建一体化的铁路、公路网络运输体系,充分发挥各自比较优势,实现东北地区城市群一体化,促进城市群区域内要素流动,提升资源配置效率,加强东北地区城市群间的经济联系。另一方面,加强与国内其他城市群的合作和开发,如与"京津冀"城市群达成战略合作关系,为其提供优质资源,营造良好的政府和市场环境。根据比较优势实现要素及商品的自由流动,城市群可利用自身资源禀赋差异,积极促进与其他城市群的资源互补,实现资源要素在城市群之间的流动。此外,利用"长吉图开发开放先导区""中日韩自由贸易区""中俄自由贸易区"等的建设契机,增强与国、内外其他地区的经济联系,实现东北地区各城市经济的均衡发展。

(六)全面完善各城市的基础设施建设

除加强对经济发展水平较高城市的基础设施建设的投入力度外,政府还应提供一定资金为边缘和落后地区建设经济发展必备的基础设施,为经济发展提供坚实保障。通过普及城市基础设施的共同建设、共同享有的战略思想,对各城市的基础设施建设实行统一规划与管理,促进各城市交通运输信息共享。合理布局、错位发展和优势互补,先在各省省会城市附近的城市率先施行,逐渐趋于正规化和统一化。积极推进水利、能源、数据传输、公共卫生及其他公共基础设施建设,加快城市供水、供电、供热和天然气等市政基础设施智能化改造项目。进一步完善城市群基础设施建设,加强与辽中南城市群和其他城市群之间的交通轨道建设合作,建立公共信息共享机制。

各城市应共同促进公共服务的集成发展,建立社会信用体系,减少在经济活动中信息不对称现象带来的损失,各省政府也可以建立一些专项基金,支持城市群中落后地区的中小企业发展,提供相应的投资和基础设施建设,实现区域协调发展;各城市群之间应当建立健全合作机制,政府之间可以建立联合会议制度,用以决策城市群间的合作发展问题和发展方案。将产品研发、监测监控、技术改革、品牌推广等服务进行集中,为企业进行投融资、人才培训等提供便利条件。加快城市化进程,努力使东北地区形成新的经济发展局势。

(七)健全城市间生态环境保护机制

良好的生态环境对城市经济的发展有着重要的作用,对资本和劳动力的引进也有直接的影响。然而生态环境是开放且流动的,局部地区的生态污染会造成整个地区的污染扩展和再污染。

哈长城市群地区第二产业发达且占比较大,因此,应重视生态环境保护。一方面,应在东北地区各城市之间建立环保合作机制,而且省会城市要起到改革的表率作用,合力实施跨界污染的联合防控工作。成立生态环境考察小组,层层授权,对不符合标准的城镇进行惩罚和管制,对指标优秀地区进行地方财政奖励,要求各城市内部各级主体针对各自辖区内影响工业、制造业以及生活服务业的污染源进行排查和控制,各城市间实现大气自动监测数据的共享,并制订空气质量监督方案,区域间相互监督。同时,积极促进高附加值产业发展,并实行一定的补贴和税收优惠,积极推动生态循环好的产业和轻污染绿色产业发展。

另一方面,大力发展循环经济,推动生产方式绿色化,合理利用环保原料并推进绿色低碳技术的应用,加大人才引进和技术研发投入,尽力实现资源的循环和高效利用,这样不仅可以提高产品质量,还能够将经济活动所消耗的资源和生态环境的成本大大降低,使资源达到最大经济效益,才可保证资源禀赋一直成为东北地区的优势,为经济发展提供保障。

总体而言,为了缩小哈长城市群各城市经济差异和提高土地综合承载力,实现区域一体化发展,就要以增强经济实力为起点,以提高效率为目标,以生态保持良好为原则,在政府制度、产业结构、区域协作、基础设施建设以及生态环境保护等不同方面进行改革。

第二节 研究展望

一、创新点

通过理论分析与实证研究,揭示了城市群土地综合承载力及其影响因素,以及区域经济的时空差异,探讨了城市群地区土地综合承载力、经济发展的变化规律与变化机制。

依据城市群土地资源状况和经济发展现状,建立了城市群地区土地综合承载力和经济发展综合测度指标体系以及综合测度模型、方法。

二、研究不足

(一)指标选取

在研究区土地综合承载力和经济发展评价研究过程中,需要选取大量能体现研究区地域特点的指标,但是一些指标相对比较抽象,无法通过数据来体现它的能力,或获取难度较大,因此不能很好地表达土地综合承载力和经济发展的水平。

(二)研究范围有限

土地综合承载力评价只是研究了 2012 年和 2016 年,动态变化年份少,很难反映规律性问题,这是时间维度上的限制。同时,对土地综合承载力的研究没有很深入,忽略了土地综合承载力中各个子系统之间存在的内生联系及协调作用,很难体现区域土地综合承载力,评价尚不够全面。

三、未来展望

今后的研究将从以下 3 个方面充实和完善。

在城市群地区土地综合承载力基本内涵及影响因素分析的基础上，结合研究区域的实际特点，进一步研究不同产业类型、交通、就业、医疗等社会条件和自然环境、自然灾害治理等因素对城市群地区土地承载力的影响机理，完善城市群土地承载力研究的理论体系，同时完善评价指标体系，使之更加全面与合理。例如：经济承载力中应增加第三产业增加值占比、工业增加值占 GDP 比重、单位 GDP 能耗指标；社会承载力中增加交通方面的指标，同时增加就业率、教育事业、科学事业投入、居民储蓄等方面的指标；生态承载力中应增加废水废气达标率、处理率指标，结合研究区的生态问题，应增加盐碱化程度指标。

在城市群地区土地综合承载力和经济发展水平综合测算的基础上，进一步拓展研究分析方法，选取时间样本，总结变化规律，探讨系统预警；加强空间差异研究，将时间统计方法和空间统计方法相结合；采用聚类分析，研究区域间等级变化的类型；应用障碍度模型，分析障碍性因素，找出制约因素，使提出的对策更有针对性；引入耦合协调模型，研究土地综合承载力与区域经济发展之间的协调关系，对不同经济带进行对比分析；科学划分承载力等级和经济发展水平等级。

选择不同发育阶段和不同类型的城市群，结合城市群内不同经济带对其土地综合承载力进行综合测度，通过横向对比，进一步验证承载力的变化规律和经济发展规律，并将其融入相应指标体系和预测评估模型中加以完善，以增强研究的实践价值。

附　　录

附录一　哈长城市群各地区土地综合承载力指标原始数据(2012、2016 年)

2012 年指标原始数据

要素层	X_1				X_2				X_3			
指标层	X_{11}	X_{12}	X_{13}	X_{14}	X_{21}	X_{22}	X_{23}	X_{24}	X_{31}	X_{32}	X_{33}	X_{34}
哈尔滨市	857.10	5 986.73	2 921.84	3 775.01	11 547	47.97	0.28	52 439	156.79	37.9	41 901.47	122 342
齐齐哈尔市	239.50	2 441.47	955.86	1 172.26	7 851	35.65	0.13	19 550	170.20	38.6	16 352.55	80 662
大庆市	373.62	7 326.22	1 359.77	2 069.02	4 418	50.96	0.24	13 855	60.64	44.7	14 257.47	59 015
绥化市	226.47	3 309.51	1 063.45	1 515.08	6 179	26.34	0.18	12 290	310.17	25.9	10 175.20	23 077
牡丹江	296.77	3 515.14	1 170.48	2 056.41	8 214	55.01	0.19	12 600	65.05	39.2	7 203.94	35 977
长春市	602.70	8 358.95	2 933.01	4 917.87	1 591	46.53	0.35	39 712	205.75	36.3	6 335.45	7 300
吉林市	280.40	6 072.61	3 165.28	4 102.38	1 192	48.56	0.31	21 313	149.36	45.7	11 290.80	6 400
四平市	361.73	9 159.07	2 210.85	4 258.82	3 173	52.97	0.23	13 169	619.31	33.5	4 024.24	5 200
辽源市	426.80	4 529.41	3 140.99	8 415.47	2 772	45.28	0.31	5 587	351.38	38.3	745.06	2 400
松原市	322.07	2 841.93	2 869.41	5 746.56	2 205	28.22	0.15	6 486	521.04	41.0	2 141.35	6 600
延边朝鲜族自治州	305.96	3 731.12	1 733.06	2 780.98	1 251	67.04	0.33	9 908	83.73	46.5	4 021.72	7 500

2016 年指标原始数据

要素层	X_1				X_2				X_3			
指标层	X_{11}	X_{12}	X_{13}	X_{14}	X_{21}	X_{22}	X_{23}	X_{24}	X_{31}	X_{32}	X_{33}	X_{34}
哈尔滨市	925.77	8 116.29	4 790.43	6 485.59	11 366	48.29	0.29	60 044.00	156.33	35.41	41 257.17	115 261.00
齐齐哈尔市	347.08	2 910.19	1 567.24	1 905.38	7 799	38.15	0.14	13 889.00	191.94	38.61	17 193.99	62 281.34
大庆市	473.08	5 841.98	2 031.72	1 084.96	4 667	50.92	0.24	11 985.00	64.69	45.64	14 014.64	39 346.00
绥化市	268.87	5 390.68	2 126.27	2 528.81	3 827	27.62	0.19	9 559.00	81.47	20.62	8 455.32	37 049.80
牡丹江市	455.08	4 276.49	1 855.59	4 321.49	7 952	61.92	0.20	1 032.00	337.69	30.07	11 971.17	19 818.00
长春市	812.30	11 571.53	5 041.42	8 826.6	1 578	57.82	0.15	47 343.00	219.18	38.76	3 768.94	52 369.36
吉林市	795.44	6 343.90	3 479.68	6 738.02	1 131	49.42	0.35	26 585.00	159.35	43.72	8 478.37	63 190.89
四平市	948.88	11 461.42	5 125.31	7 433.21	3 041	55.61	0.31	15 210.00	673.83	31.57	3 230.24	42 095.18
辽源市	973.61	16 820.38	4 785.72	13 850.28	2 808	46.99	0.23	5 759.00	457.73	40.05	1 611.04	19 437.60
松原市	668.80	13 098.4	4 880.28	10 291.63	2 226	30.26	0.32	8 615.00	671.15	43.19	2 130.53	30 114.99
延边朝鲜族自治州	923.78	4 921.72	2 758.14	4 626.94	1 227	68.93	0.33	11 241.00	99.00	39.94	4 560.31	24 385.77

附录二　哈长城市群各地区经济发展指标原始数据(2011—2019 年)

2011 年指标原始数据

要素层	指标层	哈尔滨市	齐齐哈尔市	大庆市	牡丹江市	绥化市	长春市	吉林市	四平市	辽源市	松原市	延边朝鲜族自治州
Y_1	Y_{11}	4 242.19	1065.67	3741.54	940.35	912.09	4 003.08	2 208.05	984.60	500.49	1 360.97	652.17
	Y_{12}	42 736.00	19 903.00	133 301.00	33 675.00	15 617.00	52 649.00	50 914.00	28 874.00	40 844.00	46 749.00	29 802.00
	Y_{13}	3 023.54	1 235.13	4 561.51	2 006.23	722.54	3 788.95	2 352.88	1 139.87	1 539.45	1 460.74	2 446.67
	Y_{14}	0.07	0.07	0.03	0.06	0.05	0.07	0.05	0.04	0.04	0.03	0.08
Y_2	Y_{21}	0.71	0.52	0.30	0.61	0.60	0.59	0.68	0.46	0.74	0.56	0.75
	Y_{22}	0.23	0.23	0.11	0.30	0.18	0.53	0.35	0.13	0.24	0.08	0.19
	Y_{23}	0.29	0.20	0.08	0.31	0.18	0.03	0.05	0.11	0.22	0.08	0.17
Y_3	Y_{31}	0.075	0.063	0.037	0.719	0.009	0.281	0.037	0.017	0.014	0.005	0.185
	Y_{32}	1 399.95	655.07	1 256.72	9 658.51	81.11	1 557.90	1 783.01	1 149.75	5 229.62	169.22	460.12
Y_4	Y_{41}	20 844.41	7 353.49	24 663.47	11 717.38	5 036.96	19 899.05	18 551.85	9 897.99	10 350.09	13 302.53	13 858.82
	Y_{42}	18 960.60	14 199.80	16 015.60	12 806.48	13 696.00	2 048.30	19 559.62	18 482.92	18 757.39	19 226.97	19 557.71
	Y_{43}	8 397.00	7 590.68	6 211.00	5 206.80	4 856.00	7 965.00	7 952.00	7 718.00	7 557.00	7 597.00	6 250.00
	Y_{44}	35 404.00	29 648.00	49 161.00	31 033.00	23 208.00	41 473.00	35 088.00	28 012.00	27 792.00	33 705.00	27 465.00
Y_5	Y_{51}	37.92	38.61	44.72	39.21	25.91	36.30	45.80	33.60	38.30	41.00	46.50
	Y_{52}	9.70	8.00	24.09	13.57	6.67	17.08	10.12	7.69	13.01	10.64	8.86
	Y_{53}	58.09	36.78	66.53	62.30	27.10	53.49	57.18	46.01	54.79	35.22	60.78

2012 年指标原始数据

要素层	指标层	哈尔滨市	齐齐哈尔市	大庆市	牡丹江市	绥化市	长春市	吉林市	四平市	辽源市	松原市	延边朝鲜族自治州
Y_1	Y_{11}	4 550.22	1 176.08	4 001.07	981.05	1 063.54	4 456.64	2 430.07	1 122.80	605.13	1 605.42	765.38
	Y_{12}	45 810.00	22 139.33	142 067.00	37 001.00	18 474.00	58 691.00	56 244.00	33 150.00	49 479.00	55 176.00	35 045.00
	Y_{13}	3 570.33	984.05	4 981.17	2 708.12	960.64	4 502.60	2 763.05	1 682.27	1 956.31	2 001.50	3 197.75
	Y_{14}	0.08	0.05	0.04	0.07	0.06	0.09	0.05	0.06	0.05	0.04	0.10
Y_2	Y_{21}	0.83	0.64	0.37	0.74	0.63	0.77	0.86	0.56	0.99	0.71	0.92
	Y_{22}	0.24	0.24	0.12	0.38	0.24	0.28	0.43	0.52	0.31	0.25	0.21
	Y_{23}	0.30	0.22	0.11	0.34	0.21	0.36	0.34	0.23	0.27	0.32	0.36
Y_3	Y_{31}	0.075	0.063	0.037	0.719	0.009	0.319	0.034	0.022	0.022	0.006	0.205
	Y_{32}	1 012.42	737.33	897.15	7 946.13	133.39	880.22	2 031.81	1 062.24	3 813.17	1 136.37	1 035.78
Y_4	Y_{41}	24 102.39	8 588.82	28 507.57	13 337.68	6 119.11	22 983.75	21 719.17	11 738.87	12 068.03	15 634.77	16 482.98
	Y_{42}	19 367.80	15 095.60	17 118.49	13 689.85	15 950.30	22 969.68	22 067.56	21 387.28	21 251.75	21 703.51	22 013.35
	Y_{43}	10 714.96	8 603.85	5 519.55	7 737.25	5 347.18	9 064.00	8 977.00	8 760.00	8 524.00	8 562.00	7 350.00
	Y_{44}	30 802.00	18 085.00	32 981.00	33 263.00	20 621.00	46 674.00	40 420.00	32 056.00	32 371.00	36 498.00	32 251.00
Y_5	Y_{51}	37.02	38.61	43.21	38.78	25.91	35.09	46.08	33.92	38.83	41.10	39.37
	Y_{52}	10.74	8.32	23.84	13.55	6.73	17.89	10.3	8.74	9.92	11.34	8.92
	Y_{53}	58.07	39.53	66.88	72.00	27.71	56.72	58.57	46.60	54.65	38.23	65.60

2013 年指标原始数据

要素层	指标层	哈尔滨市	齐齐哈尔市	大庆市	牡丹江市	绥化市	长春市	吉林市	四平市	辽源市	松原市	延边朝鲜族自治州
Y_1	Y_{11}	5 010.81	1 230.40	4 181.50	1 092.64	1 210.01	5 003.18	2 617.41	1 210.34	700.30	1 650.48	849.00
	Y_{12}	50 435.40	23 191.00	148 209.00	41 251.00	21 700.00	66 286.00	60 877.00	36 292.00	57 421.00	57 639.00	39 199.00
	Y_{13}	4 042.21	1 156.79	5 081.39	3 052.73	1 159.19	5 072.84	3 261.88	1 843.97	2 092.19	2 191.12	3 609.81
	Y_{14}	0.08	0.05	0.03	0.07	0.05	0.08	0.05	0.05	0.04	0.04	0.09
Y_2	Y_{21}	1.04	0.70	0.39	0.86	0.62	0.65	0.74	0.53	0.72	0.60	0.78
	Y_{22}	0.35	0.37	0.65	0.44	0.28	0.42	0.36	0.46	0.39	0.32	0.38
	Y_{23}	0.43	0.37	0.16	0.38	0.32	0.35	0.37	0.29	0.33	0.36	0.35
Y_3	Y_{31}	0.062	0.043	0.052	0.228	0.014	0.265	0.027	0.019	0.020	0.004	0.204
	Y_{32}	1 063.71	777.47	935.35	7 938.63	131.57	865.46	1 805.42	1 477.84	3 055.11	1 207.13	1 346.24
Y_4	Y_{41}	27 414.53	9 779.41	32 179.24	15 015.89	7 334.05	26 174.02	24 857.96	13 702.19	13 742.62	18 193.38	18 578.41
	Y_{42}	22 597.00	15 696.18	17 759.80	16 574.90	13 856.50	26 033.88	25 937.07	25 529.89	25 378.75	25 933.41	25 810.63
	Y_{43}	9 634.14	7 590.68	6 210.70	8 603.85	7 354.21	10 060.00	10 288.00	9 960.00	9 845.00	9 373.00	8 351.00
	Y_{44}	40 523.00	27 413.00	48 336.00	34 046.00	24 911.00	52 351.00	42 992.00	34 972.00	36 552.00	43 308.00	37 316.00
Y_5	Y_{51}	36.10	38.61	45.30	38.77	26.40	27.18	45.75	33.71	39.27	42.28	39.74
	Y_{52}	14	8.67	23.65	13.82	7.48	18.73	10.53	9.21	10.29	15.65	9.34
	Y_{53}	60.67	42.48	68.45	74.93	28.98	57.75	59.63	47.54	53.54	40.52	68.57

2014 年指标原始数据

要素层	指标层	哈尔滨市	齐齐哈尔市	大庆市	牡丹江市	绥化市	长春市	吉林市	四平市	辽源市	松原市	延边朝鲜族自治州
Y_1	Y_{11}	5 340.07	1 209.34	4 077.51	1 130.30	1 190.25	5 342.43	2 379.56	1 210.32	690.31	1 596.29	846.42
	Y_{12}	53 872.00	23 098.70	146 518.00	42 792.00	21 467.00	70 891.00	55 548.00	36 900.00	56 467.00	56 868.00	39 410.00
	Y_{13}	4 289.74	1 348.97	5 073.36	3 214.14	1 112.46	5 265.72	3 067.59	1 763.21	2 202.06	2 244.82	4 099.85
	Y_{14}	0.08	0.06	0.03	0.07	0.05	0.07	0.06	0.05	0.04	0.04	0.10
Y_2	Y_{21}	0.94	0.07	0.24	0.83	0.55	0.70	0.95	0.59	0.77	0.72	0.84
	Y_{22}	0.33	0.33	0.56	0.40	0.27	0.43	0.44	0.46	0.48	0.46	0.43
	Y_{23}	0.55	0.43	0.20	0.42	0.33	0.41	0.43	0.30	0.33	0.37	0.41
Y_3	Y_{31}	0.07	0.05	0.06	0.25	0.02	0.25	0.04	0.03	0.03	0.00	0.19
	Y_{32}	1 745.95	873.92	882.00	10 334.31	160.89	2 117.79	4 580.21	1 844.42	2 834.06	1 751.21	2 264.36
Y_4	Y_{41}	31 104.47	11 177.89	36 362.63	17 642.64	8 364.11	20 374.53	11 285.40	6 921.76	8 665.85	7 511.58	13 756.17
	Y_{42}	28 815.94	21 283.19	32 307.36	24 734.94	19 111.12	23 908.00	22 437.00	20 894.00	20 780.00	20 810.00	19 830.00
	Y_{43}	12 546.07	11 309.95	12 442.92	13 783.51	10 542.95	11 286.00	11 000.00	10 723.00	10 500.00	8 708.00	8 466.00
	Y_{44}	41 730.00	30 272.00	59 457.00	26 295.00	27 039.00	56 976.00	45 362.00	38 383.00	39 462.00	44 896.00	39 526.00
Y_5	Y_{51}	35.50	38.61	45.40	37.63	29.76	34.16	39.51	33.23	39.08	42.11	36.26
	Y_{52}	14.22	9.03	22.79	13.63	7.20	19.19	10.74	20.94	10.98	17.98	9.93
	Y_{53}	62.70	44.55	70.76	80.82	28.25	59.92	65.13	48.43	55.91	41.78	70.63

2015 年指标原始数据

要素层	指标层	哈尔滨市	齐齐哈尔市	大庆市	牡丹江市	绥化市	长春市	吉林市	四平市	辽源市	松原市	延边朝鲜族自治州
Y_1	Y_{11}	5 751.20	1 270.30	2 983.50	1 178.60	1 272.20	5 530.03	2 394.19	1 233.25	726.64	1 637.30	858.84
	Y_{12}	59 027.00	24 430.00	110 115.00	44 799.00	23 095.00	73 324.00	56 076.00	37 714.00	59 855.00	58 841.00	40 118.00
	Y_{13}	4 241.15	1 437.44	4 585.18	2 138.11	1 024.85	5 149.92	3 116.62	1 908.18	2 327.64	1 805.60	4 368.69
	Y_{14}	0.07	0.06	0.04	0.05	0.04	0.07	0.06	0.05	0.04	0.03	0.11
Y_2	Y_{21}	0.93	0.70	0.22	0.87	0.60	0.76	1.06	0.65	0.82	0.79	0.94
	Y_{22}	0.32	0.31	0.45	0.39	0.26	0.50	0.45	0.43	0.48	0.44	0.50
	Y_{23}	0.56	0.45	0.29	0.43	0.34	0.39	0.44	0.31	0.34	0.39	0.40
Y_3	Y_{31}	0.053	0.029	0.140	0.076	0.010	0.164	0.029	0.019	0.025	0.006	0.361
	Y_{32}	1 563.23	518.00	1 377.25	2 909.77	136.34	1 169.05	1 606.92	1 184.44	2 252.82	1 265.40	1 759.47
Y_4	Y_{41}	35 308.83	12 452.00	37 393.04	19 676.66	9 323.48	21 815.64	11 932.01	7 353.33	9 316.23	7 896.21	14 548.65
	Y_{42}	30 978.00	23 022.00	34 402.00	26 673.00	20 664.00	29 090.00	28 977.00	28 371.00	28 009.00	28 950.00	28 500.00
	Y_{43}	13 325.00	12 106.00	13 204.00	14 711.00	11 271.00	11 749.00	11 495.00	11 281.00	10 973.00	9 561.00	8 965.00
	Y_{44}	41 955.00	30 123.00	57 234.00	30 157.00	28 658.00	62 519.00	49 234.00	45 948.00	43 872.00	48 170.00	44 270.00
Y_5	Y_{51}	35.41	38.61	45.64	20.62	30.07	38.76	43.72	31.57	38.13	43.19	39.94
	Y_{52}	13.05	10.61	23.13	13.31	7.15	19.03	12.50	10.28	10.89	18.76	10.64
	Y_{53}	63.85	45.23	72.89	85.09	29.73	63.01	67.90	50.27	56.74	46.17	72.63

2016 年指标原始数据

要素层	指标层	哈尔滨市	齐齐哈尔市	大庆市	牡丹江市	绥化市	长春市	吉林市	四平市	辽源市	松原市	延边朝鲜族自治州
Y_1	Y_{11}	6 101.61	1 325.31	2 610.00	1 231.21	1 316.31	5986.42	2453.51	1193.80	765.25	1651.69	875.81
	Y_{12}	63 445.00	25 690.00	94 690.00	46 997.00	24 109.00	79 434.00	57 818.00	36 732.00	63 480.00	59 413.30	41 154.00
	Y_{13}	3 910.79	1 402.28	4 688.53	2 697.67	1 026.46	5 514.58	3 208.82	1 955.21	2 020.84	1 821.60	4 315.86
	Y_{14}	0.062	0.058	0.050	0.055	0.042	0.069	0.055	0.053	0.032	0.031	0.104
Y_2	Y_{21}	0.91	0.71	0.22	0.82	0.60	0.78	1.14	0.74	0.86	0.86	1.02
	Y_{22}	0.31	0.31	0.54	0.38	0.25	0.37	0.43	0.39	0.57	0.42	0.46
	Y_{23}	0.58	0.46	0.36	0.43	0.36	0.45	0.47	0.35	0.35	0.42	0.46
Y_3	Y_{31}	0.042	0.013	0.140	0.060	0.009	0.153	0.021	0.004	0.025	0.007	0.419
	Y_{32}	1 094.57	199.05	1 044.79	2 318.76	179.80	1 493.56	1 005.16	1 060.89	2 671.01	1 978.52	2 297.27
Y_4	Y_{41}	38 918.89	13 757.96	39 330.75	22 216.91	10 476.23	23 516.85	1 2671.73	7 804.55	9 967.45	8 242.27	15 802.68
	Y_{42}	33 190.00	24 629.00	36 509.00	28 489.00	22 060.00	27 195.00	25 520.00	23 707.00	23 725.00	23 947.00	23 276.00
	Y_{43}	14 391.00	12 943.00	13 909.00	15 688.00	12 014.00	12 576.00	12 285.00	12 063.00	11 767.00	10 258.00	9 675.00
	Y_{44}	44 199.00	38 617.00	58 000.00	28 196.00	32 346.00	68 434.00	53 392.00	50 676.00	46 910.00	50 592.00	47 673.00
Y_5	Y_{51}	33.60	38.29	45.51	20.98	24.93	33.92	33.10	30.79	33.22	38.76	36.34
	Y_{52}	13.51	10.70	25.09	14.19	7.02	21.65	12.87	10.51	11.04	18.86	10.32
	Y_{53}	65.66	47.58	78.33	88.92	32.03	91.10	93.26	79.51	78.21	66.68	92.42

2017 年指标原始数据

要素层	指标层	哈尔滨市	齐齐哈尔市	大庆市	牡丹江市	绥化市	长春市	吉林市	四平市	辽源市	松原市	延边朝鲜族自治州
Y_1	Y_{11}	6 257.18	1 333.84	2 680.52	1 344.73	1 336.84	6 495.02	2 208.85	939.83	668.65	1 372.51	706.33
	Y_{12}	57 193.00	26 223.00	97 677.00	49 214.00	24 965.00	86 465.00	52 729.00	29 187.00	55 912.00	49 602.00	33 462.00
	Y_{13}	3 854.53	1 379.17	5 589.39	286.18	1 062.82	6 009.74	2 524.85	1 767.71	1 555.25	1 737.94	3 307.56
	Y_{14}	0.059	0.055	0.058	0.005	0.042	0.069	0.047	0.060	0.027	0.035	0.098
Y_2	Y_{21}	0.91	0.74	0.21	0.82	0.57	0.80	0.91	0.94	0.96	1.03	1.03
	Y_{22}	0.29	0.28	0.55	0.36	0.27	0.43	0.37	0.32	0.50	0.33	0.32
	Y_{23}	0.61	0.49	0.38	0.51	0.38	0.42	0.56	0.47	0.41	0.55	0.58
Y_3	Y_{31}	0.034	0.008	0.202	0.111	0.012	0.141	0.028	0.020	0.025	0.008	0.506
	Y_{32}	935.42	107.65	2 830.73	2 807.43	183.54	2 015.50	1 815.13	2 030.85	4 073.46	2 640.81	4 712.33
Y_4	Y_{41}	42 354.30	15 267.54	41 745.82	24 715.71	11 756.09	25 546.65	13 063.92	8 133.27	10 379.82	8 366.80	16 420.01
	Y_{42}	35 546.00	26 304.00	38 736.00	30 569.00	23 450.00	29 044.00	27 179.00	25 295.00	25 267.00	25 480.00	24 766.00
	Y_{43}	15 557.00	13 965.00	14 757.00	16 896.00	12 831.00	13 431.00	13 096.00	12 871.00	12 555.00	10 976.00	10 401.00
	Y_{44}	51 035.00	51 970.00	67 728.00	595 83.00	41 712.00	73 469.00	59 923.00	56 235.00	50 474.00	55 434.00	51 243.00
Y_5	Y_{51}	33.74	38.29	43.35	27.08	25.32	36.41	33.14	31.30	33.23	38.76	36.54
	Y_{52}	13.35	10.91	26.40	15.83	7.02	17.74	13.02	10.30	9.26	18.87	10.98
	Y_{53}	70.90	52.51	81.27	90.47	32.97	66.33	75.03	55.64	59.53	48.75	77.59

2018 年指标原始数据

要素层	指标层	哈尔滨市	齐齐哈尔市	大庆市	牡丹江市	绥化市	长春市	吉林市	四平市	辽源市	松原市	延边朝鲜族自治州
Y_1	Y_{11}	6 300.48	1 340.16	2 801.16	1 302.71	1 359.59	7 175.71	2 210.24	944.32	621.60	1 373.60	709.50
	Y_{12}	66 094.00	26 545.00	102 639.00	48 201.00	25 841.00	9 5663.00	53 331.00	29 556.00	52 861.00	49 912.00	33 883.00
	Y_{13}	4 039.42	1 413.98	5 475.70	2 356.00	1 162.26	6 362.58	2 521.66	1 340.99	1 521.37	1 638.71	2 844.19
	Y_{14}	0.061	0.056	0.054	0.046	0.045	0.067	0.047	0.045	0.029	0.033	0.084
Y_2	Y_{21}	0.91	0.74	0.21	0.85	0.56	0.77	0.96	0.61	1.06	1.08	1.02
	Y_{22}	0.27	0.26	0.54	0.34	0.26	0.49	0.35	0.28	0.49	0.28	0.29
	Y_{23}	0.65	0.51	0.39	0.53	0.39	0.47	0.59	0.50	0.46	0.59	0.64
Y_3	Y_{31}	0.21	0.13	2.26	1.87	0.17	0.95	0.23	0.04	0.17	0.06	0.53
	Y_{32}	7 239.39	669.31	220 348.80	77 896.89	2 921.06	3 527.19	5 779.26	4 773.80	17 443.37	6 263.89	6 923.86
Y_4	Y_{41}	43 351.87	19 407.65	45 006.23	27 261.77	12 609.14	26 493.50	13 068.29	8 177.46	10 451.21	8 302.55	16 870.99
	Y_{42}	37 828.00	28 051.00	41 091.00	32 504.00	25 023.00	31 164.00	28 538.00	26 509.00	26 328.00	26 703.00	26 316.00
	Y_{43}	16 934.00	15 283.00	15 978.00	18 458.00	14 002.00	14 237.00	13 895.00	13 643.00	13 346.00	11 678.00	11 129.00
	Y_{44}	51 035.00	61 234.00	67 728.00	59 583.00	41 712.00	80 425.00	66 592.00	61 008.00	57 948.00	63 227.00	64 037.00
Y_5	Y_{51}	35.37	38.29	43.68	27.60	25.99	41.58	38.50	36.59	37.27	36.50	37.56
	Y_{52}	15.74	11.22	25.79	11.64	6.87	16.38	13.05	11.85	8.93	13.97	13.02
	Y_{53}	72.22	53.70	80.99	90.12	33.60	75.27	80.06	59.49	64.36	59.67	80.06

2019 年指标原始数据

要素层	指标层	哈尔滨市	齐齐哈尔市	大庆市	牡丹江市	绥化市	长春市	吉林市	四平市	辽源市	松原市	延边朝鲜族自治州
Y_1	Y_{11}	5 249.40	981.60	2 301.80	718.50	987.50	5 904.14	1 416.56	796.17	410.38	729.78	723.37
	Y_{12}	55 175.00	22 667.00	94 289.00	32 811.00	21 045.00	78 456.00	34 335.00	24 979.00	35 108.00	26 559.00	34 789.00
	Y_{13}	3 898.88	1 381.55	5 981.65	2 347.78	1 243.81	5 571.99	2 378.18	1 595.32	1 498.02	1 743.93	2 804.55
	Y_{14}	0.07	0.07	0.07	0.08	0.07	0.07	0.07	0.06	0.04	0.07	0.08
Y_2	Y_{21}	1.09	1.02	0.25	1.55	0.78	0.76	0.76	0.80	1.63	2.19	1.08
	Y_{22}	0.21	0.25	0.50	0.25	0.13	0.42	0.36	0.21	0.29	0.20	0.34
	Y_{23}	0.68	0.56	0.43	0.65	0.47	0.52	0.52	0.50	0.61	0.54	0.58
Y_3	Y_{31}	0.31	0.28	2.92	3.08	0.27	1.09	0.30	0.04	0.29	0.11	4.97
	Y_{32}	7 947.33	3 683.16	9 832.28	21 280.56	1 440.31	4 971.99	7 334.22	8 574.20	24 642.83	11 682.03	14 714.33
Y_4	Y_{41}	45 791.08	20 883.99	47 900.87	29 412.18	13 806.79	27 411.25	13 544.37	8 459.99	10 755.90	8 600.25	17 548.26
	Y_{42}	40 007.00	30 031.00	43 298.00	34 422.00	26 760.00	33 377.00	30 140.00	28 290.00	28 224.00	28 423.00	28 158.00
	Y_{43}	18 238.00	16 689.00	17 368.00	20 045.00	15 262.00	15 455.00	14 883.00	14 803.00	14 467.00	12 802.00	12 520.00
	Y_{44}	56 386.00	61 660.00	85 088.00	50 443.00	73 383.00	88 082.00	69 766.00	64 320.00	63 708.00	71 455.00	69 142.00
Y_5	Y_{51}	35.70	37.70	43.80	27.90	27.20	35.70	38.55	33.65	33.29	32.29	35.42
	Y_{52}	15.90	11.50	25.70	15.90	7.00	16.52	13.07	12.12	10.47	15.00	12.99
	Y_{53}	74.21	57.39	81.88	92.54	34.30	101.11	106.95	88.26	88.27	82.15	98.48

参考文献

[1]孔德明.牡丹江市土地综合承载力评价研究[D].哈尔滨:东北农业大学,2018.

[2]封志明,李鹏.承载力概念的源起与发展:基于资源环境视角的讨论[J].自然资源学报,2018,33(9):1475-1489.

[3]韩燕.承载力理论文献述评[J].经济研究导刊,2013(32):12-13.

[4]王书华,曹静.土地综合承载力评判指标体系的构建及应用[J].河北师范大学学报:自然科学版,2001,25(1):132-136.

[5]许联芳,谭勇,长株潭城市群"两型社会"试验区土地承载力评价[J].经济地理,2009,29(1):69-73.

[6]周哲,高淑桃.雅安市土地资源承载力分析及评价[J].农村经济与科技,2011,22(6):25-28.

[7]郝庆,邓玲,封志明.国土空间规划中的承载力反思:概念、理论与实践[J].自然资源学报,2019,34(10):2073-2086.

[8]黄贤金,周艳.环境承载力研究方法综述[J].环境管理,2018,10(6):36-42,54.

[9]高爽,董雅文,张磊,等.基于资源环境承载力的国家级新区空间开发管控研究[J].生态学报,2019,39(24):9304-9313.

[10]黄志启,郭慧慧.基于熵权 TOPSIS 模型的郑州市资源环境承载力综合评价[J].生态经济,2019,35(2):118-122,127.

[11]MALTHUS T R. Essay on the principle of population[M]. Harmondsworth: Penguin Books,1826.

[12]PARK R E,BURGESS E W. Introduction to the science of sociology[M]. Chicago:University of Chicago,1921.

[13]WILLIAM V. Road to survival[J]. Soil Science,1948,67(1):176.

[14]ALLAN W. Studies in African land usage in Northern Rhodesia[M]. London: Oxford University,1949.

[15]倪超,雷国平.资源枯竭型城市土地综合承载力评价研究[J].水土保持研究,2011,18(2):164-168.

[16]薛英岚,吴昊,吴舜泽,等. 基于环境承载力的适度人口规模研究——以北海市为例[J]. 环境保护科学,2016(1):45 - 48.

[17]曹海霞. 山西省土地资源人口承载力动态研究[J]. 中国农业资源与区划,2008,29(2):21 - 24.

[18]黄媛玉,周兴. 广西壮族自治区土地综合承载力空间差异研究[J]. 现代农业科技,2017(1):178 - 182.

[19]岳晓燕,宋伶英. 土地资源承载力研究方法的回顾与展望[J]. 水土保持研究,2008,15(1):254 - 257.

[20]庞博,李颜颜,张鹏岩,等. 多尺度、多视角下的中原经济区土地资源承载力时空变化分析[J]. 河南大学学报(自然科学版),2017,47(6):661 - 680.

[21]朱小娟,刘普幸,赵敏丽,等. 甘肃省土地资源承载力格局的时空演变分析[J]. 土壤,2013,45(2):346 - 354.

[22]赵伟,姜长军,李贻学. 杭州市土地资源综合承载力评价及耦合协调性研究[J]. 湖北民族学院学报(自然科学版),2019,37(3):345 - 351.

[23]李强,刘剑锋,李晓波,等. 京津冀土地承载力空间分异特征及协同提升机制研究[J]. 地理与地理信息科学,2016(1):105 - 111.

[24]LOPEZ - BAZO E, VAYA E, MORA A J, et al. Regional economic dynamics and convergence in the European Union[J]. The Annals of Regional Science, 1990,11(23):67 - 70.

[25]GALLO J, ERTUR C. Exploratory spatial data analysis of the distribution of regional per capita GDP in Europe,1980 - 1995[J]. Papers of Regional Science,2003,45(5):35 - 39.

[26]LEGALLO J. Space - time analysis of GDP disparities among European regions:A Markov chains approach[J]. International Regional Science Review, 2004,41(3):73 - 77.

[27]ERTUR C,WILFRIED K. Regional disparities in the European Union and the enlargement process:an exploratory spatial data analysis,1995 - 2000[J]. The Annals of Regional Science, 2006,33(9):23 - 25.

[28]SERGIORE Y,XINYUE Y A. Framework for exploratory space - time analysis of economic data[J]. The Annals of Regional Science,2013,50(1):315 - 339.

[29]WENZE Y, YUNTANG Z. Dynamics of multi - scale intra - provincial regional inequality in Zhejiang, China[J]. Sustainability,2014(9):5763 - 5784.

[30]李芹芳,钱文君,陈玮,等.陕西省区域经济发展水平差异评价分析[J].干旱区地理,2010,54(11):16-27.
[31]陈璐.河南省区域经济发展水平评价分析[J].地域研究与开发,2015,34(4): 18-22.
[32]李彦.吉林省经济发展水平差异分析[D].长春:吉林大学,2017.
[33]杨开忠.中国区域经济差异变动研究[J].经济研究,1994,34(12):28-33.
[34]覃成林.中国区域经济差异变化的空间特征及其政策含义研究[J].地域研究与开发,1998,17(2):36-39.
[35]刘长平.基于省际面板数据的区域经济差异多指标测度[J].统计与决策,2012,14(2):55-62.
[36]陈利,朱喜钢,李小虎.云南省区域经济差异时空演变特征[J].经济地理,2014,29(5):44-49.
[37]郑建,倪建华,杨再贵,等.2005—2014 年安徽省区域经济时空差异特征分析[J].地域研究与开发,2016,30(8):39-42.
[38]曹芳东,黄震方,吴江,等.1990 年以来江苏省区域经济差异时空格局演化及其成因分析[J].经济地理,2011,31(6):895-902.
[39]赵明华.近 10 年来山东省区域经济发展差异时空演变及驱动力分析[J].经济地理,2013,41(9):85-90.
[40]胡囡,张守忠,赵岩.哈尔滨市城市化与生态环境协调发展定量评价[J].山西建筑,2015,41(3):197-198.
[41]张明斗,肖航.城市化质量与城市经济发展水平的耦合协调分析[J].大连理工大学学报(社会科学版),2020,41(1):37-46.
[42]范晓莉.基于 VAR 模型的能源消费、经济发展与城市化质量关系分析——以天津市为例[J].生态经济,2015,31(8):67-73.
[43]靖学青.中国城市化质量的空间差异性及其经济协调性——基于 30 个省会城市的实证[J].宁夏社会科学,2016(6):89-94.
[44]张士杰.城镇化驱动经济发展的作用机制与动力学特征——基于中部六省的实证研究[J].经济问题探索,2016(2):115-121.
[45]谢炳庚,陈永林,李晓青.耦合协调模型在“美丽中国”建设评价中的运用[J].经济地理,2016,36(7):38-44.
[46]胡囡,王蕾,刘辉,等.伊春市承接产业转移现状评价与重点选择研究[J].经济研究导刊, 2015(20):67-69.
[47]郭志伟.北京市土地资源承载力综合评价研究[J].城市发展研究,2008

(5):24－30.
[48]陈珏,雷国平,王元辉.黑龙江省土地综合承载力空间差异研究[J].中国人口·资源与环境,2011,21(S1):267－270.
[49]霍玉盛.黑龙江省土地综合承载力评价研究[D].哈尔滨:东北农业大学,2018.
[50]王翠华,冉瑞平,魏晋.区域土地综合承载力空间差异评价研究——以四川省为例[J].国土与自然资源研究,2010(2):30－31.
[51]封志明.土地承载力研究的过去、现在与未来[J].中国土地科学,1994(3):1－9.
[52]黄万常,周兴.土地承载力研究的理论与方法综述[J].江西农业学报,2008(10):100－103,107.
[53]张凌风,包广静,杜婉莹.土地综合承载力研究[J].安徽农学通报,2020,26(14):111－116.
[54]明星,姚建,程欢,等.我国工业 SO_2 排放趋势及影响因素分析[J].四川环境,2016,35(3):77－82.
[55]孟旭光,吕宾,安翠娟.应重视和加强土地承载力评价研究[J].中国国土资源经济,2006(2):38－40,48.
[56]张炳辉,杨东亮.新一轮东北振兴视角下的哈长城市群产业协同发展研究[J].学习与探索,2016(7):118－122.
[57]林毅夫,蔡昉,李周.中国的奇迹:发展战略与经济改革[M].北京:人民出版社,1994.
[58]牛向前.江西省城市经济差异时空演变研究[D].南昌:江西师范大学,2015.
[59]李新刚,王双进,孙钰.土地承载力与经济发展的动态效应和耦合协调——基于京津冀城市群的实证研究[J].经济理论与经济管理,2018(12):98－109.
[60]方创琳,宋吉涛,蔺雪芹,等.中国城市群可持续发展理论与实践[M].北京:科学出版社,2010.
[61]王志楠.我国城市群空间格局演化与经济发展差异性研究[D].太原:山西财经大学,2018.
[62]许学强,周一星,宁越敏.城市地理学[M].北京:高等教育出版社,2002.
[63]周一星.城市地理学[M].北京:商务印书馆,2003.
[64]马勇,童昀.长江中游城市群区域经济差异的时空演变及影响因子分析[J].统计与决策,2016(21):134－137.

[65]李甜. 长株潭城市群区域经济差异研究[D]. 济南:山东大学,2010.
[66]曾鹏,罗艳,于渤. 我国十大城市群经济一体化程度非均衡差异研究[J]. 科技进步与对策,2012,29(24):62-66.
[67]魏后凯. 现代区域经济学[M]. 修订版. 北京:经济管理出版社,2011.
[68]孙海鸣,张学良. 区域经济学[M]. 上海:上海人民出版社,2011.
[69]覃成林. 中国区域经济差异研究[M]. 北京:中国经济出版社,1997.
[70]赵宏波. 吉林省中部地区经济差异与协调发展研究[D]. 哈尔滨:中国科学院研究生院(东北地理与农业生态研究所),2014.
[71]罗湖平. 湖南省城市体系的结构演变及结构特征研究[D]. 长沙:湖南大学,2006.
[72]王娜. 1990 年以来东北区地级以上城市的经济发展分异研究[D]. 长春:东北师范大学,2006.
[73]梁涵. 整合地方政府竞争的新经济地理模型研究[D]. 北京:北京大学,2010.
[74]吴桂珍. 中国区域经济发展水平与差距的实证研究[D]. 长春:吉林大学,2006.
[75]许召元. 区域间劳动力迁移对经济增长和地区差距的影响[D]. 北京:北京大学, 2007.
[76]唐庆祥. 东北地区城市群协调发展问题研究[D]. 长春:吉林大学,2017.
[77]谭建华. 四川省城市体系结构特征及优化研究[D]. 重庆:西南大学,2011.
[78]周玉翠,齐清文,冯灿飞. 近 10 年中国省际经济差异动态变化特征[J]. 地理研究,2002,21(6):781-790.
[79]梁涵,姜玲,杨开忠. 整合地方政府竞争的新经济地理模型[J]. 系统工程理论与实践,2011(1):64-74.
[80]宁越敏,严重敏. 我国中心城市的不平衡发展及空间扩散的研究[J]. 地理学报,1993,4(2):97-104.
[81]卢学法,申绘芳. 杭州城市首位度的现状及对策研究[J]. 统计科学与实践, 2008(6):32-34.
[82]孙平军,丁四保. 人口—经济—空间视角的东北城市化空间分异研究[J]. 经济地理,2011,31(7):1094-1100.
[83]潘竟虎. 中国地级及以上城市城乡收入差距时空分异格局[J]. 经济地理,2014,34(6):60-67.
[84]管卫华,林振山,顾朝林. 中国区域经济发展差异及其原因的多尺度分析

[J]. 经济研究,2006(7):117 - 125.
[85]陆大道. 关于“点—轴”空间结构系统的形成机理分析[J]. 地理科学,2002, 22(1):1 - 6.
[86]杨东亮. 吉林省区域经济格局特征识别及其演变过程研究[J]. 吉林大学社会科学学报,2016(2):62 - 71.
[87]杨开忠. 中国区域经济差异变动研究[J]. 经济研究,1994(12):28 - 33.
[88]魏后凯. 中国地区经济增长及其收敛性[J]. 中国工业经济,1997(3):31 - 37.
[89]冯长春,曾赞荣,崔娜娜. 2000 年以来中国区域经济差异的时空演变[J]. 地理研究,2015,34(2):234 - 246.
[90]林毅夫,蔡昉,李周. 中国经济转型时期的地区差距分析[J]. 经济研究,1998(6):3 - 10.
[91]关兴良,方创琳,罗奎. 基于空间场能的中国区域经济发展差异评价[J]. 地理科学,2012,32(9):1055 - 1065.
[92]郭金龙,王宏伟. 中国区域间资本流动与区域经济差距研究[J]. 管理世界, 2003(7):45 - 58.
[93]王小鲁,樊纲. 中国地区差距的变动趋势和影响因素[J]. 经济研究, 2004(1):33 - 44.
[94]彭宝玉,覃成林. 河南县域经济实力评价及空间差异分析[J]. 地域研究与开发,2007,26(1):45 - 49.
[95]孙豪,毛中根,桂河清. 中国经济增长模式演进及区域差异[J]. 经济问题探索, 2017(6):30 - 38.
[96]王晓玲,陈浩,方杏村. 东北老工业基地人口变动、人口红利与经济增长——基于面板数据的实证分析[J]. 哈尔滨商业大学学报(社会科学版),2017(3):118 - 128.
[97]邓慧慧. 基于广义熵指数对十大城市群经济发展差异的分析[J]. 城市发展研究,2012,19(4):55 - 59.
[98]李汝资,王文刚,宋玉祥. 东北地区经济差异演变与空间格局[J]. 地域研究与开发,2013,32(4):28 - 32.
[99]刘虹,薛东前,马蓓蓓. 基于 ESDA 分析的关中城市群县域经济空间分异研究[J]. 干旱区资源与环境,2012,26(4):55 - 60.
[100]马勇,童昀. 长江中游城市群区域经济差异的时空演变及影响因子分析[J]. 统计与决策,2016(21):134 - 137.
[101]彭文斌,刘友金. 我国东中西三大区域经济差距的时空演变特征[J]. 经

济地理,2010,30(4):574-578.
[102]赵东霞,韩增林,赵彪.东北地区城市经济联系的空间格局及其演化[J].地理科学,2016,36(6):846-854.
[103]李琼,陈婷.我国社会保障水平区域差异及协调发展的路径选择——基于主成分分析的实证研究[J].河南师范大学学报(哲学社会科学版),2017,44(3):56-62.
[104]鲁志国,汪行东.城市规模与经济密度对城市经济效率的影响[J].城市问题, 2017(2):52-60.
[105]唐明琴.地区经济差异的动态演化及形成机理研究——基于广东省1994—2008年地区面板数据[J].学术研究,2010(8):57-64.
[106]胡囡,齐艳红,刘辉.2000年以来黑龙江省森工城市经济发展差异研究[J].经济师,2011(2):223-224.
[107]黎小龙.成渝城市群经济发展时间差异及其深化机制初探[D].杭州:浙江大学,2020.
[108]王旭,续静宣,刘洁.城市化水平、生态效率与经济发展协调性测度研究——以哈长城市群为例[J].价格理论与实践,2020(6):84-87,180.
[109]董洪梅.大庆市与哈长城市群主要城市产业发展比较分析[J].中国高新区,2018(9):2.
[110]张倩男.东北地区城市经济发展差异及影响因素研究[D].长春:吉林大学,2018.
[111]董大朋,赵桂燕,杨学丽.哈长城市群产业分工格局及功能定位研究[J].经济界,2020(4):45-50.
[112]詹军,韩飞.哈长城市群城市规模分布与演变特征研究[J].牡丹江师范学院学报(社会科学版),2019(4):47-53.
[113]李寒竹,张平宇,金石柱.哈长城市群高质量城镇化水平测度及时空变化分析[J].延边大学农学学报,2020,42(4):82-91.
[114]于光妍,于飞.哈长城市群经济一体化发展瓶颈研究[J].经济研究导刊,2020(21):32-33.
[115]胡囡.黑龙江省乡村城市化问题分析[J].经济研究导刊,2010(13):111-112.
[116]李彦.吉林省经济发展水平差异分析[D].长春:吉林大学,2017.
[117]李新刚,王双进,孙钰.土地承载力与经济发展的动态效应和耦合协调——基于京津冀城市群的实证研究[J].经济理论与经济管理,2018(12):98-109.

[118]李新刚,王双进.土地综合承载力与区域经济发展的互动关系——基于天津市的实证研究[J].经济师,2019(9):8-9.

[119]王志楠.我国城市群空间格局演化与经济发展差异性研究[D].太原:山西财经大学,2018.

[120]董大朋,孙建华.新时代哈长城市群产业结构优化研究[J].大庆社会科学,2021(5):97-100.

[121]胡囡,张守忠,王蕾,等.应用型本科人文城乡规划专业人才培养体系构建[J].经济研究导刊,2016(2):88-89.

[122]李甜.长株潭城市群区域经济差异研究[D].济南:山东大学,2010.

[123]褚敏,踪家峰.政府干预、金融深化与经济结构转型——基于"新东北现象"的考察[J].中国软科学,2018(1):63-76.

[124]王青,金春.中国城市群经济发展水平不平衡的定量测度[J].数量经济技术经济研究,2018,35(11):77-94.

墨香财经学术文库

非参数方法在商业银行研究中的实证应用

Empirical Research on the Commercial Banks Based on Nonparametric Methods

赵世荣 著

东北财经大学出版社
Dongbei University of Finance & Economics Press
大连

图书在版编目（CIP）数据

非参数方法在商业银行研究中的实证应用 / 赵世荣著. —大连：东北财经大学出版社，2024.2
（墨香财经学术文库）
ISBN 978-7-5654-5073-0

Ⅰ.非… Ⅱ.赵… Ⅲ.商业银行-经济效率-研究-中国 Ⅳ.F832.33

中国国家版本馆CIP数据核字（2024）第255857号

东北财经大学出版社出版发行
大连市黑石礁尖山街217号 邮政编码 116025
网 址：http://www.dufep.cn
读者信箱：dufep @ dufe.edu.cn
大连永盛印业有限公司印刷

幅面尺寸：170mm×240mm 字数：137千字 印张：9.25 插页：1
2024年2月第1版 2024年2月第1次印刷
责任编辑：时 博 责任校对：一 心
封面设计：原 皓 版式设计：原 皓
定价：49.00元

教学支持 售后服务 联系电话：（0411）84710309

如有印装质量问题，请联系营销部：（0411）84710711

本书由东北财经大学学术专著出版资助项目“非参数方法在商业银行研究中的实证应用”（项目批准号：2023zy15）和辽宁省教育厅基本科研项目“非参数效率估计法的中心极限定理：有限样本条件下的表现不佳问题以及解决方案研究”（项目编号：LJKMZ20221602）资助出版

前言

党的二十大报告指出："加强和完善现代金融监管，强化金融稳定保障体系，依法将各类金融活动全部纳入监管，守住不发生系统性风险底线。"银行业作为现代金融领域的核心，其稳定性对整个金融系统的稳定性至关重要。在当前金融机构的相关研究中，相比于证券公司和保险公司，银行显然更受经济学家和相关政策制定者的关注。这里面的原因有多方面，比如银行业的总资产比重最高，货币政策的实施依赖于银行，最重要的微观经济主体（企业）的融资也主要依赖于银行。目前大量的文献聚焦于银行的风险承担、盈利性、公司治理、规模经济、范围经济等。此外，党的二十大报告也指出："加快建设现代化经济体系，着力提高全要素生产率。"如何识别并淘汰低效率企业是结构政策不得不考虑的因素，这亦跟我国经济的高质量发展密切相关。为了完成这些目标，我们首先需要科学的统计、计量等工具来有效地衡量各行各业的全要素生产率，并能够对其变化做出科学的统计推断。此外，还需要能够使用科学的计量工具来评判某些特定行业政策对企业全要素生产率所产生的影响，进而为政策制定者提供科学的依据来制定相应的行业发展政策，从而进一步提高各行各业的全要素生产率，实现我国现代化经济体系的加快建设。

银行业作为现代金融领域的核心，其技术效率以及全要素生产率备受学术界关注，因为这跟我国实体经济的高质量发展密切相关。党的二十大报告也强调："高质量发展是全面建设社会主义现代化国家的首要任务。"因此，银行的技术效率和全要素生产率就成为影响我国能否实现经济高质量发展的关键因素之一。如果银行业技术效率比较低，就意味着在同样的投入下（比如存款），其产出（比如贷款）比其在最理想的情况（即银行具有完全的技术效率，没有任何浪费）下少，因此，相较于最理想情况，实体企业从银行获得的贷款就比较少，而优质贷款的缺乏可能会制约实体企业的高质量发展。从这个角度来考虑，探究银行业的技术效率和全要素生产率就具有显著的学术价值及重要的政策意义。本书采用非参数的方法聚焦于银行业的技术效率和全要素生产率，同时也对银行权益的影子价格、规模经济和范围经济进行了一定的探索研究。相较于现有的文献，本书在理论和实际应用上都有一定的突破，具有重要的理论意义和现实意义。

近年来，大量的研究发现，传统的参数方法（parametric methods），比如生产、成本、收入和利润函数的超越对数设定（translog specifications）或者柯布-道格拉斯生产函数一般形式等，已经不再适用于银行业，因为银行业的取对数后的总资产仍然是右偏的，也就是说，银行业中存在着很多规模很大的银行，单纯地使用参数方法已经无法有效地刻画银行实际的生产、成本、收入和利润函数。当前，非参数方法（nonparametric methods）在银行业的使用越来越广泛，因为其并没有为银行的生产、成本、收入和利润函数等设定特定的形式（比如线性的或者超越对数的形式），而是让实证研究中所获得的数据来告知研究者相关函数的具体表现形式。因此，相较于传统的参数方法，非参数方法具有更大的灵活性，更能够描绘出银行的实际运作方式。当然，非参数方法也有一定的局限性，比如单调性（单调递增或者递减）是没法满足的；非参数方法还有"维数灾难"问题，即非参数方法随着模型中加入的变量个数的增加，相关参数的估计误差会越来越大。此外，在实践中，应用非参数方法比参数方法要更加复杂，因为这需要更加复杂的数学、统计、计量等工具，因此，许多实证研究者并没有很好地掌握这一更加灵活可靠也更加复杂的方法。

本书通过深入地探究银行业（包括中国、美国和欧洲银行业）的几个重要研究问题，来展示非参数方法在商业银行的实证应用，特别是聚焦于银行业的技术效率、全要素生产率、影子价格、规模经济等重要的研究问题。本书采用的主要非参数方法包括非参数前沿方法（nonparametric frontier methods）和非参数、局部线性方法（nonparametric，local linear methods）。当然，除了这两个方法外，非参数方法还有很多，鉴于笔者的研究领域有限，本书主要关注这两种非参数方法在商业银行研究中的实证应用。我们将用非参数前沿方法来探究中国银行业在2008年全球金融危机之前、之中和之后的表现。此外，我们将用非参数、局部线性方法来估计美国银行业权益的影子价格，进而探究美国银行业“大而不倒”的实证证据，最后我们用非参数、局部线性方法估计欧洲银行业的成本、收入和利润的规模报酬率，以求进一步解释欧洲银行业资产规模不断增大的事实。

本书主要包括3章，各章的安排如下：

第1章研究了中国商业银行在2007—2008年全球金融危机和2008—2010年中国4万亿人民币刺激计划之前、之中和之后的表现。完全非参数前沿方法被用来估计技术效率。本书使用最新的统计理论来检验技术效率和生产力随时间变化的情况，以及检验技术随时间的变化情况。我们还检验了大银行和小银行之间以及国内银行和国外银行之间的效率和生产率的差异。我们发现了中国商业银行生产集的非凸性证据。我们的结果表明，技术效率在全球金融危机开始时有所下降，并在刺激计划颁布后（2011—2012年）再次下降。虽然在2013—2014年期间技术效率有所恢复，但中国的商业银行在2014年时的技术效率平均比2007年低。我们发现生产率在2008—2009年期间有所下降，在2013—2014年期间有所上升，但与技术效率一样，2014年的平均水平低于2007年。我们发现的令人信服的证据表明，在2007—2014年期间，大银行比小银行更有效率，而且在大多数年份其生产力也更高。最后，国内银行在2007年平均比外资银行更有效率，但外资银行在2014年比国内银行更有效率。同样，外资银行在2007年平均比国内银行的生产率高，但在2012—2014年比国内银行的生产率低。

第2章探究了美国银行业“大而不倒”的证据。我们使用了非参数、局部线性方法估计了2001—2018年美国商业银行的权益影子价格，并测试了“大而不倒”（TBTF）银行的存在性。我们发现了TBTF银行存在的证据。具体而言，我们发现权益的影子价格与每年银行的规模之间存在负相关关系，这表明大银行为股权支付的费用比小银行少。此外，在每一年，基于总资产的第4个四分位数的银行比其他3个四分位数的银行的股权影子价格为负的数量更多。数据还显示，每年前50家最大银行的股权影子价格的估计平均值小于存款的平均价格，尽管股权通常被认为是比存款风险更大的资产。最后，我们发现，在全球金融危机开始时和《多德-弗兰克华尔街改革与消费者保护法》出台后，前10家最大的银行的权益影子价格更高。这些结果意味着，这些法规有效地减少了大银行的隐性补贴，至少对前10家最大的银行来说是如此。然而，同样明显的是金融危机后的资本化过程给前10家最大的银行带来了巨大的股权融资成本。

第3章使用了非参数、局部线性方法研究了欧洲银行从2000年到2020年在成本、收入和利润方面的规模报酬率。近年来，持续增长的银行规模受到了政策制定者和研究人员的广泛关注。我们基于非参数、局部线性方法估计了2000—2020年欧洲银行在成本、收入和利润方面的规模报酬。我们发现，大多数银行在不同年份、不同欧洲国家和不同银行规模的四分位数中，都面临着成本的规模报酬的递增、收入和利润的规模报酬的递减。我们的结果表明，限制银行规模可能不会给收入和利润带来太大的负担，但可能会阻止欧洲银行利用成本的规模报酬递增。

本书的出版得到东北财经大学学术专著出版资助项目“非参数方法在商业银行研究中的实证应用”（项目批准号：2023zy15）和辽宁省教

育厅基本科研项目“非参数效率估计法的中心极限定理：有限样本条件下的表现不佳问题以及解决方案研究”（项目编号：LJKMZ20221602）的资助，在此深表谢意。

赵世荣

2023年12月

目录

1 金融危机期间我国商业银行的效率与生产力演变

1.1 引言

中国的GDP增长率在过去40年里取得了年均10%的亮眼成绩。中国目前是全球第二大经济体，并且很多专家学者预计中国将在未来几十年成为全球最大经济体。出于政治和现实原因，中国长期以来严重依赖国内投资来推动经济增长。目前中国的融资主要依赖间接融资银行在中国经济的增长和转型中发挥重要作用。

本书使用完全非参数前沿方法来检验2008年全球金融危机和2008—2010年中国4万亿经济刺激计划之前、之中和之后中国商业银行业绩的演变。我们不是像很多文献那样简单地报告描述性统计数据，而是利用最近开发的理论和统计结果进行严格的推断和假设检验。

我们首先用Wilson（2018）开发的特征系统来降低样本数据的维度，进而提高我们的估计值的准确度。然后，我们使用降维数据来测试生产集在我们的数据覆盖的每一年是否为凸性，这些测试的结果用于指导我们选择适当的技术效率估计量来用于后续的分析。然后，我们估计了中国商业银行的技术效率，并测试了平均技术效率随时间的变化。为了进一步了解这期间的变化，我们还测试了时间对中国银行面临的技术（即生产集的边界）的影响，并估计了中国银行的生产力，测试了平均生产力随时间变化的差异。每年我们测试了小银行和大银行之间以及不同类型银行之间的效率和生产力的差异。我们使用严格的统计方法进行推理和假设检验，这使我们的观点与绝大多数使用非参数方法检验银行业绩的文献有所区别。

平均而言，我们发现在2007—2014年期间，较大的银行比较小的银行效率更高、生产力更高。总体而言，我们发现在观察期末期（2014）中国银行的平均效率明显低于初期（2007）。我们还发现，中国银行业的平均生产力出现了显著下降。然而，这些效率和生产力的变化在大银行和小银行以及国内和国外银行之间并不统一。本书通过揭示中国商业银行对近期金融危机和随后的经济刺激措施的反应，为经济发展和银行业文献做出了贡献。此外本书还说明了如何使用最近的统计理论来推断中国商业银行的效率和生产力在一个特殊时期的演变。

2007年年底开始的全球金融危机对中国的出口产生了重大的负面影响。2007—2014年期间中国银行业的动荡尤为严重。为了尽量减少危机对中国经济的影响，中国中央政府于2008年11月宣布了刺激内需的计划。截至2010年年底，政府计划在农村基础设施、交通、灾后重建、卫生、教育、住房等领域投资4万亿元人民币，相当于约5 860亿美元①。国有企业是该计划的主要受益者。为了帮助中国的银行向国有企业提供贷款，中央银行降低了存款准备金率和借贷基准利率，甚至取消了商业银行的信贷限额②。在刺激计划的帮助下，中国的GDP平均每年增长了10%，而北美和欧洲国家的GDP增长正在放缓③。

① “人民币”是中华人民共和国的官方货币，而“元”是人民币交易计价单位的名称。在新闻报道中，“人民币”和“元”经常互换使用。所有美元金额均以2010年USD不变价格计算，所有人民币的金额均以2010年RMB不变价格计算。

② 例如，准备金率要求从2008年10月8日的17%降到了2010年1月18日的15.5%。

③ 2008年、2009年和2010年，中国的GDP增长率分别为9.7%、9.4%和10.6%，而同期美国的GDP增长率分别为−0.1%、−2.5%和2.6%。

Wong（2011）对刺激计划进行了详细的概述，包括其背景、决策过程、优先领域和实施。此外，有几篇论文记录了刺激计划的好处。例如，Ouyang and Peng（2015）开发了一种半参数方法来估计处理效应，并使用该方法来评估刺激计划的影响。结果表明，刺激计划对中国的GDP增长有积极影响，但只是暂时的，这意味着刺激计划的确对中国经济的复苏有所帮助。Cong et al.（2019）收集了19家商业银行的机密贷款水平数据，然后将贷款与公司级数据进行匹配，以检查刺激计划期间的信贷分配。Cong et al.（2019）发现的证据表明，刺激期间信贷供应的增加对就业和投资产生了积极而显著的影响。

刺激计划也产生了一些意想不到的后果。例如，Cong et al.（2019）发现，在信贷分配方面，刺激计划不成比例地偏袒国有企业而不是私营企业，即使在私营企业中，信贷分配也流向了生产力较低的企业。由于刺激计划主要通过政府的银行贷款提供资金，因此在刺激期后也施加了偿还贷款的压力。例如，Huang and Du（2018）发现，来自刺激计划的财政压力导致地方政府在刺激计划后持有更大的土地市场份额并且抬高土地价格，改变了地方政府的行为。Huang and Du（2018）的研究结果表明，刺激计划导致地方政府加强了对地方土地市场的控制。此外，Chen et al.（2020）发现，2012年之后影子银行活动的增加可以用刺激贷款遗留效应来解释。

中国的银行业无疑受到危机和刺激的严重影响。中国人民大学国际货币研究所报告称，截至2007年年底，中国、美国和德国银行业的总资产分别为7.48万亿美元、13.56万亿美元和11.70万亿美元。截至2016年年底，这三个国家银行业总资产分别为30.32万亿美元、15.22万亿美元和7.49万亿美元[①]。2007—2016年，中国银行业的扩张速度远远超过其他国家。2018年标准普尔全球市场情报（S&P Global Market Intelligence）报告列出了全球最大的100家银行，其中18家来自中国，11家来自美国。中国工商银行（ICBC）、中国建设银行（CCB）、中国农业银行（ABC）和中国银行（BOC），简称为“四大银行”，是以总资

① 更多的细节，请参考http：//bank.jrj.com.cn/2018/05/16152224548488.shtml。

产排名全球前四位的银行[①]。此外，2018年第16届福布斯全球2 000强榜单显示，中国和美国平分了当年全球最大上市公司的前10名，其中中国有4家大银行，美国有3家大银行。

从1978年开始，中国银行业经历了重大改革。尽管到目前为止，中国银行的运营方式比过去更像西方银行，但中国银行业仍与美国和欧洲银行业有很大差异。中国的国内银行已经获得了更多的自主权，银行可以专注于特定类型的贷款，因此有不同的商业计划[②]。鉴于银行在经济中的重要性以及中国银行业作为全球最大银行业的复杂性，仔细调查中国银行在2007—2008年全球金融危机和2008—2010年的经济刺激计划之前、之中和之后的表现非常重要。

我们并不是第一个研究中国银行的，已有大量文献研究有关中国商业银行的效率和生产力。其中，使用参数方法对中国银行进行的研究通常估计超对数函数形式。例如，Berger et al.（2009）通过指定成本和利润函数的超对数函数形式，分析了1994—2003年中国银行的成本和利润效率。他们发现效率最高的银行是国外银行，而效率最低的是四大银行。然而，中国银行规模的分布（以总资产衡量）严重向右倾斜，即使在取对数之后也是如此，因此超对数函数形式错误地指定了银行的成本和利润函数，详细的原因请参见Wheelock and Wilson（2001，2018）。

其他研究使用非参数方法，包括可自由置换壳（FDH）或数据包络分析（DEA），后者比前者使用得更多。在使用DEA估计的研究中，一些允许可变规模收益（VRS），而另一些则施加恒定的规模收益（CRS）。这种选择通常是随意的，并没有相关理论支持。据我们所知，没有任何的关于中国银行业的文献通过科学的方法检验过CRS以及VRS。此外，许多研究使用了可疑的投入和产出变量。例如，Chen et al.（2005）使用VRS-DEA估计了1993—2000年中国银行的成本、技术和配置效率。在这篇文章中，贷款、存款和非利息收入被指定为产出，

① 2018年S&P全球市场情报报告提供的2018年全球100家最大银行名单可在https://www. spglobal. com/marketintelligence/en/news-insights/latest-news-headlines/the-world-s-100-largest-banks-50964984查阅。

② 我们认为银行是利用劳动力、实物资本和从各种渠道购买的资金，向各种实体提供各种类型贷款的金融中介机构。因此，我们认为中国的银行在同样的生产环境中运作。然而，在一定程度上，银行有不同的业务计划，他们可能在生产集的不同区域运行。如下文所示，我们对中国银行运营的生产集做了最小的假设。

而利息费用、非利息费用、存款和资本价格被指定为投入。因此，它们的投入产出映射混合了成本、收入和生产函数的各个方面，背离了企业的标准微观经济学理论。他们的研究结果表明，中等规模银行的效率低于四大银行和小银行。相比之下，Yao et al.（2008）使用CRS-DEA估计了1998—2005年中国15家最大的全国性商业银行的效率。他们将利息收入和非利息收入指定为产出，将利息费用、非利息费用、不良贷款与总贷款的比率指定为投入。因此，他们的规范也与微观经济理论不一致。他们的结果表明，四大银行中的三家（建行、中行和工行）具有相对较高的技术效率。

除了其他问题，Chen et al.（2005）和Yao et al.（2008）得到的结果值得怀疑，因为他们都使用了很少的观测数据，但指定了相对较多的投入和产出变量，导致许多效率估计等于1。众所周知，FDH和DEA效率估计受到“维数诅咒”的困扰，这意味着对于给定的样本大小，估计误差随着指定的投入和产出数量的增加而（指数级）增加。这是因为对于这些估计以及大多数非参数估计来说，它们的收敛速度会随着维数(即投入和产出的数量）的增加而降低。Chen et al.（2005）规定了3个产出和4个投入，但仅使用43个观察结果；Yao et al.（2008）在15个观测值中规定了2个产出和3个投入；Wilson（2018）定义了非参数估计的有效参数样本大小。据此，我们可知，Chen et al.（2005）的VRS估计中的有效样本是$43^{\frac{4}{8}} \approx 7$，而在Yao et al.（2008）的CRS估计中的有效样本是$15^{\frac{4}{5}} \approx 9$，人们应该期望这些研究中的估计误差的阶数与在正确指定模型的参数分析中仅使用7个或9个观测值所获得的阶数相似。因此，这些研究的估计误差很大。

在使用非参数方法研究中国银行的文献中，对生产集施加凸性约束的DEA估计（VRS或CRS版本）被广泛用于估计技术效率、成本效率和利润效率。最近发表的文献包括Chen et al.（2005）、Yao et al.（2008）、Gu and Yue（2011）、Ji et al.（2012）、Dong et al.（2014）、Wang et al.（2014）、An et al.（2015）、Liu et al.（2015）、Zha et al.（2016）和Du et al.（2018）。除了生产集的凸性之外，其中一些施加了

CRS，而另一些则没有。这里列出的研究都没有测试生产集的凸性和非凸性，也没有测试CRS和VRS。凸性或CRS是否成立是一个实证检验问题。Wheelock and Wilson（2018）发现了美国银行规模报酬递增的证据，从而对美国银行生产集的凸性提出了质疑，我们也对中国的银行提出了同样的问题。正如上文所讨论的，近年来中国银行的经营方式与西方银行越来越相似，我们使用Kneip et al.（2016）开发的统计检验方法来检验中国银行生产集的凸性，并根据检验结果选择相应的估计量。

许多关于中国银行业的研究利用DEA估计了效率，然后将得到的效率估计与其他一些“环境变量”进行第二阶段的回归分析，如Du et al.（2018）。正如Simar and Wilson（2007）所讨论的，这些第二阶段回归需要一个限制性的“可分离性”条件，而这个条件可能并不成立。然而，这里列出的论文都没有测试可分离性条件是否成立。当可分离性不成立时，第一阶段效率估计基本上没有意义，因为它们无法反映任何模型特征（参见Simar and Wilson（2011）和Daraio et al.（2018）讨论的细节）。我们使用Daraio et al.（2018）的假设检验来明确检验可分离性条件是否成立，并将测试的结果用来估计技术效率。

上面列出的所有研究都报告了技术效率或平均效率的点估计，却没有任何统计推论。我们使用Kneip et al.（2015）的中心极限定理结果来推断期望效率，并测试不同银行组之间平均效率的差异。如前所述，我们使用Kneip et al.（2016）和Daraio et al.（2018）的统计理论结果来检验关于模型结构的各种假设，并确保我们采用了适当的有意义的方法估计中国银行的效率。

本书的其余部分结构如下：在第1.2节中，我们提供了中国银行业的一些背景知识；第1.3节讨论了技术效率的估计量及其性质，还讨论了用于对模型特征进行推断的各种统计结果；第1.4节描述了中国商业银行的数据，特别是投入和产出变量；第1.5节讨论检验的实证结果；第1.6节给出了今后工作的主要结论和方向；额外的结果在本章附录1.7中提供。

1.2 中国银行业背景介绍

1978年以前，中国唯一的银行是中国人民银行（PBOC），即中国中央银行。中国人民银行承担中央银行和商业银行的双重责任。中国改革开放之后，银行体系通过建立第1.1节中提到的四大银行而得到扩大，这四家银行从中国人民银行手中接管了商业银行的角色。今天，中国人民银行的唯一作用是实施货币政策。然而，在1978年之后的几年里，四大银行主要是政府的政策性贷款机构，它们没有太多的灵活性，彼此之间也几乎没有竞争①。

1986年起，中国成立了13家股份制商业银行，这些银行由国有企业、地方政府和私营部门拥有，它们为小型国有企业和中小企业（SMEs）提供服务。股份制商业银行的分支网络比四大银行的分支网络要小得多。因此，尽管中央政府允许股份制商业银行在全国范围内经营，但它们主要在其所在地区经营。1994年，中国政府成立了三家政策性贷款非商业银行，包括中国农业发展银行、中国进出口银行和国家开发银行。这三家政策性银行接管了此前仅由四大银行把持的政策性贷款业务。从20世纪90年代中期开始，政府对城市信用社进行重组整合，成立城市商业银行，其股权资本由城市企业和地方政府持有。这些银行主要向其所在城市的中小企业、集体企业和当地居民提供贷款。

1999年，四大国有商业银行的大部分不良贷款（约1.4万亿RMB）被出售给了四家新成立的资产管理公司。此时对四大国有商业银行的内部管理有很多严格的政策。在随后的几年里，它们的盈利能力和风险管理都有了明显的改善。2001年中国加入世界贸易组织后，中国银行业改革的压力更大。五年后，中国银行业向外资银行开放，中国政府承诺减少外资对银行所有权收购的限制，减少对利率的监管。

2003年，为了更好地监管中国银行业并监督相关改革和法规的实

① 例如，未经中央政府授权，它们不能设定贷款或存款利率。即使在目前，贷款和存款利率仍然不是完全由市场决定的。

施，中国银行业监督管理委员会成立[①]。与此同时，中国中央政府启动了国内银行（尤其是四大银行）的所有制改革，旨在提高国内银行的效率和竞争力。改革的目的是让这些银行成为上市、公开交易的实体。到2010年，四大银行上市的目标已经实现。中国建设银行于2005年在香港证券交易所（SEHK）上市，2007年在上海证券交易所（SSE）上市。中国工商银行和中国银行于2006年在SSE和SEHK上市，中国农业银行于2010年在这两家交易所上市。

中国的农村商业银行也是中国银行业的重要组成部分。它们的主要客户是中小企业，这些银行主要为农业部门和其他农村行业提供银行服务。从历史上看，银行贷款往往是针对城市地区，而不是农村地区，这阻碍了农村经济的发展。为了鼓励农村地区增加贷款，中央政府和中国银行业监督管理委员会提出并启动了旨在鼓励农村贷款的新激励措施，包括减税、降低对农村银行的资本要求，以及包括基础设施建设在内的补贴计划。

自2006年以来，中央政府允许所有外国银行开展以人民币计价的业务，理论上它们与国内银行同等对待。2014年，为了进一步改革银行体系，降低财务风险并提供更好的银行服务，中国银行业监督管理委员会允许3家民营企业独资的民营银行开业。截至2020年年底，已允许组建19家民营银行，目前有18家已经在营业。

1.3 模型设定和估计方法

为了建立本书所用到的相关模型，让 $X \in R_+^p$ 和 $Y \in R_+^q$ 分别表示输入量和输出量的随机向量。同样，让 $x \in R_+^p$ 和 $y \in R_+^q$ 分别表示输入量和输出量的固定非随机向量。生产集

$$\Psi := \{(x, y) | x \text{ can produce } y\} \tag{1.1}$$

由输入和输出的可行组合集构成。根据Shephard（1970）、Färe（1988）和其他人的理论，我们假设 Ψ 是闭合的，这样可以确保

① 2018年4月，中国银行业监督管理委员会与中国保险监督管理委员会合并成立中国银行保险监督管理委员会。

$$\Psi^{\partial} := \{(x, y) \mid (x, y) \in \Psi^{t}, (x, \gamma y) \notin \Psi^{t} \text{ for any } \gamma \in (1, \infty)\} \tag{1.2}$$

给出的效率边界（或技术）包含在Ψ中。此外，我们假设任何非零产出都需要使用某些输入量，即$(x, y) \notin \Psi$ if $x = 0$，$y \geqslant 0$，$y \neq 09$；我们还假设输入和输出都是强可支配的，即对于所有$(x, y) \in \Psi$，(i)$\tilde{x} \geqslant x \Rightarrow (\tilde{x}, y) \in \Psi$和(ii)$\tilde{y} \leqslant y \Rightarrow (x, \tilde{y}) \in \Psi$。这相当于关于边界$\Psi^{\partial}$的弱单调性假设。换句话说，生产边界随着输入量的增加而不会减少。Farrell（1957）的投入方向的效率衡量方法为

$$\theta(x, y|\Psi) := \inf\{\theta > 0 | (\theta x, y) \in \Psi\} \tag{1.3}$$

给出了在不减少输出量的情况下可以减少输入量的比例。类似地，Farrell（1957）的产出方向的效率的测度为

$$\lambda(x, y|\Psi) := \sup\{\lambda > 0 | (x, \lambda y) \in \Psi\} \tag{1.4}$$

给出了在不增加投入数量的情况下可以提高产出数量的比例。Färe et al.（1985）提出了一个双曲线效率度量

$$\gamma(x, y|\Psi) := \inf\{\gamma > 0 | (\gamma x, \gamma^{-1} y) \in \Psi\} \tag{1.5}$$

给出了减少输入数量同时以同样比例增加输出数量的比例。很明显，对于所有$(x, y) \in \Psi$，我们有$\theta(x, y|\Psi) \leqslant 1$，$\lambda(x, y|\Psi) \geqslant 1$，并且$\gamma(x, y|\Psi) \leqslant 1$。

迄今为止引入的模型特征都没有观测到，因此必须从数据中估计所有特征。然而，在进行估计之前，我们需要一些额外的假设来定义统计模型。我们采用Kneip et al.（2015）的假设，因为这些假设可以用来得出估计量的收敛的一致性以及相应的中心极限定理，也是我们的假设检验所依赖的理论。特别地，我们假设随机变量（X，Y）在一个包括边界Ψ^{∂}的Ψ的子集上具有有界支持的联合密度f。假设密度f沿Ψ^{∂}的这一部分严格为正，并且在Ψ内部的支撑点上连续可微。我们还需要$\theta(x, y|\Psi)$，$\lambda(x, y|\Psi)$和$\gamma(x, y|\Psi)$的一些光滑条件。关于假设的进一步讨论和准确陈述，参见Kneip et al.（2015）。对于特征的估计，有以下几种估计方法可用。设$S_n = \{(X_i, Y_i)\}_{i=1}^{n}$表示从密度f中抽取的输入输出对的随机样本，其中$X_i \in R_{+}^{p}$并且$Y_i \in R_{+}^{q}$。Deprins et al.（1984）提

出通过利用S_n中的样本观测值的FDH来估计生产集Ψ，即通过

$$\hat{\Psi}_{FDH,\ n} = \bigcup_{(X_i,\ Y_i)\in S_n}\left\{\left(x,\ y\right)\in R_+^{p+q} \mid x \geqslant X_i,\ y \leqslant Y_i\right\} \tag{1.6}$$

来估计。或者，生产集Ψ可由$\hat{\Psi}_{FDH,\ n}$的凸包估计

$$\hat{\Psi}_{VRS,\ n} = \left\{\left(x,\ y\right)\in R_+^{p+q} \mid x \geqslant X\omega,\ y \leqslant Y\omega,\ 1_n' = 1,\ \omega \in R_+^{qn}\right\} \tag{1.7}$$

来估计。其中$X=\left(X_1, \ldots, X_n\right)$和$Y=\left(Y_1, \ldots, Y_n\right)$分别表示$S_n$中输入和输出向量的$\left(p \times n\right)$矩阵和$\left(q \times n\right)$矩阵，$1_n$表示$(n \times 1)$的单位矩阵，$\omega$表示$(n \times 1)$的权重矩阵。这是由Farrell（1957）提出的并由Banker et al.（1984）推广的生产集的VRS-DEA估计。生产集Ψ必须是凸的，以便$\hat{\Psi}_{VRS,\ n}$是Ψ的一致估计量，但FDH估计量$\hat{\Psi}_{FDH,\ n}$不需要凸性假设。在式（1.7）中去掉约束$1_n'\omega = 1$，便得到了Ψ的CRS-DEA估计$\hat{\Psi}_{CRS,\ n}$。为了使$\hat{\Psi}_{CRS,\ n}$能够一致地估计Ψ，生产集必须是凸的，并且边界必须处处显示CRS。通过在式（1.3）~（1.5）中用$\hat{\Psi}_{FDH,\ n}$代替Ψ得到效率测度$\theta\left(x,\ y|\Psi\right)$，$\lambda\left(x,\ y|\Psi\right)$和$\gamma\left(x,\ y|\Psi\right)$的FDH估计量。得到的估计量很容易计算。设$D_{x,\ y}$表示$S_n$支配$\left(x,\ y\right)$中点的集合指数，即$D_{x,\ y} = \{i|\left(X_i,\ Y_i\right)\in S_n,\ X_i \leqslant x,\ Y_i \geqslant y\}$。然后通过求解

$$\hat{\theta}_{FDH}\left(x,\ y|S_n\right) = \min_{i\in D_{x,\ y}} \max_{j=1,\ \cdots,\ p}\left(\frac{X_i^j}{x^j}\right) \tag{1.8}$$

得到投入方向的FDH效率估计量。其中对于向量a，a^j表示其j个组成部分，通过求解

$$\hat{\lambda}_{FDH}\left(x,\ y|S_n\right) = \max_{i\in D_{x,\ y}} \min_{j=1,\ \cdots,\ q}\left(\frac{Y_i^j}{y^j}\right) \tag{1.9}$$

可以得到产出方向的FDH效率估计量。正如Wilson（2011）所示，通过求解

$$\hat{\gamma}_{FDH}\left(x,\ y|S_n\right) = \min_{i=1,\ \cdots,\ n}\left(\min_{\substack{j=1,\ \cdots,\ p\\ k=1,\ \cdots,\ q}}\left(\frac{X_i^j}{x^j},\ \frac{y^k}{Y_i^k}\right)\right) \tag{1.10}$$

可以得到双曲FDH估计量。$\theta\left(x,\ y|\Psi\right)$，$\lambda\left(x,\ y|\Psi\right)$和$\gamma\left(x,\ y|\Psi\right)$的VRS-DEA估计量通过在式（1.3）~（1.5）中用$\hat{\Psi}_{VRS,\ n}$代替Ψ得到。这就得到了投入和产出方向的效率估计量的线性规划公式

$$\hat{\theta}_{VRS}(x, y|S_n) = \min_{\theta, s_1, \cdots, s_n}\left\{\theta \middle| \begin{array}{l} y \leqslant \sum_{i=1}^{n} s_i Y_i, \quad \theta x \geqslant \sum_{i=1}^{n} s_i X_i, \\ \sum_{i=1}^{n} s_i = 1, \ \forall s_i \geqslant 0 \end{array}\right\} \tag{1.11}$$

和

$$\hat{\lambda}_{VRS}(x, y|S_n) = \max_{\lambda, s_1, \cdots, s_n}\left\{\theta \middle| \begin{array}{l} \lambda y \leqslant \sum_{i=1}^{n} s_i Y_i, \quad x \geqslant \sum_{i=1}^{n} s_i X_i, \\ \sum_{i=1}^{n} s_i = 1, \ \forall s_i \geqslant 0 \end{array}\right\} \tag{1.12}$$

在双曲线情况下，可以使用Wilson（2011）提供的方法对$\gamma(x, y|\Psi)$的VRS-DEA估计量$\hat{\gamma}_{VRS}(x, y|S_n)$进行数值计算。通过去掉式（1.11）～（1.12）中的约束$\sum_{i=1}^{n} s_i = 1$，得到$\hat{\theta}_{CRS}(x, y|S_n)$和$\hat{\lambda}_{CRS}(x, y|S_n)$，即得到投入和产出方向对应的CRS-DEA估计量。$\Gamma(x, y|\Psi)$的CRS-DEA估计量由$\hat{\gamma}_{CRS}(x, y|S_n) = \left[\hat{\theta}_{CRS}(x, y|S_n)\right]^{\frac{1}{2}} = \left[\hat{\lambda}_{CRS}(x, y|S_n)\right]^{-\frac{1}{2}}$给出。

到目前为止，这些估计方法的统计特性已经很完善，可以进行严格的统计推断。Park et al.（2000）和Daouia et al.（2017）推导了投入方向的FDH估计量的收敛速度和极限分布。Kneip et al.（1998）建立产出方向的VRS-DEA估计量的收敛速度，而Kneip et al.（2008）推导出其极限分布。Park et al.（2010）建立了投入方向的CRS-DEA估计量的收敛速度和极限分布。在证明通常的CLT结果（例如Lindeberg-Feller CLT）不成立（$p + q < 3$）之后，Kneip et al.（2015）推导了投入方向的FDH和VRS-DEA估计量的矩性质，并建立了平均投入方向的技术效率的中心极限定理（CLT）。Wilson（2011）证明了双曲线FDH和VRS-DEA估计量的收敛速度和极限分布，Kneip et al.（2021）给出了双曲线VRS-DEA和CRS-DEA估计量的矩的性质。在符号上做了简单的（但可能是烦琐的）改变之后，所有这些结果都可以扩展到产出方向的效率估计量。在所有情况下，在适当的常规假设条件下，这些估计量都是一致的，且收敛于速率为n^{κ}，对于FDH、VRS-DEA或CRS-DEA估计来说，

κ分别为$\kappa = 1/(p+q)$，$2/(p+q+1)$，$2/(p+q)$。此外，在适当的假设条件下，所有估计量都具有非退化的极限分布，这对于推断而言是必不可少的。此外，每个估计量的偏差都是$O(n^{-\kappa})$阶的。Kneip et al.（2008，2015）和Simar and Wilson（2020）提出的自举方法提供了关于$\theta(x, y|\Psi)$，$\lambda(x, y|\Psi)$和$\gamma(x, y|\Psi)$对于一个固定点$(x, y) \in \Psi$的一致推断，并且Kneip et al.（2015，2021）提供了CLT结果，可以用来推断这些测量值在随机变量(x, y)上的期望值[①]。

1.4 数据和变量设定

我们用于估计的样本是一个不平衡面板，包括2007年至2014年中国各银行的资产负债表和损益表数据。我们有全球金融危机前一年（2007年）的数据、危机和经济刺激计划期间3年（2008年、2009年和2010年）的数据，以及经济刺激计划后4年（2011年至2014年）的数据。我们的数据来自BankScope数据库，由Bureau Van Dijk维护。

根据国家金融监督管理总局的数据，2014年在中国运营的商业银行包括四大行、12家股份制商业银行、133家城市商业银行、665家农村商业银行和41家外资银行。2014年，这些银行的总资产为150.95万亿元。2014年，我们的样本包括四大行、12家股份制商业银行、58家城市商业银行、18家农村商业银行和32家外资银行。这些银行在2014年的总资产为108.90万亿元，占中国商业银行总资产的72%。因此，该样本很好地代表了商业银行的总体[②]。

根据Sealey and Lindley（1977）、Wheelock and Wilson（1995，1999，2001，2009，2012和2018）等人的观点，我们认为银行是金融中介机构，它利用从持有现金的储户那里借来的金融资本、劳动力和实物资本（i）向消费者、企业和其他因各种原因需要额外资金的机构单位等提供贷款，以及提供（ii）非贷款活动，包括信托活动、交易、经

① 参见Simar and Wilson（2013，2015）关于FDH和DEA估计量统计结果的调查。另见Kneip et al.（2015，2016，2021）和Simar and Wilson（2019）了解最近的结果。有关我们使用FDH和DEA估计量的技术细节和假设的讨论，请参见Kneip et al.（2015）。

② 本章附录中的表1-13至表1-14中提供了每年总体和样本的银行数量。

纪和承销活动、证券化和其他服务。按照Wheelock and Wilson（2018）等人的方法，我们设定投入p = 3包括由客户存款总额、银行存款、回购和现金抵押品、其他存款和短期借款、1年后到期的优先债务、次级借款、其他资金、长期资金总额、衍生品和交易负债组成的总资金(X_1)；按人员费用计量的劳务费(X_2)；固定资产(X_3)。第一个投入(X_1)代表着非股权来源的投资资金。由于没有观察到员工数量，我们通过人员费用来衡量劳务，同时假设工资差异至少部分反映了工人之间的才能差异。固定资产包括办公室、设备和这些类似的物品。我们设定产出q = 5包括消费贷款(Y_1)、房地产贷款(Y_2)、业务和其他贷款(Y_3)、证券(Y_4)和表外项目(Y_5)。其中表外项目(Y_5)包括反映贷款以外服务的非利息净收入。所有人民币金额均以2010年人民币不变价格计算。本书对投入产出的设定具有典型性和规范性，符合企业微观理论，反映了作为金融中介的银行的基本生产过程。

假设所有商业银行都在式子（1.1）定义的同一个生产集Ψ中运行，因此它们在八维的投入产出空间中面临着相同的生产前沿。银行可能有不同的业务计划，因此可能在生产集Ψ的不同地区和边界的不同阶段下运营。第1.3节中描述的模型是完全非参数的，因此非常灵活。第1.3节讨论的基本假设只施加了涉及自由处置性、连续性和边界的某些平滑性等的最小限制。注意，我们没有假设Ψ是凸性的，而是在下面第1.5节中测试Ψ是否是凸性的。

然而就众所周知的“维度诅咒”而言，第1.3节中指定的非参数模型的灵活性是有代价的。非参数效率估计的收敛速度随着投入和产出的增加而降低。我们考虑的每个时期的观测数量从24到124不等。Wilson（2018）定义的有效参数样本量在最坏情况下为：FDH估计是$24^{\frac{2}{8}} \approx 2$，VRS估计是$24^{\frac{2}{9}} \approx 4$，并且CRS估计是$24^{\frac{4}{8}} \approx 5$；在最好的情况下为：FDH估计是$124^{\frac{2}{8}} \approx 3$，VRS估计是$124^{\frac{4}{9}} \approx 9$，CRS估计是$124^{\frac{4}{8}} \approx 11$。当非参数估计的最大样本量为124，收敛速度为$n^{\frac{2}{8}}$时，非参数估计的估计误差不应该比一个典型的参数估计在只有11个观测值的情况下得到的估计误差更小。

为了解决这个问题，我们使用Wilson（2018）讨论的特征系统方法来降低我们模型的维数。为了避免尺度问题，我们首先将每个投入和产出变量除以其标准差。设n表示第t年的观测数量，与第1.3节类似，设**X**和**Y**分别表示特定第t年观测到的标准化投入和产出向量的（p×n）和（q×n）矩阵（为了避免符号混乱，我们省略了n、**X**和**Y**上的下标t）。对于给定的年份t，我们计算（p×p）矩量矩阵**XX′**的p个特征值，然后计算最大特征值除以特征值之和的比率，用R_x表示这个比值。类似地，我们计算（q×q）矩量矩阵**YY′**的q个特征值，并将最大的特征值除以q个特征值的和，得到比率R_y。正如Wilson（2018）所讨论的那样，无论投入和产出的联合分布如何，R_x和R_y都提供了相应矩量矩阵跟原始矩阵的接近程度。

将这些方法应用到数据中，我们获得了2007—2014年R_x和R_y的值，见本章附录中的表1-15。R_x的最小值为0.9825，R_y的最小值为0.9587。因此，为了达到估计的目的，我们使用**X**和**Y**的第一个主成分$X^* = \Lambda_{x1}\mathbf{X}$和$Y^* = \Lambda_{y1}\mathbf{Y}$，其中$\Lambda_{x1}$和$\Lambda_{y1}$分别是（1×p）和（1×q）特征向量，分别对应**XX′**和**YY′**的最大特征值。特征系统分析提供了明确的证据表明，几乎所有**X**和**Y**中的独立信息都包含在第一主成分中。换句话说，当我们最初指定p = 3投入维度和q = 5产出维度时，数据中的高度共线性意味着实际上只有两个有意义的维度用于估计。Wilson（2018）报告的大量模拟结果和伴随的诊断表明，使用投入和产出的第一个主成分，导致只有两个维度，相对于我们处理原始的八维问题，应该会大大减少估计误差。有关更多证据和讨论，请参阅Wilson（2018）。

我们认识到一些读者可能对我们使用的降维方法感到不舒服。例如，有人可能会抱怨，当我们将问题的维数降至p + q = 2时，任何关于投入之间的边际替代率或产出之间的边际转换率的信息都丢失了。但是，上面讨论的经验证据（特别是我们每年获得的R_x和R_y值靠近1）证实，由于我们的数据存在高度共线性，我们的数据几乎不包含可以识别边际替代率或转换率的信息。或者，人们可能会想，例如，一个特定的低效率银行是否可以通过减少单一投入（如劳动力）来提高其绩效，同时保持其他投入不变。但是，FDH和DEA都是估计效率的径向度量，即使没有降维，FDH和DEA效率估计都不能单独回答这些问题。相反，我们必须更仔细地观察数据。我们在本书中关注的是中国银行的总体绩效，但对于那些对具体银行感兴趣的人来说，第一个任务是尽可能准确地估计它们的效率值，而降维有助于实现这一目标。对于想要改善单个银行业绩的管理者或政策制定者来说，应该关注那些投入更少、产出更高的银行，看看可以采取哪些不同的做法。

表1-1显示了我们的变量的汇总统计。跟通常的银行数据一样，每个变量都有很大的偏度。图1-1给出了2007年、2011年和2014年我国银行总资产对数的核密度估计值。图1-1显示的估计值说明了我们的样本所涵盖期间银行规模的演变。随着时间的推移，银行规模分布向右偏移，表明中国银行业正在不断扩张。同时密度函数严重向右倾斜，反映了少数银行比大多数银行大得多的事实。这种现象在美国的银行中也存在，参见Wheelock and Wilson（2018）的讨论。本章附录中的表1-16给出了我们的样本所涵盖的五家最大银行每年的总资产。

表1-1　　投入和产出的描述性统计

Variable	Min	Q1	Median	Mean	Q3	Max
X_1	3.3581(−2)	3.5733(1)	8.3850(1)	8.6626(2)	2.7042(2)	1.6241(4)
X_2	6.9097(−4)	2.1365(−1)	5.2573(−1)	5.2625	1.5676	9.8143(1)
X_3	3.2083(−4)	1.5597(−1)	6.5094(−1)	8.1151	2.0533	1.7459(2)
Y_1	0.0000	1.3463(−1)	2.6238	4.1526(1)	1.2561(1)	8.8960(2)
Y_2	0.0000	0.0000	1.0996	7.4259(1)	1.2030(1)	1.9915(3)
Y_3	0.0000	1.4676(1)	3.4138(1)	3.6257(2)	1.0015(2)	6.9763(3)
Y_4	0.0000	5.9067	1.9969(1)	2.1703(2)	8.6069(1)	3.9304(3)
Y_5	0.0000	8.7465(−2)	3.4414(−1)	5.5837	1.3470	1.2251(2)
X^*	4.1208(−5)	2.2807(−2)	5.3529(−2)	5.7784(−1)	1.6688(−1)	1.1117(1)
Y^*	5.4228(−5)	2.2630(−2)	6.4585(−2)	7.4380(−1)	1.9115(−1)	1.4428(1)

注：所有的货币数值以2010年10亿元人民币为单位。数值采用了科学记数法，$a \times 10^b$被标记为a(b)；例如，数字3.3581×10^{-1}被标记为3.3581（−1）。

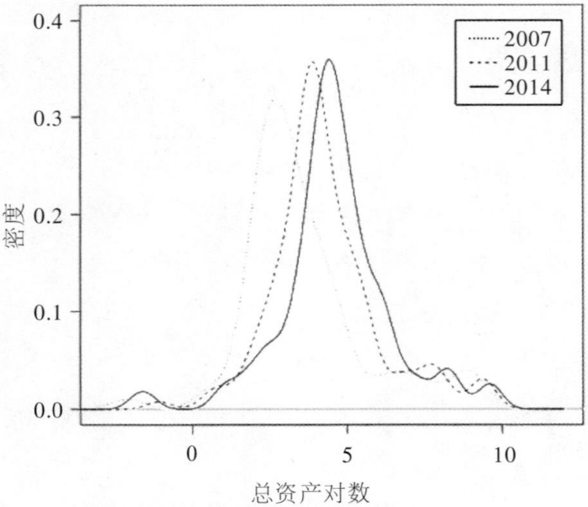

图1-1 2007年、2011年和2014年中国商业银行总资产（取对数）的密度分布曲线

注：总资产用2010年10亿元人民币衡量。

1.5 实证结果

1.5.1 降维需求的进一步证据

首先，我们将进一步确认我们的降维需求。按照上文第1.4节所讨论的那样，我们将模型的维度从八维降至二维。对于我们数据中的每一年，我们使用完整的原始八维数据计算了每个观测值的FDH、VRS-DEA和CRS-DEA双曲线效率估计值。然后，我们使用由输入和产出的第一个主成分组成的二维简化数据重新估计效率。本章附录中的表1-17中给出了每种情况下观测值的效率等于1的估计数量。对于每一年，FDH比VRS产生更多等于1的效率估计值，而VRS又比CRS产生更多等于1的效率估计值。这是意料之中的，因为CRS比VRS施加了更强的限制，而VRS施加了比FDH更强的限制。然而，当使用八维的完整数据时，FDH得出的所有观测值在任何给定年份的估算值都等于1。VRS估计值等于1的比例在61%~92%之间，CRS估计值等于1的比例在31%至54%之间。VRS或CRS中发现的所有明显的低效率仅仅是这些估计量内置的凸性和CRS假设的结果。正如Wilson（2018）所讨论的，这为证明降维的必要性提供了额外的、明确的证据。

在p = q = 1的情况下，通过使用降维数据，我们发现估计等于1的观测数量比没有降维的观测数量要少得多。此外，本章附录中的表1-17的结果显示，VRS每年产生的等于1的估计值的数量大约是FDH的1/5。这两个估计之间的唯一区别是VRS-DEA估计中包含了凸性假设，因此该结果表明生产集可能不是凸性的。接下来我们将对此进行检验。由于有支持降维的证据，我们在随后的所有实证分析中继续使用主成分X^*和Y^*，即只使用2个（而不是8个）维度。

1.5.2 检验生产集是否具有凸性

接下来我们使用降维数据来检验生产集Ψ是否为凸性的。如果Ψ不凸，那么只有FDH估计是合适的，因为当Ψ不凸时，VRS-DEA和CRS-DEA在统计上是不一致的，亦即这两个估计是无法收敛到真值的。另一方面，如果Ψ是凸的，则可以利用DEA估计，因为其有更快的收敛速度。

我们使用Kneip et al.（2016）开发的检验方法来检验生产集Ψ是凸的原假设与Ψ不凸的替代假设。检验的思想是将数据分成两个独立的子样本，然后使用FDH来计算一个子样本的效率估计值，并使用VRS-DEA计算另一个子样本的效率估计值。如果原假设成立，那么两组效率估计的均值应该相似，即两组均值之间的差异应该是“小”的；如果原假设不成立，则两组均值之间的差异应该在幅度上是“大”的。当然，我们需要推理来确定适当的临界值，即什么是“小”或“大”。正如Kneip et al.（2016）所解释的那样，将原始样本分裂为两个独立的子样本对于获得检验统计量的非退化极限分布至关重要[①]。

Kneip et al.（2016）开发的单侧检验涉及渐近正态分布的检验统计

① 或者，人们可能会试图通过他们的FDH和VRS-DEA效率估计值来考虑银行排名的差异，并使用Kendall或Spearman等级相关系数来检验原假设：生产集Ψ为凸性的。再或者，人们可能会使用Mann-Whitney检验比较FDH和VRS-DEA效率估计值。但是，众所周知，FDH和VRS-DEA效率估计量具有不同的性质，包括不同的收敛速度，特别是，虽然两者都有偏差，但从Kneip et al.（2015）的结果来看，偏差的阶数不同。因此，确定等级相关统计量或Mann-Whitney检验统计量，目前来看，还尚不能产生有效的推断。

量。虽然Kneip et al.（2016）开发的检验对原始样本的单一分割有效，但从样本的不同分割中可以获得不同的结果。为了消除这种模糊性和随机分割所带来的随机性。Simar and Wilson（2020）通过多次分割样本来扩展原始检验，并记录每一次样本分割的Kneip et al.（2016）检验统计量的值及根据检验统计量的渐近正态性获得的相应p值。如果原假设为真，那么多次分割的检验统计值的平均值应该接近于零，并且p值应该像Simar and Wilson（2020）所讨论的那样均匀分布在（0，1）区间上。然而，检验统计量（以及相应的p值）在各种分割中并不独立。Simar and Wilson（2020）给出了自举方法来处理这个问题，他们给出了不是一个而是两个检验方法，其中一个基于多个样本分割的检验统计平均值，另一个基于p值一致性的Kolmogorov-Smirnov检验（但临界值由自举方法确定）。更多讨论和技术细节请参见Kneip et al.（2016）和Simar and Wilson（2020）。

我们对数据中所代表的每一年的生产集进行了凸性检验。我们在每个方向（输入、产出和双曲线）都进行了检验[①]，在每个年份每个方向都使用了1 000个样本分割和1 000个自举复制（bootstrap），共24个检验。对于每个检验的实施，为了使FDH使用更多的观测值、DEA-VRS使用相对较少的观测值，我们不均匀地分割了给定年份的n个观测值来反映它们不同的收敛速度。也就是说，我们将某一年n个观测值的样本划分为大小为n_1和n_2的子样本，取$a^{\frac{2}{p+q+1}} = b^{\frac{1}{p+q}}$和$a + b = n$，对a和b进行数值求解，然后取$n_1 = [a]$和$n_2 = n - n_1$，其中$[a]$为最接近a的整数，参见Kneip et al.（2016）的讨论。

检验结果如表1-2所示。在48个检验结果中，有21个在0.1或更好水平拒绝凸性的原假设。凸性在2007年和2008年都没有被拒绝，但这两年分别只有24个和41个观测值。此外，拒绝原假设失败并不意味着原假设成立。总的来说，我们找到了足够的证据来拒绝凸性，从而生产集的凸性假设是值得怀疑的。如前所述，无论Ψ是否是凸的，FDH

① 自始至终，我们考虑了输入、产出和双曲线方向。Wheelock and Wilson（2008）和Wilson（2011）讨论了估计结果如何随着选择的方向不同而变化。不同方向估计值的差异源于生产前沿曲率的差异；请参阅上面引用的参考资料以了解更多。

估计都保持一致，而VRS-DEA估计只有在Ψ是凸的情况下才保持收敛的一致性。此外，Wilson（2018）的大量模拟结果表明，在处理降维数据时，FDH往往比VRS-DEA的估计误差更小。鉴于以上的这些考虑，我们在余下的分析中依赖于FDH的估计。

表1-2　　**生产集的凸性检验**

（1 000次样本分割，1 000次自主抽样法，采用降维数据）

Year	— Input —		— Output —		— Hyperbolic —	
	Statistic	p-value	Statistic	p-value	Statistic	p-value
Test #1:						
2007	−1.055	0.507	1.694	0.852	−2.034	0.113
2008	−1.027	0.627	1.117	0.761	−1.225	0.244
2009	−1.795	0.094	2.564	0.997	−4.161	0.061
2010	−2.057	0.254	2.337	0.927	−2.414	0.043
2011	−2.656	0.020	1.789	0.894	−2.337	0.049
2012	−2.393	0.003	0.417	0.403	−1.831	0.029
2013	−3.280	0.000	2.399	1.000	−2.522	0.001
2014	−3.847	0.000	3.034	1.000	−4.213	0.000
Test #2:						
2007	0.366	0.564	0.543	0.174	0.581	0.189
2008	0.360	0.618	0.434	0.195	0.386	0.309
2009	0.531	0.139	0.672	0.013	0.605	0.013
2010	0.557	0.408	0.642	0.138	0.652	0.114
2011	0.680	0.108	0.549	0.183	0.651	0.137
2012	0.651	0.018	0.284	0.307	0.546	0.077
2013	0.762	0.001	0.674	0.000	0.653	0.004
2014	0.768	0.006	0.716	0.002	0.822	0.000

注：Test #1是基于对多次样本分割的平均Kneip et al.（2016）检验统计量。Test #2是基于对多次样本分割的p值的分布均匀性的Kolmogorov-Smirnov检验。详见Simar and Wilson（2020）。

1.5.3 技术效率估计

表1-3列出了我们样本中每年的投入、产出和双曲线方向的FDH技术效率估算的汇总统计数据。为了便于与投入方向和双曲线方向的估计值进行比较，我们报告了产出方向的估计值的倒数的统计。对于每个方向，表1-3中的估计值越接近1，说明银行的技术效率就越高，它们越接近真正的生产前沿。从表1-3中可以看到，正如Wilson（2011）的讨论所预期的那样，双曲线估计平均更保守，平均效率范围从0.8594到0.9580。相比之下，投入方向的估计的均值范围为0.7810至0.8774，而产出方向的估计的均值范围为0.7517至0.9396。这些差异是由效率测量的几何形状造成的（Wilson，2011）。

在双曲线方向上，平均效率首先从2007年到2008年下降，从2008年到2009年以及从2009年到2010年略有增加，直到2013年，效率（在双曲线方向上）都在下降，在2014年再次上升。除2011年以外，投入方向的平均效率估计值的变化遵循相同的模式。除2010年和2013年以外，产出方向的平均效率估计值的变化遵循与双曲线估计值相同的模式。表1-3中从上一年到下一年的平均效率值的变化大部分都是很小的。然而，从2007年到2014年，在所考虑的三个方向上，平均效率的整体变化都很大，并且在所有三个方向上都呈下降趋势（效率越来越低）。

表1-3 FDH技术效率估计值的描述性统计

（采用降维数据，p = q = 1）

Year	Min	Q1	Median	Mean	Q3	Max
	— Input Orientation —					
2007	0.3114	1.0000	1.0000	0.8774	1.0000	1.0000
2008	0.3207	0.5972	0.9006	0.7975	1.0000	1.0000
2009	0.2908	0.6043	0.9884	0.8231	1.0000	1.0000
2010	0.3188	0.6921	0.9211	0.8314	1.0000	1.0000
2011	0.3526	0.7179	0.8689	0.8344	1.0000	1.0000
2012	0.2337	0.6643	0.8620	0.8017	1.0000	1.0000

续表

Year	Min	Q1	Median	Mean	Q3	Max
2013	0.2428	0.6112	0.8043	0.7810	1.0000	1.0000
2014	0.1947	0.6401	0.8556	0.7925	1.0000	1.0000
	— Output Orientation —					
2007	0.3083	1.0000	1.0000	0.9396	1.0000	1.0000
2008	0.2643	0.6508	0.9386	0.8127	1.0000	1.0000
2009	0.3778	0.6647	0.9842	0.8461	1.0000	1.0000
2010	0.4587	0.6936	0.8727	0.8322	1.0000	1.0000
2011	0.2181	0.6670	0.9385	0.8263	1.0000	1.0000
2012	0.1478	0.5824	0.8022	0.7517	1.0000	1.0000
2013	0.1539	0.5884	0.7838	0.7583	1.0000	1.0000
2014	0.1888	0.6435	0.8396	0.7951	1.0000	1.0000
	— Hyperbolic Orientation —					
2007	0.7310	1.0000	1.0000	0.9580	1.0000	1.0000
2008	0.4287	0.7909	0.9513	0.8842	1.0000	1.0000
2009	0.5346	0.7742	0.9884	0.9042	1.0000	1.0000
2010	0.5623	0.8631	0.9382	0.9092	1.0000	1.0000
2011	0.5068	0.8360	0.9473	0.9000	1.0000	1.0000
2012	0.4164	0.7669	0.8926	0.8726	1.0000	1.0000
2013	0.5002	0.7716	0.9008	0.8594	1.0000	1.0000
2014	0.4171	0.8154	0.9367	0.8870	1.0000	1.0000

注：本表给出了产出方向技术效率估计值的倒数，以方便与投入方向效率和双曲线方向效率的估计值进行比较。

为了进一步了解效率随时间的变化，本书采用Kneip et al.（2016，参见3.1.1）所描述的检验方法，检验从上一年到下一年的技术效率平均值之间的差异（以及从2007年到2014年）是否具有统计学上的显著性。这种检验考虑到了边界随着时间的推移而发生的变化，我们稍后会继续探讨这个问题。Kneip et al.（2015）表明，即使只有两个维度，通常的 CLT 结果（如 Lindeberg-Feller CLT）并不适用于 FDH 效率估计的均值。与凸性检验类似，Kneip et al.（2016）在其（18）式中所述的检验统计量涉及两年内效率估计样本均值的差异，以及采用广义剪切法估计的偏差的相应差异。Kneip et al.（2016）证明统计量是 N(0，1) 的渐近分布，这使得我们的假设检验成为可能。Kneip et al.（2016）定义的统计量以投入方向的技术效率估计表示，但可以简单地扩展到产出方向的估计和双曲线估计。我们计算这些统计数据时，正值表示平均效率从上一年到下一年上升，而负值则表示效率从上一年到下一年下降。

由 Kneip et al.（2016）开发的检验预先假定这是两个独立的生产者群体，并且依赖用于构建检验统计量的两个样本均值的独立性。但在我们的应用中，我们观察到一些银行处于两个时期，因此两个时期的效率估计样本均值并不是独立的。然而，可以合理地预期，任何跨时间的相关性都是正的；在某一年相对效率高的银行，在下一年可能也是相对效率高的。在某种程度上，我们的样本中的一些观察结果在时间上不是独立的，那么我们忽略任何正协方差都会使我们的检验统计量（绝对值）向下偏差，导致在原假设为真时检验可能会被低估，在原假设为假时可能对其影响较小。

检验结果见表 1-4。在双曲线和产出方向上，我们拒绝了 2007—2008 年、2011—2012 年、2013—2014 年以及 2007—2014 年整个期间平均效率没有变化的原假设。此外，我们拒绝了支持 2008—2009 年产出方向上效率提高的原假设，并拒绝了支持 2012—2013 年双曲线方向上效率降低的原假设。在投入方向上，我们拒绝了 2007—2008 年、2008—2009 年以及 2007—2014 年整体的平均效率没有变化的原假设。表 1-4 中双曲线和产出方向的结果显示，2011—2012 年的效率显著下降，2013—2014 年的效率显著上升。有趣的是，2007—2014 年的检验数据显著为负，表明在我们的样本覆盖期间，平均技术效率显著下降。在全球金融危机爆发之初的 2007—2008 年，我们发现了在所有三个方向上，平均技术效率显著下降的证据。但在投入方向上，我们发现2008—2009年的平均效率显著提高；然而在双曲线和产出方向上，2008—2009年、2009—2010年和2010—2011年的统计量都不显著。结果表明，我国经济刺激政策的及时出台避免了我国银行效率的大幅下降，尽管在后来银行效率仍出现了一些下降。

表1-4　FDH 技术效率估计值随时间变化的均值差异的检验（采用降维数据，p = q = 1）

Year	— Input —		— Output —		— Hyperbolic —	
	Statistic	p-value	Statistic	p-value	Statistic	p-value
2007—2008	-2.626	8.651（-3）	-3.625	2.889（-4）	-4.924	8.471（-7）
2008—2009	1.788	7.374（-2）	2.324	2.013（-2）	1.638	1.015（-1）
2009—2010	0.284	7.768（-1）	0.314	7.537（-1）	0.451	6.523（-1）
2010—2011	1.073	2.831（-1）	-1.366	1.719（-1）	0.235	8.146（-1）
2011—2012	-1.588	1.124（-1）	-3.613	3.030（-4）	-2.237	2.530（-2）
2012—2013	-1.426	1.540（-1）	1.373	1.696（-1）	-1.671	9.478（-2）
2013—2014	0.576	5.643（-1）	1.925	5.423（-2）	2.689	7.170（-3）
2007—2014	-2.203	2.762（-2）	-3.856	1.153（-4）	-5.100	3.400（-7）

注：正的检验统计值表明技术效率的提高，而负的检验统计值表示技术效率的下降。

1.5.4 生产力估计

某一特定生产者的技术效率是由其观测到的投入产出到生产边界Ψ^{∂}的距离来衡量的。如上所述，该距离可以在几个方向中的任一方向上测量。另外，生产力是通过总产出与总投入的比率来衡量的。在单一产出和单一投入的情况下，可以简单地将生产者的产出量除以其投入量。在多个投入和产出的情况下，投入和产出必须通过适当的加权组合成单个投入和产出。无论哪种情况，在生产边界上不同点运作的生产者，虽然其在技术效率上必然是高效的，但其生产力可能不同。生产力因此也提供了另一个衡量银行绩效的基准[①]。

回想一下，在降维后，每个银行 i 只有一个输入 X_i^* 和一个产出 Y_i^*。因此，生产力可以通过 Y_i^* 与 X_i^* 的比率来衡量。表 1-5 报告了样本中每一年生产力指标的汇总统计数据。表 1-5 中的结果表明，从 2007 年到 2011 年，平均生产力每年都在下降，然后在 2012 年上升，2013 年再次下降，最后在 2014 年再次上升。2014 年的平均生产力低于 2007 年的平均生产力。

表1-5　**生产力估计值的描述性统计**

（采用降维数据，$p = q = 1$）

Year	Min	Q1	Median	Mean	Q3	Max
2007	0.5405	1.2086	1.3338	1.5051	1.6680	3.5175
2008	0.4062	0.9910	1.3331	1.3819	1.5123	3.2022
2009	0.4874	0.7965	1.2202	1.1712	1.3827	2.5620
2010	0.4231	0.9149	1.1529	1.1430	1.3523	2.0242
2011	0.2876	0.8491	1.0907	1.0846	1.3304	1.9076
2012	0.1582	0.8160	1.1823	1.1166	1.3997	2.0876
2013	0.2472	0.7905	1.0777	1.0761	1.3430	2.2926
2014	0.2272	0.8840	1.1649	1.1444	1.4063	2.4903

由于我们的生产力度量不涉及距离函数的非参数估计，我们可以使用标准 CLT 结果来检验平均生产力随时间变化的显著性。设 X_{it}^* 和 Y_{it}^* 表示银行 i 在 t 期的降维输入和产出数量，并定义 $\rho_{it} = \frac{Y_{it}^*}{X_{it}^*}$。我们计算了 $t = 1$ 和 $t = 2$ 时期的样本均值，$\hat{\mu}_t = n_t^{-1}\sum_{i=1}^{n_t}\rho_{it}$。设 $\hat{\sigma}_t^2$ 表示在 t 期内的 ρ_{it} 的样本方差，设 $\hat{\sigma}_{12}$ 表示时期 $t = 1$ 和 $t = 2$ 观察银行 n_0 计算得到的 ρ_{it} 和 ρ_{it} 的样本协方差。其中，$n_0 \leq \min(n_1, n_2)$。对于 $t \in \{1, 2\}$，设 $E(\rho_{it}) = \mu_t$。那么，该统计量

① 更多讨论请参见 Lovell（1993）。

$$\frac{\hat{\mu}_2 - \hat{\mu}_1}{\left(\frac{\hat{\sigma}_1^2}{n_1} + \frac{\hat{\sigma}_2^2}{n_2} - 2n_0\frac{\hat{\sigma}_{12}}{n_1 n_2}\right)^{\frac{1}{2}}} \rightarrow N(0,\ 1) \tag{1.13}$$

可以用来检验原假设 H_0：$\mu_1 = \mu_2$和备择假设 H_1：$\mu_1 \neq \mu_2$。

这些检验结果见表1-6。结果表明：2008—2009年，我国银行业平均生产力显著下降；2013—2014年，我国银行业平均生产力显著上升。无论是2011—2012年的平均生产力增长，还是2007—2008年、2009—2010年、2010—2011年和2012—2013年的平均生产力下降，结果都不显著。从2007年到2014年的整个时期来看，我们发现平均生产力显著下降。回顾表1-4的结果，2007—2014年技术效率也出现了显著的下降。与2007年相比，2014年中国的银行离生产边界的平均距离更远，2014年的平均生产力也更低。这就留下了一个问题，即这段时期内生产边界或者生产前沿究竟发生了什么，我们将在接下来研究这个问题。

表1-6　　生产力估计值随时间变化的均值差异的检验

（采用降维数据，p = q = 1）

Period	n_1	n_2	Mean 1	Mean 2	Statistic	p-value
2007—2008	24	41	1.5051	1.3819	−1.0537	2.920（−1）
2008—2009	41	45	1.3819	1.1712	−3.3058	9.470（−4）
2009—2010	45	65	1.1712	1.1430	−0.5466	5.846（−1）
2010—2011	65	82	1.1430	1.0846	−1.5611	1.185（−1）
2011—2012	82	108	1.0846	1.1166	1.0443	2.964（−1）
2012—2013	108	123	1.1166	1.0761	−1.3967	1.625（−1）
2013—2014	123	124	1.0761	1.1444	2.4466	1.442（−2）
2007—2014	24	124	1.5051	1.1444	−2.8001	5.109（−3）

1.5.5　生产技术随着时间的变化

我们使用两种检验策略，试图进一步了解技术可能发生的变化。首先，我们将时间视为一个“环境”变量。考虑与 $t \in \{1,\ 2\}$挂钩的两个

周期，并让 Ψ^t 表示周期 t 中的生产集，以便将（1.1）重写为

$$\Psi^t := \{(x, y) | x \text{ can produce } y \text{ at time } t\} \tag{1.14}$$

定义 $\overline{\Psi}^{1,2} = \Psi^1 \cup \Psi^2$。那么以下两种可能性中有且只有一种可能性成立。(i) $\Psi^t = \overline{\Psi}^{1,2}$，当 t = 1，2 或（ii）$\Psi^t \subset \overline{\Psi}^{1,2}$，当 t = 1，2。在第一种情况下，由 Simar and Wilson（2007）最开始描述的并由 Simar and Wilson（2011）进一步讨论的“可分离性条件”得到满足，而在第二种情况下则不满足。在第二种情况下，时间对边界有影响，但在第一种情况下没有。如 Simar and Wilson（2007）所讨论的，可分离性条件相当于一个强有力的限制性假设，应该进行检验。我们使用 Daraio et al.（2018）和 Simar and Wilson（2020）的方法来检验原假设 H_0: $\Psi^t = \overline{\Psi}^{1,2}$，当 t = 1，2 和备择假设 H_1: $\Psi^t \subset \overline{\Psi}^{1,2}$，当 t = 1，2。

在我们的问题中，时间是离散的。Daraio et al.（2018）开发的检验方法涉及将两个给定时期的数据放在一起，然后随机变换观测值，最后将其划分为两个大小相等的子样本。使用第一个子样本，忽略时间，照常估计效率（使用 FDH 估计量），得到的估计结果用于计算效率估计的样本均值。第二个子样本分为第一时段的观测集和第二时段的观测集。对于第二个子样本中的每个观测，仅使用与效率估计的观测相同年份的第二个子样本中的观测来估计效率。然后用得到的效率估计值来计算第二个子样本中所有观测值的样本均值。检验统计量涉及两个样本均值之间的差异，以及相应的广义剪切法估计的偏差之间的差异。将这些差异除以适当的方差估计，便获得 Daraio et al.（2018）所得到的渐近正态性的检验统计量。为了消除单次样本拆分带来的不确定性，我们对混合样本进行第一期和第二期拆分 1 000 次，并对每一期样本拆分计算 Daraio et al.（2018）中的检验统计量及其对应的 p 值。然后，我们使用 Simar and Wilson（2020）的自举方法，得到对原假设的两次检验。与前文 1.5.3 的讨论类似，第一个检验是基于 1 000 个样本分割的检验统计量的均值，而第二个检验涉及检验 1 000 个 p 值是否均匀分布在区间（0，1）上。技术细节和进一步讨论参见 Daraio et al.（2018）和 Simar and Wilson（2020）。

我们对投入、产出和双曲线方向上的时间可分离性的原假设进行了检验。我们的检验结果见表1-7。48个检验中有35个拒绝可分离性。这两种检验方法都没有拒绝2007—2008年的可分离性。2008—2009年，两种检验都拒绝了产出方向的可分离性；2009—2010年，两种检验都拒绝了产出方向和双曲线方向的可分离性，但无法拒绝投入方向的可分离性。对于剩余的年份组合，两个检验在所有三个方向上都拒绝原假设，但2010—2011年除外，因为第二个检验在产出方向上没有拒绝。2001—2014年，所有的检验结果都拒绝了可分离性。总的来说，研究结果提供的大量证据表明，从2009年左右开始，生产技术随着时间的推移发生了变化。然而，虽然可分离性检验提供了技术变化的证据，但它们不能提供有关变化性质（即技术是提高了、下降了还是维持不变）的信息。

表1-7　**时间的可分离性统计检验结果**

（1 000次样本分割，1 000次自主抽样法，采用降维数据）

Year	— Input —		— Output —		— Hyperbolic —	
	Statistic	p-value	Statistic	p-value	Statistic	p-value
Test #1						
2007—2008	1.395	0.352	1.070	0.272	1.454	0.202
2008—2009	1.594	0.129	1.796	0.053	1.734	0.114
2009—2010	1.450	0.122	2.661	0.000	1.563	0.094
2010—2011	1.952	0.006	1.396	0.094	1.602	0.055
2011—2012	2.025	0.000	1.223	0.020	1.659	0.019
2012—2013	1.709	0.001	1.606	0.000	1.733	0.000
2013—2014	2.699	0.000	2.517	0.000	2.809	0.000
2007—2014	3.129	0.000	3.023	0.000	3.519	0.000
Test #2						
2007—2008	0.429	0.374	0.383	0.247	0.426	0.284

续表

Year	— Input —		— Output —		— Hyperbolic —	
	Statistic	p-value	Statistic	p-value	Statistic	p-value
2008—2009	0.471	0.163	0.494	0.097	0.487	0.188
2009—2010	0.445	0.150	0.656	0.001	0.485	0.089
2010—2011	0.549	0.019	0.423	0.153	0.486	0.079
2011—2012	0.566	0.004	0.413	0.024	0.506	0.033
2012—2013	0.484	0.013	0.447	0.000	0.473	0.014
2013—2014	0.588	0.001	0.599	0.000	0.578	0.000
2007—2014	0.642	0.000	0.681	0.000	0.699	0.000

注：Test #1 是基于对多次样本分割的平均 Daraio et al.（2018）检验统计量。Test #2 是基于对多次样本分割的 p 值分布均匀性的 Kolmogorov-Smirnov 检验。详见 Simar and Wilson（2020）。

接下来，为了进一步了解技术是如何变化的，我们使用 Simar and Wilson（2019）描述的统计检验。设 $\hat{\gamma}_i^{t_1, t_2}$ 表示银行 i 在 t_1 时刻使用 t_2 期的观测值估计的双曲线效率。然后，在第 1 期和第 2 期，相对于银行 i 位置的技术变化由等式（1.15）估计。

$$T_i = \left[\frac{\hat{\gamma}_i^{2,1}}{\hat{\gamma}_i^{2,2}} \times \frac{\hat{\gamma}_i^{1,1}}{\hat{\gamma}_i^{1,2}}\right]^{\frac{1}{2}} \tag{1.15}$$

等式（1.15）中括号内的第一个比率提供了第 2 年边界相对于银行 i 的位置变化的估计，而第二个比率则提供了第 1 年边界相对于银行 i 的位置变化的估计。统计 T_i 计算的是两个比率的几何平均值。

构建时，$T_i > 1$ 表示技术向上移动，而 $T_i < 1$ 表示技术向下移动，$T_i = 1$ 表示技术没有变化。等式（1.15）中的统计量是双曲线方向的技术变化指数。这一等式也出现在 Ray and Desli（1997）、Gilbert and Wilson（1998）、Simar and Wilson（1998），以及 Wheelock and Wilson（1999）的 Malmquist 指数分解中。为了保持等式（1.15）中的乘法性质，研究人员通常报告这种估计的几何平均值。当然，等式（1.15）中

的统计数据只能针对两个时期内都观察到的银行进行计算。为了检验技术是向上还是向下移动（相比没有技术变化的原假设），Simar and Wilson（2019）建立了几何平均值 T_i 的 CLT 结果，而我们利用这些理论结果来检验在成对年份中观察到的银行的几何平均值 T_i 是否大于或小于 1。有关技术细节和其他讨论，请参见 Simar and Wilson（2019）。

表 1-8 显示了每个期间内的 T_i 的几何平均值，以及对应的 p 值。其中 p 值表示与 1 的显著差异。结果表明，2007 年至 2008 年以及 2011 年至 2012 年的技术水平显著上升，2008 年至 2009 年、2009 年至 2010 年、2010 年至 2011 年和 2013 年至 2014 年的技术水平显著下降。总体而言，从 2007 年到 2014 年，我们没有发现任何技术变化的证据，这与表 1-7 中报告的可分离性检验所表明的情况相反。

表1-8　生产前沿随时间如何变化（向上移动、向下移动还是不发生变化）的统计学检验结果（采用降维数据，p = q = 1）

Period	Statistic	p-value
2007—2008	1.053	1.649（-2）
2008—2009	0.927	1.218（-18）
2009—2010	0.991	6.884（-2）
2010—2011	0.978	1.718（-4）
2011—2012	1.036	3.161（-7）
2012—2013	0.987	2.291（-1）
2013—2014	0.982	1.415（-5）
2007—2014	1.032	1.813（-1）

注：检验统计值大于 1 表示生产前沿的向上移动，而小于 1 则表示生产前沿的向下移动。报告的 p 值表示与 1 的显著差异，因此，没有显著的变化意味着跟 1 没有显著区别。

表 1-8 的结果与表 1-7 所示的可分离性检验的结果有几个方面的不同。首先，可分离性检验不支持 2007—2008 年时间带来的影响，而 2008—2009 年只有微弱的证据显示时间带来了影响。相比之下，表 1-8

中的结果显示了2007年至2008年以及2008年至2009年的技术显著变化。两个表中统计数据的显著性检验，需要将样本分成独立的子样本。在我们的样本中，2007年、2008年和2009年的观测数据分别只有24个、41个和45个，在可分离性检验的情况下，必须再次拆分第二个子样本。由于在第二个子样本中进行了额外的分割，并且在我们样本的早期只有少量的观察值，可以预料与表1-8中的技术变化检验相比，可分离性检验对原假设的统计功效要小一些。

两组检验之间的第二个定性差异是由于表1-7中的所有可分离性检验都拒绝了2007—2014年时间的可分离性，而表1-8对技术变化的检验并未拒绝2007—2014年期间无变化的原假设。然而，可分离性检验并没有考虑变化的性质或方向。表1-8中的检验从数据中要求更多的信息，其用于检验技术水平平均而言是上升还是下降。表1-8中2007—2014年的不显著结果可能是由技术的轮换导致的。换句话说，如果技术在一个区域向上移动，而在另一个区域向下移动，我们可能会预期表1-8的相应结果不显著，这与表1-7中发现的技术发生了一些变化（可能是双向的）在逻辑上并不矛盾[①]。

1.5.6 大小银行的表现差异

在中国，大银行（尤其是四大国有商业银行）承担政治任务，比如宏观调控的职能。因此，相对而言，大银行比小银行面临更多的限制。我们研究这种差异是否以及如何影响银行在效率和生产力方面的表现。

我们将每年的观察样本分为两个子集：总资产小于或等于给定年份第三个四分位数资产的观察值（小银行），以及总资产大于第三个四分位数资产的观察值（大银行）。由于每年的银行规模具有偏度特征，因此我们使用第三个四分位数而不是第二个四分位数（即中位数）来划分大小银行。中位数拆分将导致第二个子集的部分银行的规

① 正如Simar and Wilson（2019）和Kneip et al.（2021）所讨论的原因那样，我们仅在双曲线方向上检验表1-7中的技术变化。特别地，如果我们用投入或产出方向的效率估计定义一个与等式（1.15）相类似的统计量，进而进行相关技术变化检验的话，可能会导致对某些观测值无法进行定义。详见Simar and Wilson（2019）中的进一步讨论。

模远远小于最大的银行。然后，我们每年都使用 Kneip et al.（2016，参见 3.1.2）所开发的平均效率差异的统计检验。这里使用的检验是假设大银行和小银行面临相同的边界，尽管实际上它们在边界的不同区域下运营。因此，我们假定边界是连续的，但我们不限制它的形状，只是假设它具有强自由处置性。因为边界被允许是非参数的，所以它非常灵活。

我们检验了每年两个不同规模组之间和三个方向（投入、产出和双曲线）中每个方向的平均效率差异。表 1-9 显示了我们的检验结果。我们的检验统计数据在所有情况下都是在 0.1 或更好的水平上显著为正，这提供了强有力的证据，表明在我们的样本覆盖的每一年，大银行 的平均效率都比小银行更高。大银行可能比小银行更容易获得管理人才，这一因素的影响似乎超过了政府对大银行经营的干预。

表1-9　　**检验技术效率估计值在银行规模方面的均值差异**

（采用降维数据，p = q = 1）

Year	n_1	n_2	— Input —		— Output —		— Hyperbolic —	
			Statistic	p-value	Statistic	p-value	Statistic	p-value
2007	18	6	4.772	1.820（−6）	3.314	9.211（−6）	4.522	6.127（−6）
2008	31	10	9.335	1.006（−20）	6.689	2.247（−12）	6.913	4.756（−12）
2009	34	11	7.614	2.650（−14）	7.446	9.596（−13）	7.407	1.290（−13）
2010	49	16	3.937	8.263（−5）	5.797	6.753（−2）	2.177	2.950（−2）
2011	61	21	4.818	1.450（−6）	5.327	9.964（−6）	4.822	1.419（−6）
2012	81	27	9.124	7.247（−20）	8.830	1.043（−22）	9.684	3.528（−22）
2013	92	31	7.961	1.708（−15）	9.647	5.048（−29）	11.206	3.815（−29）
2014	93	31	8.258	1.487（−16）	8.001	1.233（−15）	7.975	1.524（−15）

注：我们把每年的银行分成两个子样本。第一个子样本（有 n_1 个观察值）包含总资产小于或等于特定年份总资产的第三个四分位数，而第二个子样本（有 n_2 个观测值）包含总资产大于特定年份总资产的第三个四分位数。统计数据的正值表明大银行比小银行更有效率，而负值表示小银行比大银行更有效率。

我们接下来检验大银行和小银行之间的平均生产力差异。与我们之前关于生产力随时间变化差异的检验一样，这里的检验依赖于标准CLT结果，但因为给定的银行只能出现在一个组中，所以两组之间的协方差为0。我们检验了每年的平均生产力差异，检验结果如表1-10所示。

表1-10 **检验生产力估计值在银行规模方面的均值差异**

（采用降维数据，p = q = 1）

Year	n_1	n_2	Mean 1	Mean 2	Statistic	p-value
2007	18	6	1.5625	1.3329	−1.2778	2.013（−1）
2008	31	10	1.4040	1.3132	−0.6512	5.149（−1）
2009	34	11	1.1229	1.3202	2.0315	4.221（−2）
2010	49	16	1.1093	1.2465	1.6365	1.017（−1）
2011	61	21	1.0323	1.2365	2.8566	4.281（−3）
2012	81	27	1.0512	1.3128	3.9021	9.536（−5）
2013	92	31	1.0050	1.2874	4.4554	8.374（−6）
2014	93	31	1.0638	1.3860	4.7399	2.138（−6）

注：我们把每年的银行分成两个子样本。第一个子样本（有n_1个观察值）包含总资产小于或等于特定年份总资产的第三个四分位数，而第二个子样本（有n_2个观测值）包含总资产大于特定年份总资产的第三个四分位数。统计数据的正值表明大银行比小银行具有更高的生产力，而负值表示小银行比大银行有更高的生产力。

我们的检验结果显示，2009年以及2011年至2014年，大银行的平均生产力明显高于小银行。2007年和2008年，小银行的平均生产力高于大银行，但差异并不显著。表1-10中的结果还显示，从2007年到2014年，大银行的平均生产力略有上升，但小银行则大幅下降。本章附录中的表1-18显示了大银行和小银行平均生产力随着时间是否发生变化的检验结果。表1-18中的结果表明2011年至2012年以及2013

年至2014年期间，大银行的平均生产力显著增长。结果还表明，从2008年到2009年，小银行的平均生产力显著下降。此外，小银行2007年至2014年的平均生产力显著下降，而大银行则没有相应的显著变化。

大小银行在2007年的平均生产力方面没有显著差异，但到2014年，大银行的平均生产力高于小银行。这是因为在我们的样本覆盖期间小银行的平均生产力显著下降，而大银行的平均生产力在同一时期几乎没有变化。综上所述，我们在表1-9和表1-10中的结果并不支持文献中常见的对大银行所谓的低效率和低生产力运营的批评①。相反，我们发现大银行比小银行技术效率更高，而且大银行不像小银行那样出现了生产力下降的现象。

1.5.7 国内外银行的表现差异

在中国的国外银行通常被认为拥有更先进的信息技术和更有经验的管理人员。我们检验这是否会转化为更高的效率或生产力（相对于国内银行）。

对于每一年，我们根据银行的所有权将银行分为两类，即国外银行和国内银行。首先，我们使用Kneip et al.（2016，参见3.1.1）开发的检验方法，在每一年和每个方向（投入、产出和双曲线）上检验国外和国内银行的平均效率的差异是否显著。与前文1.5.3中对不同年份平均效率差异的检验一样，我们并不假设两种所有制类型之间的生产边界相同，以便允许一种类型比另一种类型受到的限制更多（可能是由于监管

① 例如，Yao et al.（2007）发现，1995—2001年，中国四大银行（工行、建行、中行、农行）的技术效率平均比股份制商业银行低8%左右。Zhang and Wang（2014）发现，2004—2011年，四大银行的技术效率低于其他商业银行。Zha et al.（2016）发现，2008—2012年，四大银行以及股份制商业银行的技术效率低于规模较小的城市商业银行。Huang et al.（2017）发现，2002—2015年，四大银行的技术效率在我国银行中是最低的，股份制商业银行的技术效率则最高。然而，Zhang and Wang（2014）和Zha et al.（2016）都使用了DEA估计量，从而在生产集上施加了凸性，但我们在表1-2中的凸性检验结果提供了拒绝凸性的证据。Yao et al.（2007）使用的样本很小，只使用了22家银行进行估计，这可能会导致较大的估计误差。Yao et al.（2007）为银行生产函数和利润函数指定了参数化的Cobb-Douglas函数形式，而Huang et al.（2017）为生产函数和成本函数指定了参数化的超越对数函数形式。由于表1-1中的汇总统计数据和图1-1中的总资产密度函数存在严重的右偏性，因此，Yao et al.（2007）和Huang et al.（2017）使用的参数模型并不合适，这与Wheelock and Wilson（2001，2012和2018）所讨论的原因有关。

或其他因素）的可能性[①]。

我们的检验结果见表1-11。结果表明，2007年国外银行的平均效率明显低于国内银行，2014年国外银行的平均效率高于国内银行。在这期间，我们发现国外银行和国内银行在平均效率方面没有显著的差异。接下来，我们考察国内外银行的生产力是否存在差异。我们再次根据所有权类型（即国内或国外）将每年的银行分为两组，并按前文1.5.4所述计算生产力估计值。这里，我们可以使用标准的CLT结果来检验平均生产力的差异，而且因为给定的银行只出现在一个组或另一个组中，所以协方差不存在问题。

表1-11 检验技术效率估计值在银行所有权类型方面的均值差异（采用降维数据，p = q = 1）

Year	n_1	n_2	— Input —		— Output —		— Hyperbolic —	
			Statistic	p-value	Statistic	p-value	Statistic	p-value
2007	18	6	−5.097	3.447（−7）	−4.598	4.273（−6）	−4.794	1.638（−6）
2008	27	14	0.784	4.330（−1）	0.697	4.860（−1）	−0.651	5.148（−1）
2009	29	16	−0.086	9.312（−1）	0.607	5.436（−1）	0.813	4.162（−1）
2010	46	19	1.452	1.465（−1）	0.292	7.702（−1）	0.470	6.382（−1）
2011	62	20	0.320	7.492（−1）	2.334	1.957（−2）	0.753	4.516（−1）
2012	81	27	−0.254	7.992（−1）	3.563	3.665（−4）	0.526	5.987（−1）
2013	93	30	0.342	7.321（−1）	0.797	4.252（−1）	−0.190	8.492（−1）
2014	92	32	3.292	9.944（−4）	1.899	5.761（−2）	2.645	8.160（−3）

注：国内银行的数量是n_1，而国外银行的数量为n_2。统计数据的正值表明国外银行比国内银行更有效率，而负值则表示国内银行比国外银行更有效率。

检验结果见表1-12。结果表明，2007年国外银行的平均生产力显

① 人们可以考虑检验每年所有权类型是否存在可分离性，然而，除了2008年和2009年，国外银行在每年的可用观测数据中所占的比例都不到30%。在2008年和2009年，国外银行分别占可用观测数据的34%和36%（但在这些年，总样本量分别只有41个和45个）。由于样本量小，对可分离性的检验在很大程度上可能是没有意义的，因为可分离性检验要求在给定年份，样本必须被分成两半，然后对于其中的一半，观测值必须根据所有权类型再次被分割。

著高于国内银行，但2012年、2013年和2014年国外银行的平均生产力显著低于国内银行。此外，可以明显看出，虽然2007—2014年国外银行和国内银行的平均生产力都出现了下降，但国外银行的下降幅度大于国内银行。本章附录中的表1-19显示了对国外银行和国内银行历年平均生产力差异的检验结果。表1-19的结果显示，2008—2009年国外银行的平均生产力显著下降，2013—2014年国外银行的平均生产力显著上升。2007—2014年国外银行的平均生产力下降在统计学上也显著。表1-19显示，2008—2009年，国内银行的平均生产力显著下降，2011—2012年、2013—2014年显著上升。相比之下，国内银行的平均生产力在2007—2014年没有显著变化。

表1-12　　**检验生产力估计值在银行类型方面的均值差异**

（采用降维数据，p = q = 1）

Year	n_1	n_2	Mean 1	Mean 2	Statistic	p-value
2007	18	6	1.3959	1.8327	1.7625	7.799（-2）
2008	27	14	1.3247	1.4921	0.8058	4.204（-1）
2009	29	16	1.2154	1.0910	-0.9354	3.496（-1）
2010	46	19	1.1805	1.0523	-1.2790	2.009（-1）
2011	62	20	1.1209	0.9722	-1.5283	1.264（-1）
2012	81	27	1.1878	0.9031	-2.9208	3.492（-3）
2013	93	30	1.1585	0.8208	-4.1062	4.022（-5）
2014	92	32	1.2095	0.9572	-2.6759	7.452（-3）

注：国内银行的数量是 n_1，而国外银行的数量为 n_2。统计数据的正值表明国外银行比国内银行有更高的生产力，而负值表示国内银行比国外银行有更高的生产力。

综合来看，我们的研究结果表明，2007年国外银行的平均生产力高于国内银行。然而，2007—2014年国外银行的平均生产力显著下降，而同期国内银行的平均生产力没有显著变化。到2014年，国内银行的平均生产力高于国外银行。这些差异可能反映了中央政府的刺激措施主要针对的是国内银行而不是国外银行[①]。在中国银行的效率方面，本书的结果与 Berger et al.（2009）、Fungáčová et al.（2013）和 Dong et al.（2016）的结果形成了对比，他们发现，中国国内银行的效率低于在中国经营的国外银行[②]。

1.6 结论

绝大多数使用非参数方法的银行研究使用DEA而不是FDH估算，但这些研究都未能检验生产集是否为凸性。在我们对中国银行的研究中，我们发现了拒绝凸性的证据，因此DEA估计不适合我们的数据。我们采用FDH估计和降维相结合的方法来减小估计误差。我们使用了一个严格的、完善的统计框架来进行推断和检验假设。

总体而言，我们发现从2007年到2014年，中国各银行的平均效率和平均生产力都有所下降。然而，这些年来在中国经营的银行并未都出现了这种下降趋势。我们发现在我们的数据中，每年大银行的平均效率都高于小银行，并且发现8年中有5年大银行的平均生产力高于小银行，而在其他年份，平均生产力没有统计学上的显著差异。2007年国内银行的平均效率高于国外银行，但在2014年却发现了相反的情况，而2008—2013年没有显著差异。相比之下，2007年国内银行的生产力明显低于国外银行，但我们在2012年、2013年和2014年发现了相反的情况。虽然对于整个样本，2007年至2014年平均生产力显著下降，但这一下降主要是由国外银行和小银行的生产力下降所导致的，而不是由国内银行和大银行导致的。鉴于中央政府从2008年末开始针对国内银行和大银行采取经济刺激措施，我们的研究结果为证实经济刺激政策的有效性提供了一定的证据。

---

① Liu et al.（2018）发现，四大银行和股份制商业银行增加了放贷，而国外银行和其他银行在中国经济刺激计划出台后减少了放贷。

② Berger et al.（2009）发现1994—2003年在中国经营的银行中，国外银行的利润效率最高，而四大银行的利润效率最低。Fungáčová et al.（2013）发现2002—2011年期间国外银行的成本效率最高，而四大银行同期的成本效率最低。Dong et al.（2016）发现2002—2013年四大银行的成本效率低于股份制商业银行和城市商业银行，而国外银行的成本效率最高。

1.7 附录：额外的结果

对于我们样本中的每一年，表1–13给出了总体中各类银行的总数以及中国商业银行的总资产。表1–14给出了我们的样本中相类似的数值。

表1–13 **总体中，中国银行的数量**

年份 / 银行类型	2007	2008	2009	2010	2011	2012	2013	2014
四大国有银行	4	4	4	4	4	4	4	4
股份制银行	13	13	13	13	13	13	13	12
城商行	124	136	143	147	144	144	145	133
农商行	17	22	43	85	212	337	468	665
国外银行	29	32	37	40	40	42	42	41
总的数量	187	207	240	289	413	540	672	855
总资产	60.57	66.73	84.16	95.30	104.76	120.64	133.74	150.95

数据来源：中国银保监会。总资产单位为2010年万亿元人民币。

表1–14 **样本中，中国银行的数量**

年份 / 银行类型	2007	2008	2009	2010	2011	2012	2013	2014
四大国有银行	4	4	4	4	4	4	4	4
股份制银行	6	8	9	11	11	13	12	12
城商行	7	13	13	23	36	49	59	58
农商行	1	2	3	8	11	15	18	18
国外银行	6	14	16	19	20	27	30	32
总的数量	24	41	45	65	82	108	123	124
总资产	38.19	45.27	57.59	66.93	74.52	89.31	98.13	108.90

数据来源：中国银保监会。总资产单位为2010年万亿元人民币。

表1–15给出了按照Wilson（2018）的思路对输入和输出的矩阵进行特征系统分解的结果。结果表明，在我们使用二维也就是降维后的数据的情况下，估计误差可能比原始的八维数据要小。

表1-15　　**每年的特征系统分解结果**

Year	R_x	R_y
2007	0.9825	0.9825
2008	0.9861	0.9861
2009	0.9881	0.9881
2010	0.9875	0.9875
2011	0.9859	0.9859
2012	0.9865	0.9865
2013	0.9895	0.9895
2014	0.9896	0.9896

表1-16显示了2007—2014年数据中五大商业银行的总资产。数据显示，前五大银行的总资产在整个样本期间都在增加。它们的数额在2007年约为330.4万亿元人民币，2014年约为655.7万亿元人民币。从2007年到2014年，总资产增加了约1倍。此外，从2008年到2009年的增长速度至少为20%。在所有一年的间隔中，五大商业银行的增长率都是最高的，这反映了刺激政策的扩张效应。

表1-16　　**按年份划分的五大商业银行总资产**

（以2010年的十亿元人民币计算）

Name	Total Assets	Name	Total Assets
—2007—		—2011—	
中国工商银行	10 000 250	中国工商银行	14 310 270
中国建设银行	7 598 527	中国建设银行	11 356 070
中国银行	6 899 545	中国银行	10 938 100
中国农业银行	6 109 874	中国农业银行	10 797 360
中国交通银行	2 430 408	中国交通银行	4 263 601
—2008—		—2012—	
中国工商银行	10 420 760	中国工商银行	15 840 950
中国建设银行	8 069 318	中国建设银行	12 617 730

续表

Name	Total Assets	Name	Total Assets
中国农业银行	7 491 415	中国农业银行	11 959 890
中国银行	7 424 482	中国银行	11 450 840
中国交通银行	2 860 404	中国交通银行	4 761 960
—2009—		—2013—	
中国工商银行	12 603 460	中国工商银行	16 711 220
中国建设银行	10 291 640	中国建设银行	13 571 270
中国农业银行	9 499 433	中国农业银行	12 863 600
中国银行	9 359 716	中国银行	12 256 030
中国交通银行	3 538 938	中国交通银行	5 265 664
—2010—		—2014—	
中国工商银行	13 458 620	中国工商银行	18 056 470
中国建设银行	10 810 320	中国建设银行	14 669 570
中国银行	10 459 870	中国农业银行	13 995 020
中国农业银行	10 337 410	中国银行	13 361 800
中国交通银行	3 951 593	中国交通银行	5 491 685

表1-17提供了每年估计的双曲线技术效率等于1的观测值的数量。我们首先使用了原始的八维数据，其次使用了我们降维后的二维数据。这些结果为我们提供了更多的证据，来说明我们所采用的降维策略的好处。

表1-17　　**每年估计的双曲线技术效率等于1的观测数**

（分为降维以及不降维的情况）

Year	n	Without Dim.Reduction			With Dim.Reduction		
		FDH	VRS	CRS	FDH	VRS	CRS
2007	24	24	22	13	23	4	1

续表

Year	n	Without Dim.Reduction			With Dim.Reduction		
		FDH	VRS	CRS	FDH	VRS	CRS
2008	41	41	34	16	29	5	1
2009	45	45	31	14	32	6	1
2010	65	65	46	34	47	7	1
2011	82	82	50	42	47	8	1
2012	108	108	73	59	58	5	1
2013	123	123	76	56	67	6	1
2014	124	124	77	58	64	9	1

注：Without Dim.Reduction 是不降维的情况，With Dim.Reduction 是降维的情况。

表1-18给出了对大银行和小银行的平均生产力在各年之间的变化是否显著的检验结果。

表1-18 **大银行和小银行的平均生产力的差异检验**

（采用降维数据，p = q = 1）

Period	n_1	n_2	Mean 1	Mean 2	Statistic	p-value
	—大银行—					
2007—2008	6	10	1.3329	1.3132	-0.3040	7.612（-1）
2008—2009	10	11	1.3132	1.3202	0.1761	8.602（-1）
2009—2010	11	16	1.3202	1.2465	-1.2067	2.275（-1）
2010—2011	16	21	1.2465	1.2365	-0.2373	8.124（-1）
2011—2012	21	27	1.2365	1.3128	3.5302	4.153（-4）
2012—2013	27	31	1.3128	1.2874	-0.7150	4.746（-1）
2013—2014	31	31	1.2874	1.3860	3.1715	1.517（-3）
2007—2014	6	31	1.3329	1.3860	0.7423	4.579（-1）

续表

Period	n_1	n_2	Mean 1	Mean 2	Statistic	p-value
	— 小银行 —					
2007—2008	18	31	1.5625	1.4040	−1.0258	3.050（−1）
2008—2009	31	34	1.4040	1.1229	−3.4978	4.690（−4）
2009—2010	34	49	1.1229	1.1093	−0.2010	8.407（−1）
2010—2011	49	61	1.1093	1.0323	−1.5769	1.148（−1）
2011—2012	61	81	1.0323	1.0512	0.4711	6.375（−1）
2012—2013	81	92	1.0512	1.0050	−1.2499	2.113（−1）
2013—2014	92	93	1.0050	1.0638	1.6141	1.065（−1）
2007—2014	18	93	1.5625	1.0638	−3.0304	2.442（−3）

注：第1期和第2期的银行数量分别由n_1和n_2给出。大银行是指总资产大于银行被观察年度的总资产的第三个四分位数的银行。而小银行是指总资产小于或等于银行被观察年度的总资产的第三个四分位数的银行。检验统计数字为正表示平均生产力提高，而负值表示平均生产力的下降。

表1-19同样给出了对国外银行和国内银行的平均生产力在各年之间的变化是否显著的检验结果。

表1-19　**大银行和小银行的平均生产力的差异检验**

（采用降维数据，p = q = 1）

Period	n_1	n_2	Mean 1	Mean 2	Statistic	p-value
	— 国外银行 —					
2007—2008	6	14	1.8327	1.4921	−1.4276	1.534（−1）
2008—2009	14	16	1.4921	1.0910	−2.9219	3.479（−3）
2009—2010	16	19	1.0910	1.0523	−0.4189	6.753（−1）
2010—2011	19	20	1.0523	0.9722	−0.9341	3.502（−1）
2011—2012	20	27	0.9722	0.9031	−0.8824	3.776（−1）
2012—2013	27	30	0.9031	0.8208	−1.5029	1.329（−1）
2013—2014	30	32	0.8208	0.9572	2.1825	2.907（−2）
2007—2014	6	32	1.8327	0.9572	−3.9260	8.636（−5）

续表

Period	n_1	n_2	Mean 1	Mean 2	Statistic	p-value
	— 国内银行 —					
2007—2008	18	27	1.3959	1.3247	-0.5794	5.623（-1）
2008—2009	27	29	1.3247	1.2154	-1.7893	7.357（-2）
2009—2010	29	46	1.2154	1.1805	-0.5373	5.911（-1）
2010—2011	46	62	1.1805	1.1209	-1.5214	1.282（-1）
2011—2012	62	81	1.1209	1.1878	2.1759	2.957（-2）
2012—2013	81	93	1.1878	1.1585	-0.8562	3.919（-1）
2013—2014	93	92	1.1585	1.2095	1.7771	7.555（-2）
2007—2014	18	92	1.3959	1.2095	-1.2676	2.049（-3）

注：第1期和第2期的银行数量分别由 n_1 和 n_2 给出。检验统计数字为正表示平均生产力提高，而负值表示平均生产力的下降。

2 银行“大而不倒”：来自权益的影子价格的证据

2.1 引言

全球金融危机（2007—2012）发端于美国的银行业，是1929年大萧条以来美国经历过的最严重的经济衰退。随着雷曼兄弟投行倒台后，美国国会通过了“问题资产救助计划”（Troubled Asset Relief Program），对银行等金融体系进行救助。问题资产救助计划主要是通过购买资产和权益的方式提供流动性，并支持金融体系度过这次极端的金融动荡。除此之外，联邦储备系统还通过设立一些新的便利机构给银行业提供了大量的贷款[①]。

由于全球金融危机，“大而不倒”（Too-Big-To-Fail，TBTF）现在几乎成为一项官方的政策。“大而不倒”是指由于一些银行太大、太重

① 关于这些新的便利工具的讨论，请参见https：//www.federalreserve.gov/monetarypolicy/bst_lendingother.htm.

要，一旦倒闭将给金融系统带来灾难性的后果，因此，一旦这些银行将来面临倒闭的风险，这些银行必然会被政府保护。如果将来出现危机，公众相信政府将会再次拯救具有“大而不倒”性质的银行。因此，相比较小银行而言，大银行中那些没有担保的债权人（比如股权所有者）将不会要求一个很高的回报率，因为其安全性相对小银行而言更高。大银行所获得的这种隐性担保（担保其将来不会倒闭），使得“大而不倒”银行的筹资成本，相较于小银行而言，是比较低的。因此，“大而不倒”银行可能享受着隐性补贴。美国的监管机构可能注意到了这一问题，2010年通过了《多德-弗兰克华尔街改革与消费者保护法》（Dodd-Frank Wall Street Reform and Consumer Protection Act），其目的在于进一步加强金融监管，消除大银行的这种隐性担保，并且为大银行的倒闭建立了正式的通道。

总而言之，“大而不倒”成为全球金融危机后的一个热门话题。然而，直到现在，并没有足够的证据支持“大而不倒”银行的存在。如果“大而不倒”银行的确存在，那么政府尝试消除隐性补贴的行为是理性的。另外，我们需要知道这一隐性补贴是否在政府强化金融监管后减少了。换句话说，我们需要知道《多德-弗兰克华尔街改革与消费者保护法》在消除“大而不倒”银行的价格的证据隐性补贴方面是否有效。

当前文献中有一部分研究采用不同的方法提供了“大而不倒”银行的证据。先前研究主要从筹资成本、银行信用违约互换（CDS）价差、兼并收购和股票回报率的角度提供了多种证据。Baker and Mcarthur（2009）使用了美国联邦保险机构的数据信息，通过比较“大而不倒”银行在危机前和危机后的筹资成本，发现了“大而不倒”银行的确存在隐性补贴的证据。Demirgüç-Kunt and Huizinga（2013）研究1991年到2008年34个国家的银行的数据发现，银行的价值（用市价对账面价值比率来衡量）跟银行的规模大小（由银行的资产规模衡量）成反比的关系。他们发现的这一事实，说明了很多银行的规模太大了，也许由于银行太大而不能救。Demirgüç-Kunt and Huizinga（2013）还发现银行信用违约互换价差跟国家的财政收支是负相关的，而且跟银行的价值是负相关的，进一步证实了大银行太大而不能拯救。

Brewer and Jagtiani（2013）通过研究从1991年到2004年的银行兼并热潮，发现银行机构在收购其他金融机构时，愿意支付额外的溢价从而使自己变成"大而不倒"银行。Ueda and Weder di Mauro（2013）通过研究政府担保对评级的影响，估计了隐性补贴的大小。他们发现那些系统重要性银行具有显著的资金筹集成本优势。2007年年末时，这些系统重要性银行只有60个基点的成本优势，然而到了2009年年末时，其成本优势扩大到80个基点。Santos（2014）使用债券发行信息发现，大银行相对于小银行的成本优势，要大于大公司（非金融）相对于小公司的成本优势。这一显著不同支持了"大而不倒"银行的存在。Gandhi et al.（2020）使用45个国家的金融和非金融公司的数据发现，相对于具有相同特征的非金融公司而言，所有者权益对于金融公司是一种便宜的资金来源。简而言之，已有的文献采用了不同的方法支持了美国银行业的确存在"大而不倒"银行，而且这些"大而不倒"银行的确享受着政府隐性担保所带来的利益。

本书采用非参数、局部线性的方法首先估计了美国商业银行从2001年到2018年的成本前沿函数，从而推导出所有者权益的影子价格，并用这一估计检验"大而不倒"银行是否的确存在。由于"大而不倒"银行被普遍认为受到政府的隐性担保，他们被认为更加安全，相较于小银行而言，这些"大而不倒"银行也会支付更低的所有者权益价格。因为风险和收益是相对应的，风险越低，收益越低。对于已经上市的银行而言，所有者权益的价格可以直接从股票价格中推导出来，然而由于大部分银行并没有上市，因此股票价格信息并不可得。另外，所有者权益的价格也不能够直接从银行的资产负债表和利润表里直接观测到。

遵循已有的文献，我们将从银行的资产负债表和利润表里估计出来的所有者权益的价格，称为"权益的影子价格"，以区别于用股票价格得到的权益价格。使用权益的影子价格的一个重要优势是，对于所有的上市和非上市银行，我们都可以估计出权益的影子价格。在后文"2.2.2 理解权益的影子价格"的介绍中，我们指出当银行额外增加一美元的所有者权益时，权益的影子价格代表着额外的成本的节约。当银行的成本在当前的所有者权益水平下最小化时，理论上权益的影子价格等于权益的市场价格。即使当前的所有者权益不是成本最小化时的理论值，所有者权益的影子价格依然衡量了使用当前所有者权益的机会成本。

已有的一些文献已经估计了银行所有者权益的影子价格。Hughes（1999）通过经济学理论导出了所有者权益的影子价格的公式，但是并没有提供其估计值。Hughes et al.（2001）也许是第一篇提供了所有者权益的影子价格估计值的文章。这篇文章设定成本函数为超对数（translog）形式。Hughes et al.（2001）发现估计的权益影子价格跟银行控股公司的大小在1994年时呈正相关关系。Fethi et al.（2012）也采用了超对数的形式估计了从2006年到2009年土耳其22家银行的权益影子价格。他们发现全球金融危机后，权益的影子价格为负值。这一结果显示，危机后不断加强的金融监管，特别是对准备金率要求的提高，使得银行的运营远离其均衡水平，因此带来了显著的成本。Boucinha et al.（2013）通过设定成本函数的形式为超对数，估计了1992年到2006年的葡萄牙银行的权益影子价格。他们发现权益影子价格的估计值比短期货币市场的利率要高，然而比权益价格的合理值要低。Restrepo et al.（2013）的研究结果显示权益影子价格的估计值的符号取决于不同的模型，而且跟银行的规模大小也是密切相关的。

Duygun et al.（2015）采用相同的方法估计了新兴市场2005年到2008年的485家银行的权益影子价格。他们估计的权益影子价格的样本均值为4.1%～4.9%，而且其显著不等于0。同时他们也发现权益影子价格有时候为负值，这意味着银行可能持有了太多的所有者权益，因此他们没有在生产函数的有效领域里运行，也就是说这些银行的运行并不是有效的。Radić（2015）估计了日本银行系统从1999年到2011年的权益影子价格，并且他们发现权益影子价格的样本均值为2.8%～6.1%。Radić（2015）进一步发现城市银行的权益影子价格显著为负。Dong et al.（2016）估计了中国商业银行从2002年到2013年的权益影子价格，他们发现权益影子价格在这一时间段内呈现下降的趋势。他们也同时发现权益影子价格在刚开始时为正数，然而到这一时间段末时变成了负数。Dong et al.（2016）认为也许是银行资本化的不断提高使其远离了长期的均衡水平。

Fiordelisi et al.（2018）用了超对数的参数模型估计了从2000年到2010年日本商业银行权益资本的影子价格。他们发现权益资本的影子价格的平均值为2.8%~3.4%。他们还发现，在此期间的部分时间里，上市银行和非上市银行的权益资本影子价格的资产加权平均值都转为负值，这体现出去杠杆和资本重组的有力效果。Hasannasab et al.（2019）通过使用定向距离函数的二次函数形式来估计上市银行和未上市银行的权益资本的影子价格。Hasannasab et al.（2019）发现在美国金融危机之前权益的影子价格异常高，这体现出过度的风险承担行为。本书没有使用标准的超对数成本函数方法，而是使用最初由Simar et al.（2017）开发的非参数方法来估计成本前沿函数，从而推导出权益资本的影子价格。超对数函数在估计美国商业银行成本函数时不够灵活，因为银行的规模分布严重右偏（Wheelock and Wilson，2018）。在估计权益资本的影子价格时，我们也控制了成本效率。我们使用一个几乎完全非参数的噪声项和效率项的设定，而不是估计更典型的参数随机前沿模型，其中噪声项和低效率项分布并不发生变化。该非参数方法只要求噪声过程的对称性以及非效率项呈半正态分布。但是，我们允许非效率项依赖于与响应函数相同的协变量。

本研究中的方法遵循了Simar et al.（2017）和Wheelock and Wilson（2020）的思路。具体来说，在第一次回归中，使用一个非参数、局部线性估计量来估计条件平均成本函数。在第二次回归中，我们对第一次回归中相同协变量的立方残差进行回归。利用第二次回归中的信息，我们可以调整条件平均成本函数的原始估计值来估计成本前沿，以及利用估计残差的右偏度来求得导数。因此，该方法几乎是完全非参数的。

虽然非参数估计量面临着“维数灾难”，但我们采取了两个步骤来缓解这个问题[①]。我们使用了一个大型数据集来估计该模型，该数据集包括2001—2018年期间所有美国商业银行的11.9万份观测数据。我们还使用了一个对右侧变量（RHS）的关联矩阵的特征分解来减少实证模型的维数。我们的估计方法遵循Wheelock and Wilson（2018，2020）。然而，Wheelock and Wilson（2018）专注于对1986—2015年美国银行的规模报酬率进行回归估计，而Wheelock and Wilson（2020）专注于2001—2018年美国银行控股公司勒纳指数（Lerner Indices）的估计。在这里我们主要关注对2001—2018年美国商业银行权益影子价格的估计。

我们对权益影子价格的非参数估计表明确实存在对“大而不倒”银行的隐性补贴。具体来说，我们发现每年基于总资产在第四个四分位数的银行，其权益影子价格的估计值的中位数远远小于在其他三个四分位数的银行。此外，在任何一年，权益的影子价格与银行的规模之间都存在负相关关系，这表明大银行支付的权益价格小于小银行。而且，每年在第四个四分位数的拥有负的权益影子价格的银行数量要多于其他三个四分位数。除2007年外，我们对50家最大银行（相对于其他银行）的权益影子价格的平均估值都较小。然而，只比较10个最大的银行，我们发现权益影子价格的平均值在2001—2005年和2009—2011年较低，但在2006—2008年和2012—2018年，排名前10的银行的平均权益影子价格估值比那些前10以外的银行高。

尽管权益通常被认为是比存款风险更高的资产，但数据显示，在样本中的任何一年，排名前50名的大银行中的权益影子价格的平均估值都低于存款的平均价格。最后，我们发现在2006—2008年全球金融危机开始前后和2010年之后，排名前10的最大银行对于权益的平均支付价格高于存款的平均支付价格。因此，我们的估计表明：（1）2010年的《多德-弗兰克华尔街改革与消费者保护法》可能在消除前10大银行的隐性补贴方面产生了一定作用；（2）金融危机后的去杠杆化给前10大银行造成了巨大成本。

① “维数灾难”是指收敛速度随着维数的增加而下降，这是非参数估计量中常见的现象。在本书中，维数对应着我们的回归中所包含的不同自变量的数量。

本书对银行业的相关文献研究做出了一些贡献。据我们所知，这是第一篇使用一个几乎完全非参数的随机前沿模型来估计权益的影子价格的著作。我们通过考察大小银行权益影子价格的差异，提供了大而不倒银行享受隐性补贴的新证据，并评估了全球金融危机后更严格的金融监管对大银行权益影子价格的影响。

在下一节2.2中，我们将介绍一个针对商业银行的微观经济模型，并定义计算权益影子价格所需的组成部分。第2.3节介绍了统计模型，并给出了估计和推断的细节。在第2.4节我们将讨论在第2.2节中描述的用于定义变量的数据。在第2.5节中，我们将给出实证结果。在第2.6节中，我们给出了总结和结论。一些附加的细节在本章的附录2.7和附录2.8中。

2.2 经济理论框架

2.2.1 权益影子价格的推导

在这部分我们遵循Braeutigam and Daughety（1983），Duygun et al.（2015）和Weyman-Jones（2016）的方法，采用一个具有代表性的银行的成本函数，该函数考虑了权益-资产比率的要求。具体来说，银行被视为在短期内持有固定的权益资本或维持固定的权益-资产比率来满足政府规定。然而，权益在长期是允许变动的。

考虑一家代表银行的生产函数，其中有p个变量输入 $\mathbf{X}=\left(X_1, \cdots, X_p\right)$，有m个变量输出 $\mathbf{Y}=\left(Y_1, \cdots, Y_m\right)$，输出价格 $\mathbf{W}=\left(W_1, \cdots, W_p\right)$ 和一个附加的准固定输入权益Q。假设转换函数 $F\left(\mathbf{Y}, \mathbf{X}, Q, T\right)$ 对银行具有凸性和弱处置性，其中T为时间。弱处置性意味着 $F_{X_i}=\partial F/\partial X_i$，$F_{Y_j}=\partial F/\partial Y_j$，$F_Q=\partial F/\partial Q$ 在符号上不受限制。因此，银行可以在非经济地区经营，而且权益的影子价格不受符号限制[①]。

① 见Fethi et al.（2012，p.78）和Duygun et al.（2015，Section 2）中的讨论。

长期成本函数，将所有的输入包括权益Q作为变量，采用如下形式

$$C^{l}\left(\mathbf{Y},\ \mathbf{W},\ W_{Q},\ T\right)=\min_{X,\ Q}\left\{\mathbf{W}'\mathbf{X}+W_{Q}Q:\ F\left(\mathbf{Y},\ \mathbf{X},\ Q,\ T\right)=0\right\} \tag{2.1}$$

其中$C^{l}\left(\mathbf{Y},\ \mathbf{W},\ W_{Q},\ T\right)$表示长期总成本函数，而$W_Q$为权益的影子价格。依照Duygun et al.（2015），短期成本总函数（权益-资产比率$\frac{Q}{A}$（其中A表示总资产）固定），拥有以下形式

$$\begin{aligned}C^{s}\left(\mathbf{Y},\ \mathbf{W},\ \frac{Q}{A},\ T\right)&=C\left(\mathbf{Y},\ \mathbf{W},\ \frac{Q}{A},\ T\right)+W_{Q}Q\\&=\min_{X,\ Q}\left\{\mathbf{W}'\mathbf{X}+W_{Q}Q:\ F\left(\mathbf{Y},\ \mathbf{X},\ Q,\ T\right)=0\right\}\end{aligned} \tag{2.2}$$

其中$C^{s}\left(\mathbf{Y},\ \mathbf{W},\ \frac{Q}{A},\ T\right)$是短期成本函数，而$C\left(\mathbf{Y},\ \mathbf{W},\ \frac{Q}{A},\ T\right)$是短期可变成本函数。由包络定理建立的长期成本函数包络短期成本函数，可知

$$C^{l}\left(\mathbf{Y},\ \mathbf{W},\ W_{Q},\ T\right)=\min_{\frac{Q}{A}}\left\{C\left(\mathbf{Y},\ \mathbf{W},\ \frac{Q}{A},\ T\right)+W_{Q}Q\right\} \tag{2.3}$$

因此，包络定理可以用来证明

$$\frac{\partial C^{l}\left(\mathbf{Y},\ \mathbf{W},\ W_{Q},\ T\right)}{\partial\left(\frac{Q}{A}\right)}=0=\frac{\partial C\left(\mathbf{Y},\ \mathbf{W},\ \frac{Q}{A},\ T\right)}{\partial\left(\frac{Q}{A}\right)}+W_{Q}A \tag{2.4}$$

重新排列这个方程得到

$$W_{Q}=-\frac{\partial C^{l}\left(\mathbf{Y},\ \mathbf{W},\ \frac{Q}{A},\ T\right)}{\partial\left(\frac{Q}{A}\right)}\frac{1}{A}=\frac{\partial C\left(\mathbf{Y},\ \mathbf{W},\ \frac{Q}{A},\ T\right)}{\partial Q} \tag{2.5}$$

其中W_Q为权益Q的影子价格。这是我们所估计的目标。顺便说一下，将式（2.5）重新排列，以弹性形式可以表达为

$$\frac{W_{Q}Q}{C}=-\frac{\partial\log C^{l}\left(\mathbf{Y},\ \mathbf{W},\ \frac{Q}{A},\ T\right)}{\partial\log\left(\frac{Q}{A}\right)}=-\eta_{Q} \tag{2.6}$$

其中η_Q是短期可变成本相对于权益-成本比率的弹性。Caves et al.（1981，p.996）在第一部分最后一段给出了相似的等式。注意到他们的生产率增长的公式来自在公司最小化总成本的情况下，总成本函数和可

变成本函数重合。

2.2.2 理解权益的影子价格

权益的影子价格由上一节得出，详见式（2.5）。这个方程是相当关键的，因为除了在短期内权益是一项固定投入以外，并没有关于权益价格的明确信息。鉴于总产出是固定的，当银行的权益增加一美元时，就必然释放一定数量的存款，存款的费用肯定会减少。因此，可变成本，即存款费用、人工费用和实物资本费用的总和也会减少。所以，可将可变成本函数相对于权益的导数的负值计算为权益的影子价格，正如式（2.5）所示。

计算权益的影子价格的基本原理是衡量银行愿意为权益水平每增加一美元支付多少代价，因为权益的影子价格表明它们因股票增加而节省的成本。因此，给定产出的价格，权益的影子价格也表明了利润应该随权益的增加而增加，因为成本将会减少。虽然权益是固定的，并且在短期内是“免费的”，但从长期来看仍存在一个权益价格。权益的影子价格主要反映了银行利用资源进行产出的经营情况。然而，权益的市场价格所反映的却远不止这一点。它也反映了整体经济的活动、投资者的预期、情绪等。因此，权益的市场价格可以说比权益的影子价格更“嘈杂”。这也是本研究采用权益的影子价格而不是市场价格的另一个原因。本书中，我们利用年终资产负债表和损益表信息来估计银行的成本函数。因此，所有的美元金额都是用账面价值而不是市场价值来衡量的。存款费用以存款总额乘以存款总额的年平均利率来衡量。由于所有其他费用也是按年度来计量的，如果权益被视为存款，那么权益的影子价格可以解释为权益的“年度利率”。因此，权益的影子价格的估值可以直接与存款平均价格和贷款租赁平均价格相比较。

2.3 计量模型

依靠成本函数的参数化模型的银行研究通常使用超对数设定。然而，如上所述，表2-1中的汇总统计数据和图2-1中总资产（对数）的密度分布表明银行规模的分布严重向右倾斜。众所周知，超对数设定不适合这些数据，许多研究也发现美国银行数据拒绝超对数设定：例如，McAllister and McManus（1993）and Wheelock and Wilson（2001，2012，2018）。此外，我们在下面也证实了银行成本函数的超对数设定对于我们的数据来说也是错误的。为了避免错误设定的函数形式，我们使用了由Simar et al.（2017）提出的几乎完全非参数的方法。因此，我们避免了为成本前沿函数指定一个特定的函数形式，并对误差和效率项做出最小化的假设。如下所述，我们假设效率过程是局部半正态的。我们假设噪声过程是对称且连续的，但除了对称之外，我们不对其形式做任何假设。

当然，很少有免费的午餐，就收敛速度而言，为了避免函数形式设定的错误，午餐是有代价的。非参数估计量的收敛速度通常比典型的参数估计量的根-n的速率要慢。对于给定的样本规模，这表明参数估计量——如果参数模型被正确地设定——将比收敛速度较慢的非参数估计量产生更小的估计误差。对正确设定的参数模型的解释说明是至关重要的。如果参数模型被错误地指定，那么参数估计量仍然会以 $n^{1/2}$ 的速度快速收敛，但会收敛到一些没有意义的，也不具有底层数据生成过程特征的东西。Robinson（1988）将其称为参数估计量的“根-n不一致性”。一个错误指定的参数模型所得到的估计量无法提供一个有意义且有用的估计，即使 $n \to \infty$。相比之下，我们的非参数估计量只需要最小的收敛一致性假设，如下所述。此外，我们利用降维方法来提高估计量的收敛速度。

公司微观经济理论表明，成本函数必须是关于投入价格的一阶齐次。为了施加这种限制，我们将可变成本、存款和劳动力的价格除以实物资本的价格。沿着Wheelock and Wilson（2012，2018）的思路，我们定义成本函数的右边变量（RHS）为

$$\mathbf{Z}_i = \left[\frac{W_{i1}}{W_{i3}} \quad \frac{W_{i2}}{W_{i3}} \quad Y_{i1} \quad Y_{i2} \quad Y_{i3} \quad \frac{Q_i}{A_i} \quad NPL_i \quad \exp\left(T_i\right)\right] \tag{2.7}$$

在转向非参数估计之前，我们简要描述了对超对数函数形式的统计检验，这些检验确认了超对数模型对我们的数据而言的确是错误的设

定。为了使超对数规范更有利，我们在每一年估计了超对数模型。对于给定的年份，我们使用式（2.7）中定义的 $\mathbf{Z}_i$ 中的变量来估计成本的超对数模型。然后，我们根据大小（以总资产衡量）对观察结果进行分类，将给定年份的样本分成两部分（观察值小于等于资产中值或大于资产中值），并使用这两部分重新估计超对数模型，每一部分都独立地估计一个超对数模型。我们指定均值为零的正态分布噪声和半正态非效率（在参数研究中，这是一种自然和典型的设定）。用 LLF_0、LLF_1 和 LLF_2 分别表示全样本、两部分（大银行和小银行）得到的对数似然值，然后计算似然比统计量 $-2\left[LLF_0-\left(LLF_1+LLF_2\right)\right]$。在 $\mathbf{Z}_i$ 中我们总共有七个RHS变量（不包括 $\exp\left(T_i\right)$），因此超对数模型涉及38个参数。如果原假设成立，即超对数设定适合全样本（即模型的参数估计在两个半样本中没有显著差异），那么似然比统计量是拥有38个自由度的渐近分布。在数据中所代表的18年里，我们获得了似然比统计值的范围为从184.4到587.4，而相应的p值范围则从 4.3×10^{-21} 到 1.25×10^{-99}。因此，我们在任何合理的显著性水平上拒绝了超对数设定，我们所获得的似然比统计量的数值表明超对数模型设定对我们的数据存在严重的错误指定。在本章的附录2.8中，我们说明了从超对数模型设定获得的权益的影子价格的估计值不同于我们使用非参数方法获得的估计值。考虑到我们统计检验的结果，这并不令人惊讶。详情请参见附录2.8。

虽然实证证据证明了超对数规范不适用于我们的数据是令人信服的，但没有明显的其他参数替代方案。此外，也有可能没有正确的参数规范，也就是说，我们想要估计的成本函数可能是无限参数化的，因此是非参数化的。如果有一个“正确的”参数规范，而我们不知道它可能是什么，但我们的非参数估计量在温和的假设下是收敛一致的。如果没有“正确的”参数规范，那么我们的非参数估计量在下面讨论的假设下也是一致的。

现在转向我们的非参数框架，首先解释我们是如何降低数据的维度来提高我们的估计量的收敛速度的。众所周知，局部线性回归的最优带宽（bandwidths）阶数为 $O\left(n^{-1/(4+d)}\right)$，其中d是RHS变量的个数。因此，局部线性回归估计量的最优收敛速度为$n^{2/(4+d)}$。这个速度随着d的增加而降低，这就是所谓的“维数灾难”。在式（2.7）中定义的$\mathbf{Z}_i$总共有$d=8$个变量，我们在不降维的情况下面临$n^{1/6}$的收敛速度。幸运的是，经济数据通常表现出高度的共线性，在我们的应用中也是如此。这意味着有效维度，即能为估计提供重要信息的维度，小于$\mathbf{Z}_i$中的八维[①]。

为了降维，我们首先对每个RHS变量取对数，然后通过减去均值和除以标准差来标准化对数值。这将$\mathbf{Z}_i$转化为$\tilde{\mathbf{Z}}_i$，取对数法减少了密度分布的偏度。接下来，使$\mathbf{\Lambda}$表示为$\tilde{\mathbf{Z}}=\left[\tilde{\mathbf{Z}}_1'\tilde{\mathbf{Z}}_2'\cdots\tilde{\mathbf{Z}}_n'\right]$的相关矩阵的特征向量矩阵，其中$\mathbf{\Lambda}$的第j列对应第j个特征值，并且$\lambda_1\geqslant\lambda_2\geqslant\ldots\geqslant\lambda_d$。然后计算主要成分的$(n\times 8)$矩阵：

$$\mathbf{\Psi}_{full}=\tilde{\mathbf{Z}}\mathbf{\Lambda} \tag{2.8}$$

$\mathbf{\Psi}_{full}$列中包含的主要成分在构造上是正交的，并且是$\tilde{\mathbf{Z}}$列的线性组合。$\mathbf{\Psi}_{full}$中前j列中包含的$\tilde{\mathrm{Z}}$的单独的线性信息的比例由

$$\tilde{\lambda}_j=\left(\sum_{k=1}^{j}\lambda_k\right)\left(\sum_{k=1}^{8}\lambda_k\right)^{-1},\ j=1,\ 2,\ \cdots,\ 8 \tag{2.9}$$

给出。这些值分别为0.3986、0.6122、0.7610、0.8742、0.9341、0.9708、0.9870和1.0000。所以为了进行估计，我们使用$\mathbf{\Psi}_{full}$中前5个主要成分，共包含数据中超过93%的独立线性信息。使用5个主要成分可以将我们的局部线性估计量的收敛速度从$n^{1/6}$提升到$n^{2/9}$，我们因此牺牲了数据中的少量信息来提高收敛速度，但这很可能会减少估计误差[②]。

用$\mathbf{\Psi}$来表示$\mathbf{\Psi}_{full}$的前5列，则$\mathbf{\Psi}$是一个$(n\times 5)$矩阵。让$\mathbf{\Psi}_i=\left[\Psi_{i1},\ \Psi_{i2},\ \cdots,\ \Psi_{i5}\right]$，从而使$\mathbf{\Psi}_i$表示$\mathbf{\Psi}$中第i行。我们使用简化的数据和Simar et al.（2017）的方法，同时沿用Wheelock and Wilson（2020）的思路来估计成本前沿的方程，如下所示

① 请注意在涉及参数回归问题的研究中，很少（如果有的话）考虑到大维数的影响，即在回归方程的RHS上出现了许多回归变量。尽管普通最小二乘的收敛速度和相关参数估计量保持根-n的收敛速度（不管回归变量的数量是多少），但是其无法避免维数灾难，因为均方误差随参数回归问题中RHS回归变量的数量增加而增加。解释和讨论详见Wilson（2018）。同样在参数回归问题中，多重共线性通常被认为是一个令人讨厌的麻烦，但在我们的非参数框架中，我们能够利用多重共线性来降低维数。

② 降维被广泛应用于非参数回归问题中，以缓解“维数灾难”。Wilson（2018）采用了大量的模拟实验来证明在非参数的确定性前沿效率估计的情况下降维带来的好处，并发现在许多情况下，牺牲少量信息来减少维数大大缩小了估计误差。

$$\log\left(\frac{C_i}{W_{i3}}\right) = m(\boldsymbol{\Psi}_i) + V_i + U_i \tag{2.10}$$

其中V_i是双面对称噪声项，$E(V_i|\boldsymbol{\Psi}_i) = 0$，$VAR(V_i|\boldsymbol{\Psi}_i) < \infty$，随机无效项$U_i \geqslant 0$是半正态分布并且独立于$V_i$，从而使$U_i|\boldsymbol{\Psi}_i \sim N^+(0, \sigma_u^2(\boldsymbol{\Psi}_i))$①。我们对前沿函数$m(\boldsymbol{\Psi}_i)$和参数$\sigma_u^2(\boldsymbol{\Psi}_i)$都没有假设特定的函数形式，两者都是局部估计的。我们假设前沿函数和$\sigma_u^2(\boldsymbol{\Psi}_i)$都是连续的，我们要求因变量$y_i = \log\left(\frac{C_i}{W_{i3}}\right)$在$\boldsymbol{\Psi}$处连续，并且对于某些$v > 0$存在$E\left(|y|^{2+v}|\boldsymbol{\Psi}\right)$。我们所要求的假设远不如任何参数模型所要求的假设严格。此外，$\boldsymbol{\Psi}_i$的每个元素Ψ_{ik}都是$\tilde{Z}_i$中变量的线性组合，利用线性代数的标准技术可以很容易地实现从$\boldsymbol{\Psi}_i$到Z_i的转换，以恢复诸如边际成本这样的经济模型的特征。Wheelock and Wilson（2020）也是利用这一点来估计银行的勒纳指数，我们在下面估计权益的影子价格时也利用了这一点。

由于我们假设$U_i|\boldsymbol{\Psi}_i$服从$N^+(0, \sigma_u^2(\boldsymbol{\Psi}_i))$分布，所以平均效率$E(U_i|\boldsymbol{\Psi}_i)$由下式

$$\mu_U(\boldsymbol{\Psi}_i) = \sqrt{\frac{2}{\pi}}\,\sigma_u(\Psi_i) \tag{2.11}$$

给出。根据Simar et al.（2017）和Wheelock and Wilson（2020），使$\varepsilon_i = V_i + U_i - \mu_U(\boldsymbol{\Psi}_i)$，$r_1(\boldsymbol{\Psi}_i) = m(\boldsymbol{\Psi}_i) + \mu_U(\boldsymbol{\Psi}_i)$，$r_3(\boldsymbol{\Psi}_i) = E(\varepsilon_i^3|\boldsymbol{\Psi}_i)$。这很容易得出

$$E(\varepsilon_i|\boldsymbol{\Psi}_i) = 0 \tag{2.12}$$

和

$$E(\varepsilon_i^3|\boldsymbol{\Psi}_i) = E\left[\left(U_i - \mu_u(\boldsymbol{\Psi}_i)\right)^3\middle|\boldsymbol{\Psi}_i\right] = \sqrt{\frac{2}{\pi}}\left(\frac{4-\pi}{\pi}\right)\sigma_U^3(\boldsymbol{\Psi}_i) \tag{2.13}$$

其中非效率项$U_i|\boldsymbol{\Psi}_i$的分布呈正偏态，因此$r_3(\boldsymbol{\Psi}_i) \geqslant 0$。

在我们估计的第一阶段，我们使用局部线性估计量来进行估计

① 我们估计框架的细节与Wheelock and Wilson（2020）给出的相似。我们在这里提供一些细节来帮助读者。

$$\log\left(\frac{C_i}{W_{i3}}\right) = r_1(\Psi_i) + \varepsilon_i \tag{2.14}$$

其中 $E(\varepsilon_i|\boldsymbol{\Psi}_i) = 0$，因此 $r_1(\cdot)$ 是一个条件均值函数，即 $E\left(\log\left(\frac{C_i}{W_{i3}}\right)|\boldsymbol{\Psi}_i\right) = r_1(\boldsymbol{\Psi}_i)$。我们使用 Epanechnikov 积核函数和单个自适应的邻近算法宽带，通过最大二乘交叉验证来对其进行优化[①]。估计得到 $r_1(\boldsymbol{\Psi}_i)$的局部线性估值 $\hat{r}_1 = (\boldsymbol{\Psi}_i)$，我们用它来计算

$$\hat{\varepsilon}_i = \log\left(\frac{C_i}{W_{i3}}\right) - \hat{r}_1(\boldsymbol{\Psi}_i) \tag{2.15}$$

其中 i = 1，…，n。在我们估计的第二阶段，我们估计了

$$\hat{\varepsilon}_i^3 = r_3(\Psi_i) + \upsilon_i \tag{2.16}$$

来得到 $r_3(\boldsymbol{\Psi}_i)$的局部线性估值 $\hat{r}_3(\boldsymbol{\Psi}_i)$，其中 i = 1，…，n。给定式（2.13）和 $\hat{r}_3(\boldsymbol{\Psi}_i)$，$U_i$的标准偏差可由下式

$$\hat{\sigma}_U(\boldsymbol{\Psi}_i) = \max\left\{0,\ \left[\sqrt{\frac{\pi}{2}}\left(\frac{\pi}{4-\pi}\right)\hat{r}_3(\boldsymbol{\Psi}_i)\right]^{\frac{1}{3}}\right\} \tag{2.17}$$

得到其一致性估计，而平均非效率由下式

$$\hat{\mu}_U(\boldsymbol{\Psi}_i) = \sqrt{\frac{2}{\pi}}\,\hat{\sigma}_U(\boldsymbol{\Psi}_i) = \max\left\{0,\ 2^{1/3}(4-\pi)^{-1/3}\hat{r}_3(\boldsymbol{\Psi}_i)^{1/3}\right\} \tag{2.18}$$

得出。在 $\boldsymbol{\Psi}_i$处的前沿函数 $m(\boldsymbol{\Psi})$由 $\hat{m}(\boldsymbol{\Psi}_i) = \hat{r}_1(\boldsymbol{\Psi}_i) - \hat{\mu}_U(\boldsymbol{\Psi}_i)$估计得到，则观测值 i 的预期成本为

$$\hat{C}_i = W_{i3}\exp\left(\hat{m}(\boldsymbol{\Psi}_i)\right) = W_{i3}\exp\left(\hat{r}_1(\boldsymbol{\Psi}_i) - \mu_U(\boldsymbol{\Psi}_i)\right) \tag{2.19}$$

利用式（2.5）和上述结果，观测值 i 的权益价格的估值由下式

$$\hat{W}_{Q,\ i} = -\frac{\partial\hat{C}_i}{\partial(Q_i/A_i)}\frac{1}{A_i} = -\hat{C}_i\left(\frac{\partial\hat{r}_1(\Psi_i)}{\partial(Q_i/A_i)} - \frac{\partial\hat{\mu}_U(\Psi_i)}{\partial(Q_i/A_i)}\right)\frac{1}{A_i} \tag{2.20}$$

得出。转换为主要成分空间，对于 $\mathbf{Z}_i$ 第 l 个元素 z_{il}，我们有

$$\frac{\partial\hat{r}_1(\boldsymbol{\Psi}_i)}{\partial z_{il}} = \mathbf{s}_l^{-1}\mathbf{z}_{il}^{-1}\sum_{j=1}^{5}\hat{\boldsymbol{\beta}}_{1lj}\boldsymbol{\Lambda}_{lj} \tag{2.21}$$

① 如前所述，我们对式（2.7）中用于定义 Z_i 的变量取对数，以减少边缘分布中的偏态。即便如此，数据在这个初始转换后仍然表现出一些偏态，这反映在我们用于降维和估计的主成分中。当在一个特定点估计式（2.14）时，我们的最近邻带宽由从这个特定点到 Kth 最近点的距离决定，从而适应数据中的局部稀疏性或密集性。我们通过最小化留一最小二乘交叉验证函数来选择 K。关于局部线性估计量和其他讨论的细节，请参见 Fan and Gijbels（1996）。

和

$$\frac{\partial \hat{\mu}_U(\boldsymbol{\Psi}_i)}{\partial z_{il}} = \begin{cases} \frac{2^{1/3}}{3}(4-\pi)^{-1/3}\hat{r}_3(\boldsymbol{\Psi}_i)^{-2/3} s_l^{-1} z_{il}^{-1} \sum_{j=1}^{5} \hat{\beta}_{3ij}\Lambda_{lj} & \forall \hat{r}_3(\boldsymbol{\Psi}_i) > 0 \\ 0 & \text{otherwise} \end{cases} \tag{2.22}$$

其中 Λ_{lj} 为特征向量的矩阵 $\boldsymbol{\Lambda}$ 的 (l, j) - th 元素，而 s_l 是第 l 个变量的标准差，即 log **Z** 的第 l 列的标准差。斜率项 $\hat{\beta}_{1ij} = \frac{\partial \hat{r}_1(\boldsymbol{\Psi}_i)}{\partial \boldsymbol{\Psi}_{ij}}$ 和 $\hat{\beta}_{3ij} = \frac{\partial \hat{r}_3(\boldsymbol{\Psi}_i)}{\partial \boldsymbol{\Psi}_{ij}}$（j = 1，2，…，5）是局部线性估计所得①。此外，由于局部线性估计量的局部性质，对回归中的每个观测值 i 计算 $\hat{\beta}_{1ij}$s 和 $\hat{\beta}_{3ij}$s。

这里描述的估计方法几乎是完全非参数的。虽然我们假设非效率是半正态分布，但形状参数 $(\sigma_u^2(\boldsymbol{\Psi}_i))$ 是局部估计的，并且允许在不同的观测结果中连续变化。一个完全非参数的方法似乎是不可能的，因为需要一些模型结构来识别非效率的期望。此外，注意前沿函数 $m(\boldsymbol{\Psi}_i)$ 和非效率项 U_i 都允许依赖于 $\boldsymbol{\Psi}_i$，因此也允许依赖于权益-资产比率和不良贷款。将这些变量视为风险的衡量，我们允许银行的风险承担可能影响前沿或非效率，从而避免了 Simar and Wilson（2007，2011）有关效率和生产力文献中经常做出的限制性假设。此外，注意我们在（2.7）中包含了时间（T），因此在 $\boldsymbol{\Psi}_i$ 中我们允许前沿和效率的分布随时间变动。任何技术变化都可以是中立的，也可以是非中立的，我们对此没有任何限制。

为了可以用非参数估计来推断权益的影子价格，我们使用了 Härdle（1990）和 Härdle and Mammen（1993）的自举法，从而避免了做出特定的分布假设②。我们将原始自举法应用于回归方程（2.14）和（2.16）。

---

① 有关权益影子价格衍生的详细信息，请参见单独的附录 2.7。有关局部线性估计的详细信息，请参见 Fanand Gijbels（1996）。注意在式（2.22）中，很明显低效率银行的影子价格是通过投射在效率前沿上的点估计的。当然，影子价格取决于将低效的公司投射到效率前沿上的方向。但在式（2.22）中的设定，是我们模型在相关情境下的最合理的选择。

② Härdle and Mammen（1993）证实了基于对估计残值或数据（均匀的，可替换）重新取样来构造自举样本，在局部线性估计量这样的非参数回归估计的前提下，不能提供有效的推论。Härdle and Mammen（1993）开发了所谓的“原始自举法”（wild bootstrap）来提供有效的推断，这个想法就是在“自举世界”中重新创造存在于“现实世界的偏差”。对于每个观测值 i，都构造一个自举残差 ε_i^*，例如概率为 $\frac{1+\sqrt{5}}{2\sqrt{5}}$ 的 $\varepsilon_i^* = \frac{1-\sqrt{5}}{2}\varepsilon_i$ 以及概率为 $\frac{\sqrt{5}-1}{2\sqrt{5}}$ 的 $\varepsilon_i^* = \frac{1+\sqrt{5}}{2}\varepsilon_i$。在（3.14）中自举残差被用来计算 $y_i^* = \hat{r}_1(\boldsymbol{\Psi}_i) + \varepsilon_i^*$，i = 1，⋯n，其中 $\hat{r}_1(\boldsymbol{\Psi}_i)$ 是（3.14）中的 $r_1(\boldsymbol{\Psi}_i)$ 的估值。然后在每一个 B 自举重复中，将 y_i^* 在 $\boldsymbol{\Psi}_i$ 上回归。更多相关细节和讨论参阅 Härdle（1990）或 Mammen（1993）。

在每次自举重复抽样中，我们将从（2.14）的自举回归模拟中得到的估计残差立方化，并将这些作为（2.16）的自举抽样回归模拟中的因变量。我们把初始估值 $\hat{W}_{Q,i}$ 作为观测值i的对应的权益价格。在B = 1 000自举抽样重复后，我们为观测值i得出B个自举抽样估值 $\hat{W}^*_{Q,ib}$，b = 1，…B。为了估计观测值i的置信区间，我们使用Hall（1992）的百分位数法。对于水平 $(1-\alpha)\times 100\%$ 的置信区间，我们计算了 $\hat{W}^*_{Q,ib}-\hat{W}_{Q,i}$，b = 1，…B的 $\alpha/2$ 和 $(1-\alpha/2)$ 的分位数，分别表示为 $-b^*_\alpha$ 和 $-a^*_\alpha$。对 $W_{Q,i}$ 的 $(1-\alpha)\times 100\%$ 的置信区间的自举抽样估计由

$$\hat{W}_{Q,i}+a^*_\alpha \leqslant W_{Q,i} \leqslant \hat{W}_{Q,i}+b^*_\alpha \tag{2.23}$$

得出。式（2.23）的基本逻辑为抽样值 $\hat{W}^*_{Q,ib}-\hat{W}_{Q,i}$，b = 1，…B的实证分布近似于 $\left(\hat{W}_{Q,i}-W_{Q,i}\right)$ 的未知分布，并且该近似值随着 $n\to\infty$ 和 $B\to\infty$ 而增大。另外利用 $\hat{W}^*_{Q,ib}-\hat{W}_{Q,i}$，b = 1，…B作为 $\hat{W}^*_{Q,ib}$，b = 1，…B的相对的分位数，自动调整式（2.23）的置信区间来反映 $\hat{W}_{Q,i}$ 相对于 $W_{Q,i}$ 的偏差。详细讨论参阅Hall（1992）。

2.4 数据和变量

为了得到式（2.5）中权益影子价格的估值，我们必须设定 $C\left(\mathbf{Y},\mathbf{W},\frac{Q}{A},T\right)$。我们查阅了大量银行文献来指定RHS自变量，使用了FFIEC（联邦金融机构审查委员会）电话报告提供的2001—2018年美国商业银行的年终数据[①]。在Sealey and Lindley（1977）中广泛使用的中介方法被用来为银行的生产过程建模，即使用存款、劳动力和实物资本来产生贷款、投资和表外项目。

对于该模型，我们指定了三个产出量：贷款总额 (Y_1)、证券总额 (Y_2) 和以非利息收入衡量的表外项目 (Y_3)。此外，我们还指定了三个投入价格：存款价格 (W_1)、劳动力价格 (W_2)，以及实物资本价格

① 数据可在https：//cdr.ffiec.gov/public/PWS/DownloadBulkData.aspx获得。

(W_3)。输入价格变量是通过将投入的支出除以相应的投入数量来衡量的。正如在2.2.1中的讨论，我们也包括了权益与总资产的比率。这一比率也反映了风险，资本不充足的银行可能比那些资本充足的银行面临更大的破产风险。作为对银行风险水平的额外控制，我们还包括不良贷款（NPL），以贷款总额和到期30天或以上仍在累积的租赁融资应收账款来衡量。作为最终的控制变量，我们将时间T=1，2，...，18也加入进来。虽然T是一个有序的分类变量，但由于它的范围相对较大，它在这里被视为一个连续变量。T作为解释变量，可以用来抓取政策的变化和全球金融危机的变化。T可以允许成本函数形式随着时间变化而变化。

2001—2018年期间变量的汇总统计数据见表2-1。所有货币价值均以2018年百万美元计算。平均值和相应的中位数之间的差异，以及第一个四分位数和中位数之间的差异与中位数和第三个四分位数之间的差异，表明投入和产出变量的密度函数严重向右倾斜。这与图2-1显示的相一致，该图显示了2001年、2009年和2018年美国商业银行总资产对数的密度估计图。即使在考虑了总资产后，银行规模的分布仍然向右倾斜。图2-1还显示随着时间的推移，美国商业银行的规模分布逐渐向右移动，这证实了在我们的数据所覆盖的期间，美国商业银行的规模不断扩大。投入和产出数据的右偏度以及银行不断变大的规模表明，超对数规范很可能不适用于美国商业银行。这与第2.3节所做的超对数函数形式检验结果相一致。

每年的权益-资产比率的中位数和平均值如图2-2所示。全年权益-资产比率的平均值和中值均在10%左右，其平均值略大于每年的中值。中值在2001—2007年不断上升，在2007—2009年不断下降，直到2012年，保持在比以前高得多的水平。权益-资产比率的平均值随着时间变化的趋势似乎是与中值相同的。从2007年至2009年，权益-资产比率的下降反映了全球金融危机对美国商业银行的负面影响。相比之下，2009年以后权益-资产比率的增长反映了2010年《多德-弗兰克华尔街改革与消费者保护法》出台后的商业银行的资本重组过程。

表2-1 2001—2018年的描述性统计

Variable	N	Min	Q1	Median	Mean	Q3	Max	S.D.
存款总额(X1)	119028	2.2471(-1)	7.3737(1)	1.5319(2)	1.7881(3)	3.5258(2)	1.9298(6)	3.2545(4)
全职工作员工数量(X2)	119028	1.0000(0)	2.0000(1)	4.0000(1)	2.9215(2)	8.7000(1)	2.3518(5)	4.4104(3)
实物资本(X3)	119028	1.0000(-3)	9.4753(-1)	2.8443(0)	1.8653(1)	7.1957(0)	1.3432(4)	2.3197(2)
贷款总额(Y1)	119028	2.1821(-2)	4.8062(1)	1.0837(2)	1.1448(3)	2.6066(2)	9.7349(5)	1.7728(4)
证券总额(Y2)	119028	1.0225(-3)	1.3461(1)	3.2705(1)	3.9258(2)	8.0818(1)	4.3279(5)	7.0631(3)
表外项目(Y3)	119028	1.0000(-3)	3.7642(-1)	9.7782(-1)	3.6954(1)	2.8492(0)	4.5048(4)	7.2145(2)
存款价格(W1)	119028	1.4910(-5)	6.9255(-3)	1.7621(-2)	2.0077(-2)	2.9897(-2)	2.9721(0)	1.8993(-2)
劳动力价格(W2)	119028	2.4001(-1)	5.6735(1)	6.6074(1)	7.0363(1)	7.8980(1)	8.5299(2)	2.2538(1)
实物资本价格(W3)	119028	1.2660(-4)	1.8458(-1)	2.7563(-1)	6.3331(-1)	4.6638(-1)	4.2381(3)	1.3913(1)
不良贷款(NPL)	119028	1.0000(-3)	7.3999(-1)	2.0981(0)	3.7721(1)	5.7648(0)	8.5172(4)	9.1591(2)
所有者权益(Q)	119028	2.7885(-2)	8.8221(0)	1.7850(1)	2.1753(2)	4.0302(1)	2.1646(5)	3.7317(3)
总资产(A)	119028	3.1078(0)	8.3841(1)	1.7299(2)	2.0588(3)	3.9559(2)	2.2190(6)	3.7414(4)
权益-资产比率(Q/A)	119028	8.0207(-5)	8.6605(-2)	1.0070(-1)	1.0861(-1)	1.2067(-1)	9.8786(-1)	3.8250(-2)
时间(T)	119028	1.0000(0)	4.0000(0)	8.0000(0)	8.7985(0)	1.3000(1)	1.8000(1)	5.1375(0)
可变总成本(C)	119028	2.2730(-2)	2.7045(0)	5.6664(0)	5.5393(1)	1.2986(1)	6.8931(4)	9.4782(2)
贷款价格	119028	1.8180(-4)	5.4133(-2)	6.4014(-2)	6.5244(-2)	7.4238(-2)	3.0899(0)	2.0359(-2)

注：所有的美元数量以2018年100万美元计价。数值 $a \times 10^b$ 被标记为a（b），例如，数字 2.2471×10^{-1} 被标记为2.2471（-1）。

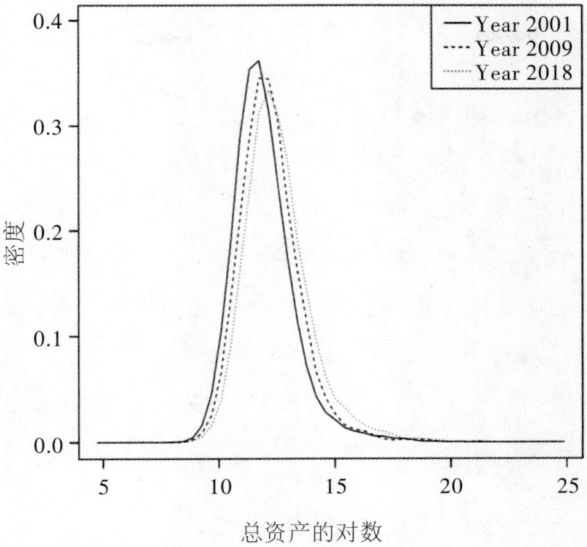

图2-1　2001年、2009年和2018年美国商业银行总资产（取对数）的密度函数分布

注：实线表示2001年的密度；虚线表示2009年的密度；点线表示2018年的密度。

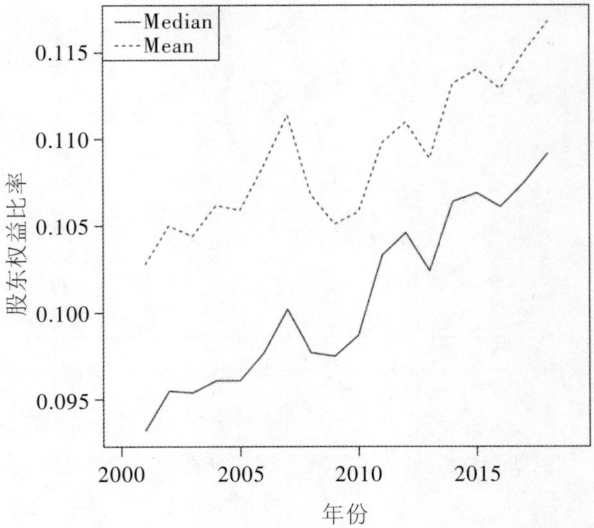

图2-2　2001—2018年股权与资产比率的中位数和均值

注：实线表示中位数值；虚线表示平均值。

基于总资产的每个规模的四分位数的权益-总资产比率的中位数如图2-3所示。一般来说，随着银行规模的增加，权益-总资产比率的中值就会下降。2001—2018年每年的权益-资产比率与规模之间的相关性如图2-4所示。显然，权益-资产比率与银行规模之间存在负相关关系，这表明与小银行相比，大银行持有的股本往往更少。这说明小银行除了提高权益-资产比率以降低潜在的市场风险外，缺乏其他资源。然而大银行在遇到其他危机时可能会从政府获得隐性的救助担保，因此它们没有必要持有超过政府所要求的股本水平。图2-5显示了美国前10大商业银行每年的资产权重。如图所示，2005年以后，前10大银行的资产权重超过50%，反映出前10大银行的规模确实非常大，且在美国银行业占据主导地位。

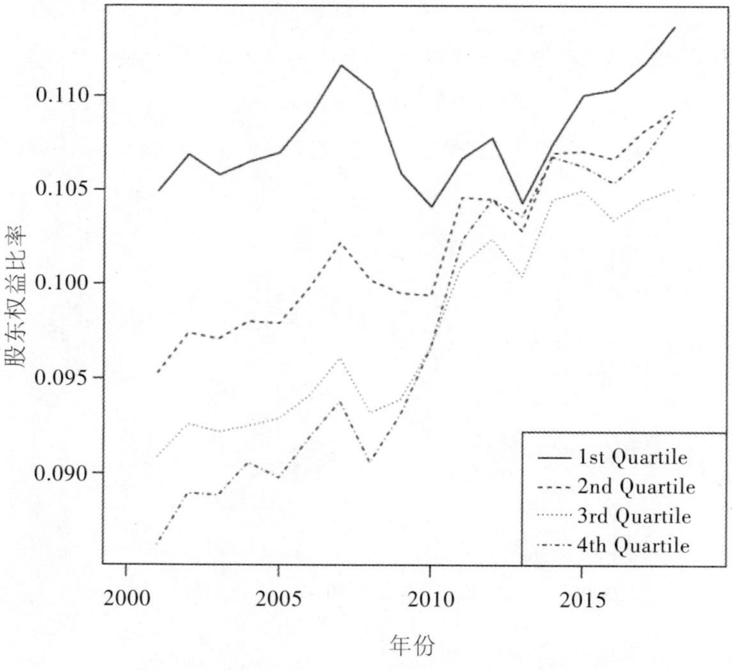

图2-3 按照四分位数分组的2001—2018年股权与资产比率的中位数

注：实线表示第一个四分位数的中位数；虚线表示第二个四分位数的中位数；点线表示第三个四分位数的中位数；破折号线表示第四个四分位数的中位数。规模四分位数是以每年的总资产来定义的。

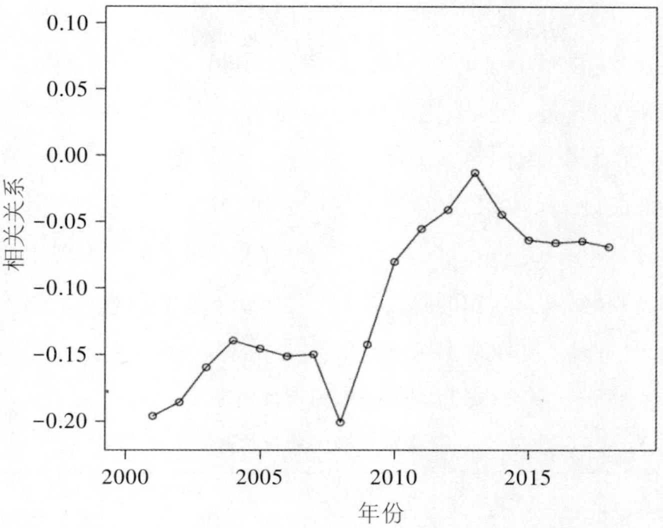

图 2-4 股权-资产比率与银行规模的相关性

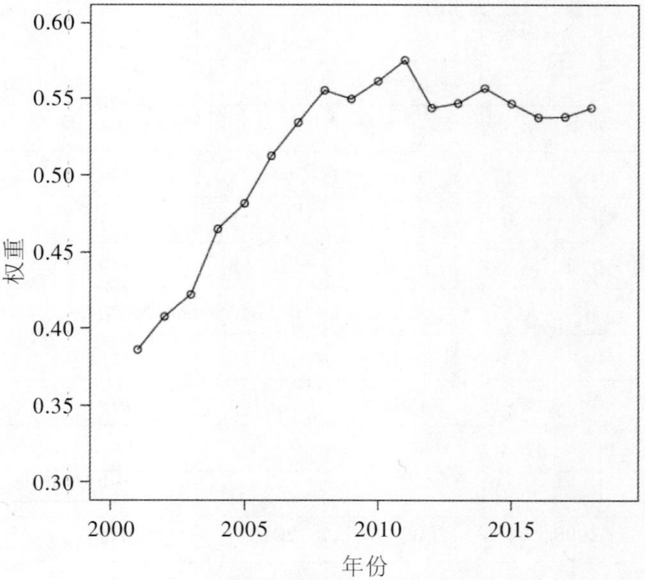

图 2-5 前 10 大银行的资产权重

可以想象，大型银行在为存款、贷款定价方面可能拥有一定的市场权力。为了验证这一点，我们将每年的银行分成两组，组 1 由每一年份的 50 家最大的银行组成，组 2 包含所有其他银行。表 2-2 揭示了两组之间存款平均价格差异的检验结果。除了 2007—2008 年和 2013—2017 年以外，在18年中的11年里，这些差异显著不为零（为10%或更高）。在有显著差异的年份中，除了2005年、2006年和2018年这三个年份外，差异都是正的，这表明前50名大银行所支付的存款价格比小银行低。表2-2的结果为排名前50的银行具有市场权力提供了有力的证据，至少在2001—2004年和2009—2012年，排名前50的银行支付的存款价格平均低于小银行。这可能与某些市场的集中度有关，或者与规模报酬率有关（Wheelock and Wilson（2012，2018）发现了整个美国银行规模报酬递增的证据，甚至在最大的银行中）。

表2-2 **排名前50位的银行和所有其他银行之间的存款价格均值差异检验**

Year	n_1	n_2	Mean1	Mean2	Statistic	P-value
2001	50	8 061	0.0454	0.0491	2.6922	0.0071
2002	50	7 855	0.0265	0.0320	4.5786	0.0000
2003	50	7 732	0.0191	0.0234	3.6035	0.0003
2004	50	7 500	0.0175	0.0196	1.7128	0.0868
2005	50	7 321	0.0283	0.0240	−3.1951	0.0014
2006	50	7 118	0.0383	0.0329	−4.2452	0.0000
2007	50	7 015	0.0382	0.0375	−0.4449	0.6564
2008	50	6 828	0.0267	0.0288	1.5790	0.1143
2009	50	6 528	0.0144	0.0210	5.7205	0.0000
2010	50	6 243	0.0106	0.0150	5.1812	0.0000
2011	50	6 059	0.0076	0.0109	4.1894	0.0000
2012	50	6 418	0.0068	0.0081	1.7474	0.0806
2013	50	6 251	0.0053	0.0062	1.3126	0.1893
2014	50	5 975	0.0046	0.0052	0.9547	0.3397
2015	50	5 674	0.0046	0.0048	0.2547	0.7990
2016	50	5 441	0.0051	0.0047	−0.5795	0.5623
2017	50	5 184	0.0059	0.0050	−1.3497	0.1771
2018	50	4 925	0.0084	0.0066	−2.3416	0.0192

注：对于每一年，我们将前50家银行（按规模）与所有其他银行进行比较。大银行（前50家银行）的数量是n_1，而小银行（所有其他银行）的数量为n_2。

表2-3同样报告了前50家银行和其他银行之间的贷款价格的差异。表2-3显示了在18年中，贷款价格在2001—2007年、2011年和2015年这9年的差异显著（10%或更高）。每年，排名前50的银行的贷款价格都低于其他较小银行的水平。如果大银行比小银行拥有更大的市场影响力，人们预期可能会与之相反，即大银行的贷款价格将会更高。结合Wheelock and Wilson（2018）发现的大银行的成本和利润规模报酬率都在增加的证据，表2-3的结果表明，虽然大银行的贷款价格低于小银行，但它们可以这样做是因为它们的平均成本都较低。

表2-3　**排名前50位的银行和所有其他银行之间的贷款价格均值差异检验**

Year	n_1	n_2	Mean1	Mean2	Statistic	P-value
2001	50	8 061	0.0801	0.0865	2.1306	0.0331
2002	50	7 855	0.0646	0.0761	4.7885	0.0000
2003	50	7 732	0.0575	0.0698	5.2535	0.0000
2004	50	7 500	0.0528	0.0654	3.7543	0.0002
2005	50	7 321	0.0626	0.0689	1.8291	0.0674
2006	50	7 118	0.0701	0.0757	1.9375	0.0527
2007	50	7 015	0.0686	0.0778	2.7936	0.0052
2008	50	6 828	0.0659	0.0692	0.9251	0.3549
2009	50	6 528	0.0604	0.0649	0.8929	0.3719
2010	50	6 243	0.0596	0.0642	1.0500	0.2937
2011	50	6 059	0.0524	0.0621	2.5683	0.0102
2012	50	6 418	0.0528	0.0590	1.4602	0.1442
2013	50	6 251	0.0503	0.0551	1.1180	0.2636
2014	50	5 975	0.0466	0.0525	1.4495	0.1472
2015	50	5 674	0.0446	0.0513	1.6667	0.0956
2016	50	5 441	0.0480	0.0507	0.6251	0.5319
2017	50	5 184	0.0493	0.0508	0.3471	0.7285
2018	50	4 925	0.0523	0.0526	0.0795	0.9367

注：对于每一年，我们将前50家银行（按规模）与所有其他银行进行比较。大银行（前50家银行）的数量是n_1，而小银行（所有其他银行）的数量为n_2。

2.5 实证结果

2.5.1 概论

我们使用非参数、局部线性法和一些矩条件来估计成本前沿函数，由此我们推导出2001—2018年每个商业银行的权益的影子价格。本书中所有估计均采用R软件计算。然而，对权益的影子价格仍存在一些不合理的估计，因此，我们在分析结果之前，首先要剔除估值中的异常值。如果权益的影子价格的估值小于Q1 - 3 × IQR或者大于Q3 + 3 × IQR，则该估值被定义为异常值，其中Q1为第一个四分位数，Q3为第三个四分位数，IQR是四分位数的范围（即IQR = Q3 - Q1）。我们发现在119 028个观测值中有1 443个异常值。在剔除异常值后，我们不会丢失太多信息，估计值仍然能够捕获原来四分位数趋势的变化。

2.5.2 主要结果

关于权益影子价格的估值的汇总统计数据见表2-4。2001年影子价格的平均值为0.0875。这意味着，在2001年一家美国商业银行从投资者那里每得到一美元的权益，期限为一年，在年底平均将产生1.0875美元的成本。换句话说，2001年的权益的“利率”（平均）为8.75%。在2001—2018年的研究期间，我们对权益的影子价格的估值在1.98%~8.75%之间。与之前的研究相比，Duygun et al.（2015）估计了2005—2008年新兴经济体银行（使用参数超对数模型）为4.1%~4.9%。Radić（2015）对1999—2011年日本银行系统的估计值为2.8%~6.1%，而Fiordelisi et al.（2018）发现2000—2010年日本银行的估计值为2.8%~3.4%，Radić（2015）和Fiordelisi et al.（2018）均采用参数超对数模型。Hasannasabetal.（2019）使用二次函数形式的参数方向距离函数，估计2002—2016年美国商业银行权益的影子价格的平均值为14.8%。

表2-4的结果显示，权益的影子价格的平均值和中值均有下降趋势，但存在一定的波动。平均估值从2001年到2005年有所下降，但在2006年有所上升，然后在2007年至2008年再次下降。从2009年到2012年有所增长，然后恢复下降趋势。中位数也表现出类似的模式。2007年之前的中值普遍高于2011年及以后，这表明美国商业银行的资本重组过程可能导致了权益的影子价格的下跌。2010年之后较低的中值也反映了相对较低的融资成本、潜在的市场风险以及可能加剧了的竞争。

表2-4　　股权影子价格估计值的描述性统计

Year	n	Min	Q1	Median	Mean	Q3	Max
2001	7 907	−0.7965	−0.0646	0.0830***	0.0875***	0.2437	0.8760
2002	7 793	−0.7991	−0.0559	0.0647***	0.0759***	0.2048	0.8757
2003	7 694	−0.7863	−0.0746	0.0466***	0.0526**	0.1840	0.8726
2004	7 458	−0.7973	−0.0930	0.0366***	0.0402**	0.1740	0.8747
2005	7 234	−0.7989	−0.1156	0.0304***	0.0299	0.1816	0.8711
2006	6 945	−0.7974	−0.1267	0.0310***	0.0368**	0.2029	0.8768
2007	6 843	−0.7894	−0.1287	0.0307***	0.0345*	0.2072	0.8754
2008	6 761	−0.7937	−0.1148	0.0229**	0.0232	0.1640	0.8671
2009	6 526	−0.7791	−0.0846	0.0276***	0.0299*	0.1460	0.8715
2010	6 255	−0.7953	−0.0739	0.0324***	0.0328**	0.1415	0.8766
2011	6 087	−0.7904	−0.0622	0.0286***	0.0333**	0.1292	0.8632
2012	6 452	−0.7822	−0.0565	0.0275***	0.0333**	0.1222	0.8262
2013	6 281	−0.7924	−0.0681	0.0226***	0.0198	0.1148	0.8236
2014	6 014	−0.7804	−0.0599	0.0223***	0.0235*	0.1086	0.8463
2015	5 700	−0.7972	−0.0668	0.0237***	0.0243*	0.1164	0.8600
2016	5 468	−0.7808	−0.0666	0.0255***	0.0290**	0.1261	0.8760
2017	5 215	−0.7787	−0.0681	0.0245***	0.0278**	0.1278	0.8739
2018	4 952	−0.7992	−0.0788	0.0267***	0.0256*	0.1311	0.8695

注：中位数和平均值的统计学检验（与0的差异）在10%、5%或1%的显著水平上分别用*、**、***表示。

在2008年至2010年，权益的平均影子价格的上涨意味着银行在全球金融危机期间愿意支付更多的价格来增加其权益资本，因为这段时期的市场风险高于危机前。2010年的较大中值（0.0324）可能是由2010年《多德-弗兰克华尔街改革与消费者保护法》中更加严格的规定所导致，该法案要求银行持有比以前更高的股本水平。在2010年，银行显然愿意支付更多的资金来筹集股本来满足银行监管机构的要求。这一结果与Dong et al.（2016）的结果一致，他们发现在2008—2009年，中国的银行的权益影子价格有所上升。

令人惊讶的是我们样本中的一些银行每年的权益影子价格估值为负。这表明这些银行在不经济、次优的生产空间中经营。这些银行持有的权益水平可能远高于其有效水平，导致其权益的影子价格为负值。先前的研究（Fethi et al.，2012；Duygun et al.，2015；Radić，2015；Dong et al.，2016；Fiordelisi et al.，2018；Hasannasab et al.，2019）也发现了权益的影子价格为负（他们都使用了参数模型）。

如前所述，权益的影子价格的估值可以直接与存款价格、贷款价格相比较。这三种价格中值的比较见表2-5。股权通常被认为比存款风险更大，因为股东是破产程序中最后获得资产分配的人。因此，股东希望从他们对公司股票的投资中获得更高的回报。从表2-5可以看出在大多数年份中权益影子价格的估值大于存款价格而小于贷款价格。然而，在2006—2008年期间，权益影子价格中值低于存款价格，而贷款价格相对较高。相比之下，Hasannasab et al.（2019）发现在2007年年底开始的金融危机之前美国银行的权益影子价格就有所上涨。一些观察结果支持了我们在表2-5中的发现。首先，最初发生在房屋抵押贷款市场的危机需要一段时间才能更广泛地传播。标准普尔500指数在2007年10月10日达到1 562.47点的峰值，在2007年12月31日收于1 468.36点，并在2008年的晚些时候大幅下跌。这表明，投资者直到2007年年底或2008年年初才意识到广泛风险的存在。其次，我们的结果与Bernanke（2005）一致，他指出在2007年开始的金融危机之前信贷繁荣可能与全球储蓄过剩有关，这可能降低了对金融股本资本的需求（因此价格有所降低）。最后，Hasannasab et al.（2019）得到的估计值是基于参数超对数规范，这可能不适合美国银行业，正如我们之前讨论的那样。

表2-5 **股权影子价格、存款价格、贷款价格的中位数比较**

Year	Equity	Deposits	Loans
2001	0.0830	0.0496	0.0860
2002	0.0647	0.0321	0.0753
2004	0.0366	0.0195	0.0636
2005	0.0304	0.0242	0.0679
2006	0.0310	0.0331	0.0749
2007	0.0307	0.0374	0.0771
2008	0.0229	0.0289	0.0683
2009	0.0276	0.0204	0.0640
2010	0.0324	0.0148	0.0632
2011	0.0286	0.0106	0.0610
2012	0.0275	0.0077	0.0576
2013	0.0226	0.0057	0.0536
2014	0.0223	0.0048	0.0509
2015	0.0237	0.0044	0.0499
2016	0.0255	0.0043	0.0494
2017	0.0245	0.0046	0.0494
2018	0.0267	0.0062	0.0511

表2-6报告了每年权益成本（权益的影子价格乘上权益）相对于总可变支出的汇总统计数据。权益成本影子份额估值的中位数从2001年至2008年呈下降趋势，2008年至2018年呈上升趋势。其平均值也有类似的趋势。尽管表2-4显示在2008年之前的权益影子价格估值的中位数通常高于2008年之后的，但表2-6显示权益成本影子份额估值的中位数在2008年后有所增加，这反映出银行使用的权益比之前更多，也说明了美国银行系统自全球金融危机以来一直在不断提高权益资本。

表2-6 **估计的所有者权益成本占总支出的描述性统计**

Year	n	Min	Q1	Median	Mean	Q3	Max
2001	7 907	−2.1198	−0.1431	0.2027	0.1955	0.5460	2.2585
2002	7 793	−2.6517	−0.1762	0.2070	0.2161	0.6035	2.5181
2003	7 694	−2.8934	−0.2569	0.1744	0.1816	0.6150	3.0163
2004	7 458	−2.7709	−0.3392	0.1577	0.1534	0.6329	3.1989
2005	7 234	−3.4110	−0.3800	0.1174	0.1142	0.6111	3.7346
2006	6 945	−2.9897	−0.3886	0.1073	0.1205	0.6114	3.0056
2007	6 843	−3.5348	−0.3682	0.1038	0.1085	0.5880	3.1385
2008	6 761	−3.6798	−0.3398	0.0735	0.0931	0.5189	2.9500
2009	6 526	−4.5818	−0.2869	0.1086	0.1252	0.5328	2.9416
2010	6 255	−2.9489	−0.2910	0.1396	0.1444	0.5866	2.8939
2011	6 087	−2.7813	−0.2939	0.1472	0.1617	0.6162	3.0730
2012	6 452	−3.5784	−0.2961	0.1609	0.1748	0.6389	3.5406
2013	6 281	−3.2565	−0.3653	0.1343	0.1357	0.6383	3.7433
2014	6 014	−4.0487	−0.3614	0.1449	0.1551	0.6586	5.3166
2015	5 700	−3.8380	−0.4031	0.1575	0.1678	0.7358	4.7627
2016	5 468	−6.2755	−0.3878	0.1733	0.1806	0.7470	5.5381
2017	5 215	−5.1794	−0.3943	0.1630	0.1797	0.7419	4.1570
2018	4 952	−4.2895	−0.4272	0.1540	0.1550	0.7191	3.3417

表2-7提供了每年成本非效率的估值的汇总统计数据。结果表明，从2001年到2005年，成本非效率的平均水平和中位数水平都有所增加，其中大部分发生在2001—2003年。从2004年到2018年，成本非效率出现一些变动，但平均水平只在1.2036~1.2236之间变动。2008年之前的成本非效率估值的平均数和中位数都低于2008—2017年。这表明2008年之后银行的成本效率降低，银行在2009—2017年距离成本前沿比2001—2008年时更远。非效率的增加可能是由于2010年

《多德-弗兰克华尔街改革与消费者保护法》实施了更严格的监管，这表明银行的去杠杆化给银行增加了重大成本。然而，从2017年到2018年，成本非效率的平均值和平均估值都在下降。

表2-7　　成本效率估计值的描述性统计

Year	n	Min	Q1	Median	Mean	Q3	Max
2001	7 907	1.0000	1.0603	1.1684	1.1641	1.2510	1.6734
2002	7 793	1.0000	1.1194	1.1955	1.1896	1.2695	1.6526
2003	7 694	1.0000	1.1346	1.2116	1.2014	1.2820	1.6786
2004	7 458	1.0000	1.1444	1.2210	1.2093	1.2893	1.6842
2005	7 234	1.0000	1.1451	1.2204	1.2086	1.2901	1.6692
2006	6 945	1.0000	1.1400	1.2171	1.2059	1.2888	1.6837
2007	6 843	1.0000	1.1404	1.2188	1.2087	1.2914	1.6498
2008	6 761	1.0000	1.1493	1.2238	1.2190	1.3004	1.6558
2009	6 526	1.0000	1.1488	1.2263	1.2232	1.3084	1.6851
2010	6 255	1.0000	1.1499	1.2272	1.2236	1.3079	1.6553
2011	6 087	1.0000	1.1495	1.2269	1.2215	1.3089	1.6497
2012	6 452	1.0000	1.1474	1.2245	1.2213	1.3116	1.6582
2013	6 281	1.0000	1.1505	1.2294	1.2225	1.3116	1.6361
2014	6 014	1.0000	1.1539	1.2320	1.2231	1.3131	1.6637
2015	5 700	1.0000	1.1498	1.2301	1.2214	1.3110	1.6538
2016	5 468	1.0000	1.1456	1.2286	1.2188	1.3117	1.6451
2017	5 215	1.0000	1.1411	1.2238	1.2140	1.3071	1.6169
2018	4 952	1.0000	1.1250	1.2121	1.2036	1.2976	1.5906

权益影子价格估值按规模四分位数分组的结果见表2-8。结果表明，2001—2018年每年第四个四分位数的权益影子价格估值的中位数远小于其他三个四分位数。此外，在2005—2008年和2015—2016年期间，第四个四分位数的权益的影子价格中值均为负值。具体来说，在第

四个四分位数的银行的中位数在2008年达到最低负值，这表明这些银行没有在全球金融危机开始时向股权投资者支付报酬，而是被股票投资者进行隐性支付。这些结果符合大银行在全球金融危机动荡时期得到政府防止其破产的隐性担保的事实。

表2-8 **按规模四分位数分组的股权影子价格的中位数**

Year	1st Quartile	2nd Quartile	3rd Quartile	4th Quartile
2001	0.0761	0.0975	0.1064	0.0498
2002	0.0673	0.0858	0.0729	0.0317
2003	0.0460	0.0640	0.0596	0.0142
2004	0.0358	0.0630	0.0425	0.0123
2005	0.0291	0.0536	0.0434	−0.0010
2006	0.0344	0.0556	0.0534	−0.0093
2007	0.0285	0.0662	0.0380	−0.0040
2008	0.0291	0.0460	0.0295	−0.0164
2009	0.0310	0.0470	0.0313	0.0006
2010	0.0319	0.0468	0.0410	0.0093
2011	0.0313	0.0444	0.0334	0.0046
2012	0.0292	0.0395	0.0326	0.0079
2013	0.0255	0.0320	0.0282	0.0044
2014	0.0231	0.0321	0.0307	0.0050
2015	0.0313	0.0382	0.0275	−0.0040
2016	0.0347	0.0478	0.0276	−0.0088
2017	0.0386	0.0323	0.0307	0.0021
2018	0.0316	0.0359	0.0376	0.0019

为了进一步研究权益的影子价格的估值与银行规模之间的关系，

我们在图2-6中展示了它们的相关性。每年，权益的影子价格的估值与以总资产衡量的银行规模之间呈负相关关系。这表明在我们的样本涵盖的时间内，大银行的股权支付价格始终低于小银行。我们的结果与Hughes et al.（2001）的并不相同，他们发现1994年银行控股公司的规模与权益的影子价格估值之间存在正相关关系。不过Hughes et al.（2001）等人使用了参数超对数模型。这种模型设定可能跟他们的数据不符。

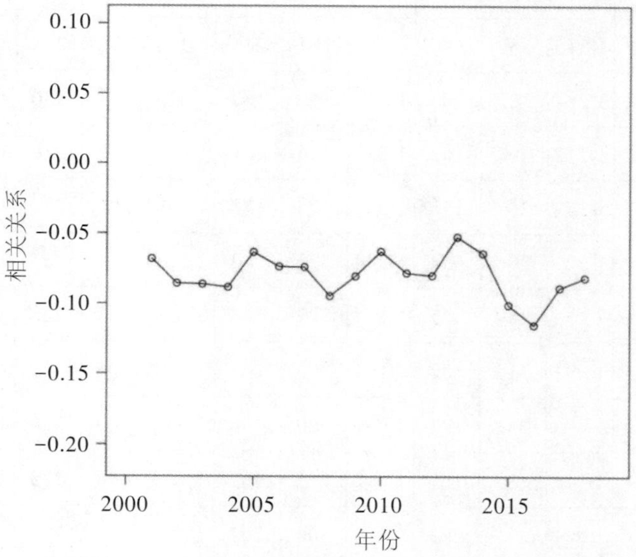

图2-6　股权影子价格估计值与银行规模之间的相关性

表2-9按年份和规模的四分位数展示了银行在三种情况下的数量：（1）权益的影子价格估值显著为负；（2）权益的影子价格估值跟0没有显著区别；（3）权益的影子价格估值显著为正，显著性水平为5%。在每个四分位数中，我们发现每年权益的影子价格为负的银行数量较少，这表明只有少数银行在生产集的次优区域运营。然而，在第四个四分位数的银行（按资产计算最大的25%的银行）中，我们发现每年权益影子价格显著为负的银行数量比其他三个四分位数多。因此，研究结果表明与其他三个四分位数相比，第四个四分位数的银行获得的权益投资者的隐性报酬更多，这为大而不倒银行的存在提供了额外的证据。

表2-9　**按规模四分位数分组，股权影子价格估计值显著为负值或正值或不显著的银行数量（5%的显著性）**

Year	—1st quartile—			—2nd quartile—			—3rd quartile—			—4th quartile—		
	Neg.	0	Pos.	Neg.	0	Pos.	Neg.	0	Pos.	Neg.	0	Pos.
2001	173	1 432	372	121	1 485	371	114	1 469	393	229	1 359	389
2002	171	1 385	393	133	1 406	409	123	1 464	361	239	1 354	355
2003	179	1 391	354	164	1 354	405	169	1 414	340	262	1 323	339
2004	203	1 310	352	196	1 277	391	211	1 324	329	274	1 279	312
2005	225	1 262	322	208	1 250	350	183	1 322	303	280	1 259	270
2006	227	1 212	298	163	1 247	326	161	1 286	289	236	1 223	277
2007	203	1 241	267	153	1 234	324	158	1 246	306	281	1 155	275
2008	166	1 229	296	164	1 204	322	193	1 228	269	261	1 118	241
2009	178	1 165	289	135	1 174	322	165	1 193	273	228	1 139	265
2010	160	1 091	313	157	1 104	303	165	1 098	300	227	1 032	305
2011	155	1 085	282	143	1 059	320	156	1 058	307	226	1 007	289
2012	179	1 112	323	169	1 092	351	161	1 110	342	228	1 100	285
2013	183	1 091	297	203	1 063	304	207	1 058	305	247	1 013	310
2014	161	1 057	286	155	1 066	282	175	1 018	310	243	988	273
2015	166	962	297	139	972	314	159	977	289	295	866	264
2016	160	930	277	124	967	276	169	925	273	268	839	260
2017	132	864	308	146	907	251	156	871	276	236	805	263
2018	125	850	263	141	828	269	130	848	260	230	751	257

图2-7绘制了权益-资产比率和权益的影子价格估值之间的相关性。经济理论预测在一个自由市场中，如果银行在固定产出（或资产）中使用越多的权益，权益（机会成本）的价格将会越低。图2-7显示，仅2001年、2002年和2006年的相关性为负。这意味着，如果一家银行在固定资产中使用的股权越多，权益的影子价格在这三年内将会越低。但

是在大多数年份里这些相关性都是为正的。这一结果并不令人惊讶，并支持了将权益资本视为准固定投入而不是可变投入的选择。由于政府的监管和限制，在短期内股权是不可变的。

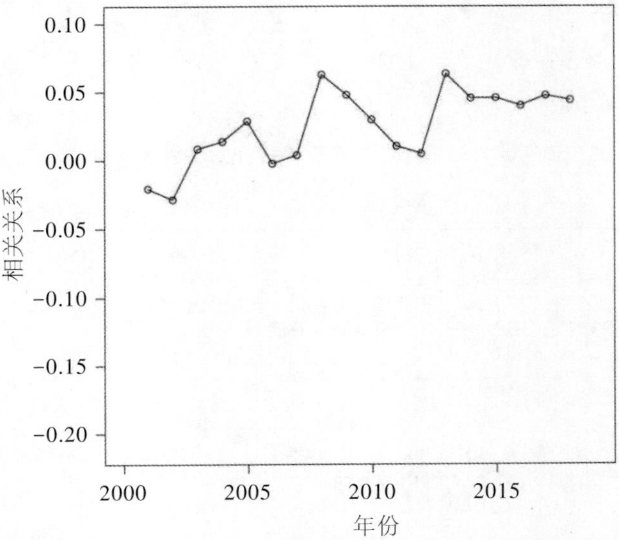

图2-7 股权影子价格估值与股权-资产比率之间的相关性

正如前面在第2.4节中的讨论，以总资产反映的银行规模，其分布严重向右倾斜。因此，基于在第四个四分位数的银行的规模比第一、第二或第三个四分位数的银行规模大得多。为了将最大的银行与其他银行进行对比，我们在表2-10中展示了每年前50家最大的银行以及所有其他银行的权益的影子价格、存款价格、贷款价格的平均估值。

表2-10显示除2007年以外，前50家银行权益影子价格估值的平均值都低于其他银行。此外，在排名前50位的银行中，权益的影子价格估值的平均值都小于我们的样本所涵盖的每年存款的平均价格，这与其他银行即前50名以外的银行形成了对比，除2007年和2008年以外，其他银行平均权益的影子价格都高于平均存款价格。表2-10还显示排名前50名的银行在18年中有13年的权益影子价格的平均值为负，而其他银行的权益影子价格的平均值每年都为正。每年排名前50名的银行和其他银行的贷款的平均价格都大于平均存款价格。每年排名前50名的银行的平均贷款价格都低于其他所有银行，这与Wheelock and Wilson

（2018）发现的大银行的平均成本低于小银行的结论相一致。总的来说，表2-10所示的结果表明：（1）有证据表明大银行是大而不倒的；（2）大银行将其部分成本优势用较低的贷款价格的形式转嫁给客户。当然还有其他因素影响贷款的定价，排名前50名的银行和其他银行之间的一些差异可能是由在不同的市场经营、面临的客户群体不同等导致的。

表2-10 **50家最大的银行和所有其他银行的股权影子价格、存款价格以及贷款价格均值**

Year	—50 Largest Banks—			—All Other Banks		
	Equity	Deposits	Loans	Equity	Deposits	Loans
2001	−0.0622	0.0454	0.0801	0.0885	0.0490	0.0863
2002	−0.0229	0.0265	0.0646	0.0766	0.0320	0.0761
2003	−0.0322	0.0191	0.0575	0.0532	0.0234	0.0698
2004	−0.0144	0.0175	0.0528	0.0406	0.0195	0.0654
2005	0.0074	0.0280	0.0627	0.0301	0.0239	0.0688
2006	−0.0040	0.0383	0.0701	0.0371	0.0328	0.0757
2007	0.0369	0.0382	0.0686	0.0345	0.0374	0.0777
2008	0.0110	0.0267	0.0659	0.0233	0.0287	0.0691
2009	−0.0270	0.0144	0.0604	0.0303	0.0209	0.0649
2010	−0.0267	0.0106	0.0596	0.0333	0.0150	0.0642
2011	−0.0203	0.0076	0.0524	0.0337	0.0108	0.0621
2012	−0.0132	0.0068	0.0528	0.0337	0.0081	0.0590
2013	−0.0124	0.0053	0.0503	0.0201	0.0062	0.0551
2014	−0.0292	0.0046	0.0466	0.0240	0.0052	0.0525
2015	−0.0186	0.0046	0.0446	0.0247	0.0048	0.0513
2016	−0.0086	0.0051	0.0480	0.0294	0.0047	0.0507
2017	0.0016	0.0059	0.0493	0.0280	0.0050	0.0508
2018	0.0027	0.0084	0.0523	0.0258	0.0066	0.0526

通过比较前10家最大银行与其他所有银行之间的差异，我们进一

步研究了大银行和小银行之间的差异。表2-11提供的信息与前面讨论的表类似，但是针对的是排名前10的大银行和前10名之外的其他小银行。它们拥有相同的模式，但也有一些不同之处。在表2-11中，在2001—2005年和2009—2010年排名前10的大银行的权益影子价格小于存款平均价格，但2006—2008年和2011—2018年的存款平均价格小于权益的影子价格。在前10名之外的其他银行中，仅2007年和2008年两年的权益影子价格估值的平均值低于存款的平均价格。在2006—2008年和2012—2018年，排名前10的大银行的权益影子价格估值的平均值均高于其他银行。这与表2-10中的结果形成了对比，可能反映了《多德-弗兰克华尔街改革与消费者保护法》对前10的最大银行和排名前50但超出前10的银行的影响不同。结果表明，这些法规至少在减少对排名前10的最大银行的隐性补贴上是有效的。但是，显然大银行不断增加的权益资本已经产生了巨大的股权融资成本，尤其是对排名前10位的大银行[①]。

表2-11　**10家最大的银行和所有其他银行的股权影子价格、存款价格以及贷款价格均值**

Year	—10 Largest Banks—			—All Other Banks—		
	Equity	Deposits	Loans	Equity	Deposits	Loans
2001	-0.0619	0.0434	0.0773	0.0877	0.0490	0.0863
2002	-0.0628	0.0236	0.0614	0.0761	0.0319	0.0760
2003	-0.0898	0.0164	0.0543	0.0528	0.0234	0.0698
2004	-0.0721	0.0148	0.0474	0.0404	0.0195	0.0653
2005	-0.1212	0.0253	0.0567	0.0301	0.0239	0.0688
2006	0.0583	0.0370	0.0738	0.0368	0.0329	0.0757
2007	0.1325	0.0393	0.0740	0.0343	0.0374	0.0777
2008	0.0327	0.0236	0.0643	0.0232	0.0287	0.0691

① 表2-10和表2-11也显示出排名前10的最大银行的贷款的平均价格低于其他银行。

续表

Year	—10 Largest Banks—			—All Other Banks—		
	Equity	Deposits	Loans	Equity	Deposits	Loans
2009	-0.0632	0.0109	0.0533	0.0301	0.0209	0.0649
2010	-0.0242	0.0074	0.0573	0.0329	0.0150	0.0642
2011	0.0147	0.0053	0.0414	0.0333	0.0108	0.0620
2012	0.0462	0.0041	0.0419	0.0333	0.0081	0.0590
2013	0.0593	0.0033	0.0400	0.0197	0.0062	0.0551
2014	0.0383	0.0027	0.0379	0.0235	0.0052	0.0525
2015	0.0633	0.0027	0.0359	0.0242	0.0048	0.0512
2016	0.0650	0.0031	0.0374	0.0289	0.0047	0.0507
2017	0.0968	0.0043	0.0400	0.0276	0.0050	0.0508
2018	0.1546	0.0074	0.0447	0.0253	0.0066	0.0526

2.6 结论

在全球金融危机之后，“大而不倒”已经成为一个热门的话题。然而到目前为止还没有足够的证据证明“大而不倒”银行的存在。本书通过研究美国银行业中的大银行是否获得了政府的隐性补贴来避免系统性的银行倒闭，为有关“大而不倒”银行的文献研究做出了贡献。通过比较大小银行的权益影子价格之间的差异，为“大而不倒”银行的存在提供了新的证据。

通过使用由 Simar et al.（2017）引入的随机前沿模型的非参数、局部线性方法来估计权益的影子价格，我们发现确实存在对“大而不倒”银行的隐性补贴。具体来说，我们发现基于总资产的位于第四个四分位数的银行，其权益的影子价格估值的中值远远小于位于其他三个四分位数的银行。此外，在任何给定的年份，权益的影子价格与银行的规模之间都存在负相关关系，这表明大银行支付的股本费用要小于小银行。而且每年在位于第四个四分位数的银行中，拥有负的权益影子价格的银行多于其他三个四分位数的银行。尽管股票通常被视为比存款风险更高的资产，但数据显示，在样本中的任何一个年份前50家最大银行的权益的平均影子价格都小于存款的平均价格。最后，我们发现排名前10的大银行愿意在金融危机开始时以及2010年《多德-弗兰克华尔街改革与消费者保护法》出台后给权益支付更高的价格。因此，2010年的《多德-弗兰克华尔街改革与消费者保护法》有效地消除了对前10家大银行的隐性补贴。但是，显然资本重组给前10家大银行带来了巨大的股权融资成本。

我们的结果跟 Baker and Mcarthur（2009）、Brewer and Jagtiani（2013）、Demirgüç-Kunt and Huizinga（2013）、Ueda and WederdiMauro（2013）、Santos（2014）and Gandhi et al.（2020）提供的"大而不倒"银行存在的证据是相一致的。鉴于"大而不倒"对于美国的重要性，试图取消对"大而不倒"银行的隐性补贴的政策对美国银行业市场产生了重大影响。政策制定者和银行监管机构应该意识到银行权益资本不断增加（资本重组过程）不只是提高了安全性，还造成了诸如效率下降和权益影子价格上涨之类的成本。

2.7 附录1：影子价格公式推导

我们将式（2.21）和式（2.22）的推导过程放在这里。

回顾一下，对 $\mathbf{Z}_i$ 我们首先对每个RHS变量取对数，然后减去平均值并除以对数的标准差，这将 $\mathbf{Z}_i$ 转换成 $\tilde{\mathbf{Z}}_i$。因此，对 z_{il} 也就是 $\mathbf{Z}_i$ 的第l个因素（l = 1，2，…，8），我们有

$$\tilde{Z}_{il} = \frac{\log(z_{il}) - u_l}{s_l} \tag{2.24}$$

其中 $\mu_l = \frac{1}{n}\sum_{i=1}^{n}\log(z_{il})$，$s_l = \sqrt{\frac{1}{n}\sum_{i=1}^{n}\left(\log(z_{il}) - u_l\right)^2}$ 和 $\tilde{z}_{il}$ 是 $\tilde{\mathbf{Z}}_i$ 的第l个因素。进一步使用特征系统（eigensystem）分解 $\tilde{\mathbf{Z}}$ 的相关系数矩

阵，我们有

$$\Psi_{ij} = \tilde{z}_i \Lambda_j = \sum_{l=1}^{8} \tilde{z}_{il} \Lambda_{lj} \tag{2.25}$$

根据式（2.5），第i个观测值估计的权益影子价格为

$$\hat{W}_{Q,\ i} = -\hat{C}_i \left(\frac{\partial \hat{r}_1(\Psi_i)}{\partial (Q_i / A_i)} - \frac{\partial \hat{\mu}_U(\boldsymbol{\Psi}_i)}{\partial (Q_i / A_i)} \right) \frac{1}{A_i} \tag{2.26}$$

其中$\frac{Q_i}{A_i}$是$\mathbf{Z}_i$的第6个因素。使用导数的链式规则，对任一z_{il}，也就是$\mathbf{Z}_i$的第l个因素，我们有

$$\frac{\partial \hat{r}_1(\Psi_i)}{\partial z_{il}} = \sum_{j=1}^{5} \frac{\partial \hat{r}_1(\Psi_i)}{\partial \Psi_{ij}} \frac{\partial \Psi_{ij}}{\partial \tilde{z}_{il}} \frac{\partial \tilde{z}_{il}}{\partial z_{il}} = \sum_{j=1}^{5} \hat{\beta}_{1ij} \wedge_{lj} s_l^{-1} z_{il}^{-1} \tag{2.27}$$

和

$$\begin{aligned} \frac{\partial \hat{\mu}_U(\boldsymbol{\Psi}_i)}{\partial z_{il}} &= \frac{\partial \hat{\mu}_U(\boldsymbol{\Psi}_i)}{\partial \hat{r}_3(\boldsymbol{\Psi}_i)} \frac{\partial \hat{r}_3(\boldsymbol{\Psi}_i)}{\partial z_{il}} \\ &= \frac{2^{1/3}}{3}(4 - \pi)^{-1/3} \hat{r}_3(\boldsymbol{\Psi}_i)^{-2/3} \frac{\partial \hat{r}_3(\boldsymbol{\Psi}_i)}{\partial z_{il}} \\ &= \frac{2^{1/3}}{3}(4 - \pi)^{-1/3} \hat{r}_3(\boldsymbol{\Psi}_i)^{-2/3} \sum_{j=1}^{5} \frac{\partial \hat{r}_3(\boldsymbol{\Psi}_i)}{\partial \Psi_{ij}} \frac{\partial \Psi_{ij}}{\partial \tilde{z}_{il}} \frac{\partial \tilde{z}_{il}}{\partial z_{il}} \\ &= \frac{2^{1/3}}{3}(4 - \pi)^{-1/3} \hat{r}_3(\boldsymbol{\Psi}_i)^{-2/3} \sum_{j=1}^{5} \hat{\beta}_{3ij} \wedge_{lj} s_l^{-1} z_{il}^{-1} \end{aligned} \tag{2.28}$$

对任一$\hat{r}_3(\boldsymbol{\Psi}_i) > 0$，当$\hat{r}_3(\boldsymbol{\Psi}_i) \leqslant 0$，$\frac{\partial \hat{\mu}_U(\boldsymbol{\Psi}_i)}{\partial z_{il}} = 0$。将上述三个式子结合，第i个观测值的影子价格的估计为

$$\hat{W}_{Q,\ i} = -\frac{\partial \hat{C}_i}{\partial (Q_i / A_i)} \frac{1}{A_i} = -\hat{C}_i \left(\frac{\partial \hat{r}_1(\boldsymbol{\Psi}_i)}{\partial (Q_i / A_i)} - \frac{\partial \hat{\mu}_U(\boldsymbol{\Psi}_i)}{\partial (Q_i / A_i)} \right) \frac{1}{A_i} \tag{2.29}$$

转换为主要成分空间，对于$\mathbf{Z}_i$第l个元素z_{il}，我们有

$$\frac{\partial \hat{r}_1(\boldsymbol{\Psi}_i)}{\partial z_{il}} = s_l^{-1} z_{il}^{-1} \sum_{j=1}^{5} \hat{\beta}_{1ij} \Lambda_{lj} \tag{2.30}$$

和

$$\frac{\partial \hat{\mu}_U(\boldsymbol{\Psi}_i)}{\partial z_{il}} = \begin{cases} \frac{2^{1/3}}{3}(4 - \pi)^{-1/3} \hat{r}_3(\boldsymbol{\Psi}_i)^{-2/3} s_l^{-1} z_{il}^{-1} \sum_{j=1}^{5} \hat{\beta}_{3ij} \Lambda_{lj} & \forall\ \hat{r}_3(\boldsymbol{\Psi}_i) > 0 \\ 0 & \text{otherwise} \end{cases} \tag{2.31}$$

2.8 附录2：超越对数设定的检验

我们使用似然比检验（likelihood ratio test）来检验随机前沿模型的超越对数设定。我们假设误差项遵循正态分布，无效率项遵循半正态分布。对于每一年t，我们将样本S_t按照总资产的中位数分为两个子样本。因此，一个子样本S_{t1}包括小银行（银行的资产小于中位值），而另一个子样本S_{t2}包含大银行。对于每一年，将RHS变量的时间t忽略掉，采用最大似然估计来估计具有超越对数设定的随机前沿模型，分别使用S_t、S_{t1}和S_{t2}这三个样本，得到取对数后的似然值（log likelihood）LLF_t、LLF_{t1}和LLF_{t2}。

标记β_{tj}为子样本s_{tj}，$j \in \{1, 2\}$中的参数向量。对每一年t，在原假设条件下，H_0：$\beta_{t1} = \beta_{t2}$，我们有

$$\widehat{LR} = -2\left[LLF_t - \left(LLF_{t1} + LLF_{t2}\right)\right] \xrightarrow{L} X^2(38\ d.f.) \qquad (2.32)$$

的似然比检验统计量，其中每年计算一个统计检验量$\widehat{LR}$。

表2-12列出了对于超越对数设定的检验结果。很明显，所有的p值都远远小于任何合理的显著水平。因此，在所有的年份中超越对数设定都被强烈拒绝了。

为了比较参数方法和非参数方法在估计值上的差异，我们还用具有超越对数设定的随机前沿模型估计了股权的影子价格，尽管我们从上面的检验知道这种超越对数的设定是不正确的。表2-13给出了使用超越对数设定的随机前沿模型所估计的权益影子价格的描述性统计。我们并没有将时间T考虑进去，因为我们使用了逐年估计法。表2-14给出了类似的描述性统计，但只估计了一次模型。在表2-14中，我们使用了2001—2018年的所有数据，并在RHS变量中包括时间T。很明显表2-13和表2-14中估计的权益影子价格的平均值和中位数每年都小于1%，这远远低于我们使用非参数的估计值和其他文献中出现的估计值。

请注意，在我们的正文中，表2-4列出了从我们的非参数模型中估计的权益影子价格的描述性统计。将表2-4中的结果与表2-13和表2-14

中的结果进行比较，很明显，这两组估计值存在很大差异。这并不奇怪，因为我们提供的证据表明，超越对数的设定是一种错误设定。正如Robinson（1988）所讨论的那样，错误设定的参数模型应该被视为根-n不一致性（root-n inconsistent），而不是根-n一致性（root-n consistent）。使用不正确的模型会产生不正确的估计，从而使研究者得出不正确的结论。

表2-12 **超越对数设定的检验结果**

Year	Statistic	p-vaule
2001	574.4788	5.29（-97）
2002	520.2461	5.34（-86）
2003	484.8778	7.24（-79）
2004	510.5438	4.88（-84）
2005	383.3658	1.19（-58）
2006	587.3778	1.25（-99）
2007	528.4755	1.16（-87）
2008	419.9661	6.87（-66）
2009	402.4390	2.05（-62）
2010	312.9517	6.16（-45）
2011	184.3654	4.13（-21）
2012	216.0494	9.14（-27）
2013	280.2577	1.08（-38）
2014	338.2706	7.87（-50）
2015	289.2613	2.11（-40）
2016	365.2826	4.24（-55）
2017	308.9088	3.69（-44）
2018	290.6895	1.13（-40）

注：数值$a \times 10^b$被标记为a（b），例如，数字3.1416×10^{-3}被标记为3.1416（-3）。

表2-13　　使用超越对数设定的随机前沿模型估计的权益影子价格的描述性统计（逐年估计）

Year	Min	Q1	Median	Mean	Q3	Max
2001	−0.0255	0.0018	0.0035	0.0038	0.0054	0.1631
2002	−0.0149	0.0015	0.0031	0.0035	0.0049	0.0778
2003	−0.0168	0.0007	0.0022	0.0024	0.0037	0.0871
2004	−0.0173	0.0000	0.0019	0.0021	0.0039	0.0844
2005	−0.0224	0.0006	0.0019	0.0019	0.0032	0.0458
2006	−0.0166	0.0001	0.0018	0.0018	0.0034	0.1228
2007	−0.0229	−0.0010	0.0015	0.0016	0.0038	0.3808
2008	−0.0128	0.0001	0.0019	0.0019	0.0035	0.0371
2009	−0.0111	0.0008	0.0022	0.0023	0.0037	0.0712
2010	−0.0059	0.0018	0.0027	0.0029	0.0037	0.0633
2011	−0.0044	0.0022	0.0031	0.0035	0.0042	0.0306
2012	−0.0004	0.0023	0.0032	0.0036	0.0043	0.0677
2013	−0.0416	0.0017	0.0028	0.0030	0.0039	0.1322
2014	−0.0045	0.0018	0.0027	0.0030	0.0037	0.1130
2015	−0.0028	0.0016	0.0027	0.0033	0.0040	0.1529
2016	−0.0081	0.0017	0.0028	0.0035	0.0042	0.2386
2017	−0.0075	0.0013	0.0027	0.0033	0.0043	0.1895
2018	−0.0104	0.0018	0.0032	0.0039	0.0049	0.5156

注：每一年的权益影子价格是仅仅使用当年的数据估计出来的。也就是说，我们总共估计了18个回归，每一个回归对应着2001—2018年的一年。

表2-14 使用超越对数设定的随机前沿模型估计的权益影子价格的描述性统计（混合估计法）

Year	Min	Q1	Median	Mean	Q3	Max
2001	−0.0147	−0.0001	0.0012	0.0014	0.0025	0.1726
2002	−0.0095	−0.0001	0.0010	0.0011	0.0020	0.0717
2003	−0.0089	−0.0001	0.0008	0.0010	0.0018	0.0506
2004	−0.0092	−0.0000	0.0008	0.0010	0.0017	0.0728
2005	−0.0083	0.0005	0.0015	0.0017	0.0025	0.0935
2006	−0.0108	0.0015	0.0027	0.0030	0.0040	0.1289
2007	−0.0063	0.0024	0.0038	0.0041	0.0052	0.4101
2008	−0.0068	0.0023	0.0036	0.0038	0.0049	0.0670
2009	−0.0102	0.0020	0.0031	0.0034	0.0043	0.1574
2010	−0.0054	0.0017	0.0028	0.0030	0.0039	0.0836
2011	−0.0060	0.0014	0.0024	0.0027	0.0034	0.0328
2012	−0.0024	0.0013	0.0022	0.0026	0.0033	0.0627
2013	−0.0030	0.0012	0.0020	0.0024	0.0030	0.0833
2014	−0.0039	0.0012	0.0020	0.0024	0.0029	0.0738
2015	−0.0019	0.0014	0.0022	0.0026	0.0031	0.0925
2016	−0.0024	0.0016	0.0024	0.0029	0.0034	0.1212
2017	−0.0030	0.0019	0.0027	0.0032	0.0037	0.1602
2018	−0.0011	0.0024	0.0034	0.0039	0.0044	0.2802

3 银行的规模报酬率：来自非参数局部线性方法的新结果

3.1 引言

随着时间的推移，大型经济体银行业规模一直在持续增长（用总资产衡量）（美国银行参考 Wheelock and Wilson（2018），欧洲银行参考 Langfield and Marco（2016），中国银行参考 Wilson and Zhao（2023））。而且，大银行的增长速度比小银行更快[①]。政策制定者和研究人员更加关注银行规模的扩大，特别是在全球金融危机后，因为一些通常在银行业占主导地位的最大银行的规模不断扩大，所以人们普遍认为这削弱了银行业的竞争程度和稳定性。这些银行是所谓的“大而不倒”（TBTF）和“太复杂不能解决”（TCTR）银行。因为他们被认为在未来面临可能的倒闭时，能得到政府的隐性支持。

对 TBTF 和 TCTR 银行的潜在补贴，不但促使银行规模的不断扩大

① 参考 Wilson and Zhao（2022）中图 5 的美国银行。

（例如，银行参与更多的兼并和收购，从而变得更加“大而不倒”），而且还鼓励银行进行更多风险承担行为。例如，银行从事更多的资产负债表外活动（如资产证券化，这也是最近信贷危机的主要原因）和更高风险贷款，因此变得更加复杂而难以解决。这些影响不仅限于已经获得TBTF和TCTR地位的最大银行，也包括那些资产低于通常认为的TBTF和TBTR门槛的银行（Brewer and Jagtiani，2013）。

危机发生后，政府部门已经采取了或已考虑采取各种法规来管理银行部门的风险活动（如将风险较大的投资银行业务与风险较小的商业银行业务分开），特别是对那些“大而不倒”银行。一些经济学家和政策制定者（例如Haldane and Booth，2014）甚至还提出了控制银行规模的建议，尽管这些建议没有得到实施。尽管危机后的这些法规大大增强了银行部门的稳定性①，规模控制②可能给银行和社会带来额外的成本负担，例如可能阻止了成本、收入和利润方面潜在的规模报酬递增（IRS）。在这里，成本的规模报酬增加意味着成本的增加比产出的增加比例要小，而收入（或利润）的规模回报增加意味着收入（或利润）的增加比例大于产出的。因此，调查研究银行业成本、收入和利润的规模报酬率（RTS）的演变是一个重要的研究问题，也是与政策相关的问题。关于美国银行的成本规模经济的证据已经在文献中得到广泛记载（例如，Noulas et al.，1990；Mitchell and Onvural，1996；Feng and Serletis，2010；Hughes and Mester，2013；Feng and Zhang，2014；Restrepo-Tobón and Kumbhakar，2015；Feng et al.，2017；Sapci and Miles，2019；Wheelock and Wilson，2001，2012，2018）。此外，这些论文中的一大部分也发现了美国大银行的成本规模回报增加的证据。除了美国的证据，Allen and Liu（2007）记录了加拿大银行业成本规模报酬的增加，Walker（1998）发现的证据表明澳大利亚银行业的成本规模报酬在增加。另外，Wheelock and Wilson（2011）和Malikov et al.（2018）发现美国信用社的成本规模经济的证据。其中，一个信用社的

---

① 例如，银行大大增加了流动性和资本缓冲，也增强了资产负债表和对未来风险的抵御能力，更多细节详见BIS（2018）。

② 其他类型的法规也可能带来各种成本，这些成本可能对不同规模的银行产生不同的影响，从而影响不同规模银行的规模经济程度。

平均规模通常比一个商业银行的平均规模要小。

与美国银行规模经济报酬递增的广泛证据相比，有关欧洲银行成本的规模报酬的研究比较少。Dietsch（1993）在1987年对343家法国商业银行应用了标准的超越对数模型。Dietsch（1993）在法国所有规模的银行中，发现了关于成本规模经济的证据。Altunbaş and Molyneux（1996）通过应用标准的超越对数成本函数方法，发现1988年法国、德国、意大利和西班牙在广泛的产出水平上存在成本规模经济的证据。特别地，Altunbaş and Molyneux（1996）发现了最大银行的成本规模经济的证据。

此外，Altunbaş et al.（2001）对1989—1997年欧洲银行的4 104个观测值的非平衡面板数据，应用傅里叶函数形式和随机成本前沿模型。Altunbaş et al.（2001）发现有广泛的证据表明，最小的银行在成本上有规模经济，但最大的银行没有。Cavallo and Rossi（2001）对1992—1997年欧洲银行的2 516个观测值的非平衡面板数据使用了超对数规范。Cavallo and Rossi（2001）在每一类银行规模中都发现了成本规模经济的证据，尽管小型银行比中型和大型银行有更明显的规模经济。Vennet（2002）通过对1995—1996年17个国家的2 375家欧洲银行使用超对数成本函数形式，发现专门（小型）银行有大量未被利用的成本规模经济，但一般银行和金融集团则没有。

Rime and Stiroh（2003）对1996—1999年289家瑞士银行的平衡面板使用超对数成本函数形式。Rime and Stiroh（2003）发现小型和中型规模银行存在成本规模经济的证据，但最大银行没有。Goisis et al.（2009）通过对2008年282家欧洲银行使用超对数成本函数形式，发现只有较小银行存在成本规模经济，而较大银行没有。Beccalli et al.（2015）使用超对数函数形式估计2000—2011年103家欧洲上市银行的成本的规模报酬。Beccalli et al.（2015）发现不同规模等级的银行都表现出规模报酬递增，此外，规模报酬递增对最大的银行来说尤其大。与美国银行规模报酬增加的广泛证据相比，这些最近的文献显示，缺乏足够的证据证明欧洲银行业特别是最大银行规模报酬存在递增。此外，其中一些研究甚至发现在大银行的规模报酬方面存在矛盾的结果。

我们提出了针对2000—2020年期间欧洲商业银行规模报酬率的新

估计。我们与现存论文相比有几方面的不同，且对文献研究做出了一些重要贡献。首先，我们估计了欧洲银行在成本、收入和利润方面的规模报酬，而不仅仅是成本方面的规模报酬。估计收入和利润的规模报酬而不单单是成本的规模报酬是十分重要且有趣的。例如，Berger and Mester（2003）发现从1991年到1997年，利润生产率增加而成本生产率下降。他们认为银行为了向客户提供更好或更多的服务，从而提高了成本，但他们的收入提高的程度会远远大于成本提高的程度。因此，研究收入和利润的规模报酬可以提供更多有关所观察银行扩大规模的行为的信息，而不是仅仅关注成本的规模回报。据我们所知 Wheelock and Wilson（2018）调查了美国银行业在成本、收入和利润方面的规模回报，然而我们是第一个研究欧洲银行业的收入和利润的规模报酬的。

其次，我们获得了一个非常详细的样本，其中包括来自36个欧洲国家不同规模的银行，时间跨度非常长，从2000年到2020年。与现有的关于欧洲银行的文献相比，我们的样本中银行观察量在每年都是最多的，我们的非平衡面板所涵盖的时期是最长的，而且样本中涵盖的国家数量是最多的。通过这样做，我们可以全面研究不同年份、不同规模和不同欧洲国家在银行成本、收入和利润方面的规模报酬差异。

最后，也是最重要的一点，对于欧洲银行，我们首次使用非参数、局部线性的方法来估计成本、收入和利润函数，而不是用传统的超对数函数方法（这是真正的成本、收入和利润函数的二阶泰勒序列的近似，但仍然是一个非常有限的参数函数形式），从而得出成本、收入和利润的规模回报率的相应估计。正如 Wheelock and Wilson（2018）所讨论的，当银行规模的分布呈现右偏时，超对数函数形式不够灵活，很可能被拒绝。事实上，有一些论文已经正式拒绝了对银行业使用超对数函数形式进行研究。详见 McAllister and McManus（1993）、Mitchell and Onvural（1996）、Wheelock and Wilson（2001，2012，2018，2020）和 Wilson and Zhao（2022）对美国银行的研究。我们还进行了函数形式的统计检验，拒绝了对欧洲银行的超对数函数形式。使用错误的函数形式将对规模报酬形成右偏估计，给依靠这些右偏估计做出兼并收购决策和与银行规模相关的规定的政策制定者来说带来了挑战。相比之下，非参数方法非常灵活，有可能在整个样本范围内接近真正的成本、收入和利润函数的任何函数形式。然而，非参数方法的灵活性可能会产生过度拟合数据，这样会导致其不满足经济理论的基本规律，如无法满足单调性和曲率条件等。换句话说，在灵活性和满足经济理论规律之间存在着一种权衡。

尽管我们知道使用非参数、局部线性方法会遇到"维数灾难"的问题，但本书采取的两种方法在一定程度上减轻了这个问题[①]。一方面，我们的数据集非常大，包含2000—2020年期间20 076个欧洲银行的年度观测值，这可以减少估计误差；另一方面，像Wheelock and Wilson (2018) 一样，利用自变量的相关矩阵的特征系统分解来减少维度（即回归中所包括的自变量的数量）。通过利用这两种方法，我们可以提高收敛速度，从而减少非参数、局部线性方法的估计误差，并因此减少使用非参数、局部线性方法时的"维数灾难"问题。

我们发现，尽管在2008年全球金融危机和2010年欧洲债务危机之后，欧洲银行的规模一直在大幅增长。在我们的样本期间2000—2020年，每年大量的银行（至少有57%）继续在成本的规模报酬增加的情况下运作。相反，许多银行每年都面临着收入规模报酬的递减（至少71%）和利润规模报酬的递减（至少53%）。当我们把这些结果按每个国家分开时，这些结果仍然成立。换句话说，我们的样本所涵盖的所有国家的银行更有可能面临成本规模报酬的递增、收入规模报酬的递减，以及利润规模报酬的递减。政策制定者和研究人员通常更关注大银行而不是小银行，因为大银行对银行业的重要性比小银行大。因此，我们特别报告了对大银行的研究结果。结果显示，与小银行（每年规模处于最低的1/4的银行）相比，大银行（每年规模处于最高的1/4的银行）更有可能面临成本规模报酬的增加、收入规模报酬的减少和利润规模报酬的减少。由于上述对大银行的定义（每年规模处于前1/4的银行）可能并不被一些研究者接受，我们进一步研究了每年前50名和前10名最大银行的结果。对规模报酬的估计表明，在前50家最大的银行中，大多

① 在非参数、局部线性模型中，"维数灾难"问题意味着这些估计量的收敛率随着回归中包含的独立变量数量的增加而下降。

数面临成本规模报酬的增加、收入规模报酬的减少、利润规模报酬的减少。这些结果在前10大银行中也是成立的。

本章研究的其余部分组织如下：在介绍我们规模报酬的衡量以及我们的模型之前，第3.2节首先介绍了我们文章所使用的数据和变量。之后第3.3节展现了成本、收入和利润的规模报酬的衡量。本节还讨论了成本、收入和利润函数的形式。第3.4节介绍了我们用于估计条件均值函数的非参数、局部线性方法。在这一节中，我们还简要介绍了检验规模报酬估计值是否跟0有显著区别的推断方法。成本、收入和利润的规模报酬的实证结果在第3.5节进行了详细的讨论，在第3.6节进行了总结。一些额外的细节在本章附录3.7中给出。

3.2 数据和变量设定

我们的样本主要来自BankScope数据库，它是Bureau van Dijk数据库的一部分。BankScope数据库以其全面而详细的全球银行信息而闻名于世。我们主要使用银行的资产负债表和利润表的数据信息。我们的样本期限为2000—2020年，包括36个欧洲国家。我们总共拥有20 076个银行一年度观测值。我们对自变量的定义遵从以前有关银行业研究的文献。Sealey and Lindley（1977）的中介方法被用来指定欧洲银行在生产过程中的投入和产出，在这里投入指存款（X_1）、劳动力（X_2）和实物资本（X_3），而产出指贷款（Y_1）、证券（Y_2）和表外业务（Y_3）。更具体地说，贷款被定义为净贷款，即银行的贷款总额减去其不良贷款储备。证券是指银行资产负债表上报告的所有类型的证券。请注意，不同国家的银行可能将证券分为不同的类别。例如，证券可以被分为股票和债券。根据不同的发行人，可分为由政府、公司和其他银行发行的证券。根据持有目的，可分为交易性证券、可供出售的证券和持有至到期的证券。我们汇总所有类型的证券，无论它们如何分类，从而获得证券的数据[①]。资产负债表外的活动是通过汇总以下项目的数据来衡量的：

① 没有具体信息的证券被称为“其他证券”。我们还将其与其他类型的证券相加，以获得总的证券。

担保、承兑汇票和信用证、承诺的信用贷款、管理的证券化资产，以及不包括在上述主要项目中的其他资产负债表外活动。

存款价格（W_1）被定义为利息支出与存款的比率。劳动力价格（W_2）被定义为劳动力支出与总资产的比率[①]。实物资本的价格（W_3）被定义为实物支出与实物资本的比率。

另外，我们将股权（EQU）和不良贷款（NPL）纳入回归来控制银行的潜在风险。相对于资产而言，较高的股权权益表明银行在通过债务为其增加融资方面比较保守，它不喜欢承担过多的杠杆。此外，股权也会影响成本、收入和利润，因为股权和存款在某种程度上是替代物。当总资产固定时，较高的股权意味着银行在融资时对存款的依赖程度降低，这也意味着利息支出和总成本的降低。不良贷款衡量银行从贷款人那里按时收取贷款的能力。不良贷款也可以被认为是衡量银行提供的贷款质量的一个标准。较高的不良贷款表明银行面临较大的损失风险。因此，不良贷款被包括在回归中以控制银行的信贷风险。

为了控制与时间有关的其他变化（即随时间变化的变量），我们将年份纳入回归中。更具体地说，我们把2000—2020年的年份指定为T = 1，2，……，21，然后把它作为一个控制变量纳入回归中。由于我们的样本涵盖了一个非常长的时期，所以这里把时间T作为一个连续变量而不是分类变量。2000—2020年期间涵盖了全球金融危机和欧洲债务危机前后的年份。这种随时间变化的处理方式并不是不常见的，详见 Wheelock and Wilson（2012，2018，2020）。像这样处理时间的好处是允许成本、收入和利润的函数形式随时间灵活变化。此外，我们使用非参数方法，这意味着允许时间以非常灵活的方式影响成本、收入和利润函数，这样的函数形式不是事先指定的（即不是由特定的参数形式指定），我们将用数据说明。

由于本书不仅研究成本的规模报酬，还关注收入和利润的规模报酬，因此我们定义了三个因变量：总成本（C）、总收入（R）和总利润（Π）。总成本包括利息支出、劳动力支出和实物资本的支出，总利润被

---

① 由于许多银行的雇员人数不详，文献通常使用劳动力支出与总资产的比率作为劳动力价格的代表，详见 Beccalli and Rossi（2020）。

定义为银行的净收入，而总收入则是总利润和总成本之和。

为了清理数据，我们删除了投入和产出价格为非正值或缺失的观测值。然而，我们保留了收入和利润为负数的观测值，因为这对银行来说并不罕见，特别是在全球金融危机和欧洲债务危机期间。此外，我们允许银行的产出值为零，因为银行可能不会同时从事所有类型的产出业务。例如，一些银行不具备资产负债表以外的项目（Y_3）。在清理和汇集数据后，我们总共有20 076个银行一年度观测值可用于回归。

所有变量的汇总统计见表3-1。我们样本中的银行来自36个欧洲国家，数据时间涵盖2000—2020年。与现有的关于欧洲银行的文献相比，我们的样本规模是最大的，我们的非平衡面板所涵盖的时期是最长的，我们的样本所包含的国家数量也是最大的。

表3-1 **变量的描述性统计（2000—2020年）**

Variable	N	Min	Q1	Median	Mean	Q3	Max
R	20 076	−2.7978×10+02	3.6188×10+01	1.1927×10+02	1.5789×10+03	4.7732×10+02	1.7032×10+05
C	20 076	7.4742×10 −02	1.8814×10+01	6.4146×10+01	9.5369×10+02	2.6655×10+02	8.7563×10+04
$\frac{C}{W3}$	20 076	1.4420×10 −03	7.3931×10+00	3.3883×10+01	7.9150×10+02	1.5720×10+02	1.2449×10+05
Π	20 076	−6.5451×10+03	1.5433×10+01	5.1998×10+01	6.2520×10+02	2.0008×10+02	8.2889×10+04
Y_1	20 076	0.0000×10+00	1.5410×10+02	5.9454×10+02	1.2309×10+04	2.8039×10+03	1.1134×10+06
Y_2	20 076	0.0000×10+00	6.7148×10+01	2.6161×10+02	7.4992×10+03	1.1719×10+03	2.0085×10+06
Y_3	20 076	0.0000×10+00	4.5117×10+00	6.6742×10+01	6.3672×10+03	5.5146×10+02	2.3342×10+06
W_1	20 076	8.6464×10 −07	1.4424×10 −02	2.7824×10 −02	1.0398×10+00	4.9276×10 −02	1.9464×10+04
W_2	20 076	2.0587×10 −05	7.2078×10 −03	1.2187×10 −02	1.7513×10 −02	1.9775×10 −02	4.0930×10+00
W_3	20 076	1.2787×10 −02	7.6727×10 −01	1.7195×10+00	1.3372×10+01	5.1429×10+00	2.4045×10+04
$\frac{W_1}{W_3}$	20 076	3.4331×10 −08	3.7712×10 −03	1.4585×10 −02	6.3660×10 −02	4.1542×10 −02	3.7844×10+02
$\frac{W_2}{W_3}$	20 076	8.5620×10 −10	2.0813×10 −03	7.0805×10 −03	1.6257×10 −02	1.7579×10 −02	1.5012×10+00
EQU	20 076	1.2166×10 −02	3.9073×10+01	1.1132×10+02	1.4462×10+03	4.1511×10+02	1.2858×10+05
NPL	20 076	0.0000×10+00	2.8399×10 −01	2.9462×10+00	9.3495×10+01	2.0031×10+01	2.9525×10+04
ASSET	20 076	5.5386×10 −01	3.4738×10+02	1.1894×10+03	2.6699×10+04	5.1533×10+03	3.1263×10+06
T	20 076	1.0000×10+00	5.0000×10+00	1.0000×10+01	9.8552×10+00	1.4000×10+01	2.1000×10+01

注：所有的货币价值都是以恒定的百万美元报告。

3.3 模型

3.3.1 规模报酬的衡量

本书中所估计的规模经济被称为“expansion-path 规模经济”，最早由 Berger et al.（1987）提出并广泛用于文献中。Wheelock and Wilson（2018）也估计了这一类型的规模经济。特别地，成本的规模报酬可由

$$\theta_i^C = \frac{\lambda C(Y_i) - C(\lambda Y_i)}{\lambda C(Y_i)} \tag{3.1}$$

衡量。在这里 λ 是一个略大于 1 的常数，Y_i 是银行 i 的产出向量。为了简化符号，除了产出向量 Y_i，成本函数中所有其他控制变量都被省略。成本的规模经济 θ_i^C 衡量的是当所有产出同时按比例扩大一小部分时，成本所增加的部分（标准化后）。例如，若 $\lambda = 1.1$，在第 i 家银行的所有控制变量固定的情况下，对应产出量组合中 10% 的增长，成本增加的百分比为①

$$\frac{C(\lambda Y_i) - C(Y_i)}{C(Y_i)} \times 100 = (\lambda - 1 + \theta_i^C) \times 100 = (0.1 + \theta_i^C) \times 100 \tag{3.2}$$

因此，在产出量增加 10% 的情况下，如果 $\theta_i^C > 0$，这意味着成本增加的百分比为 $(0.1 - \theta_i^C) \times 100 < 10\%$，即，如果 $\theta_i^C > 0$，成本增加的百分比将小于产出量组合增加的百分比，意味着 IRS（规模报酬递增）。换言之，如果 RTS 的测量值 $\theta_i^C > 0$ 并且是显著的，这表明成本的 IRS，如果 $\theta_i^C < 0$ 并且是显著的，则表明成本的 DRS（规模报酬递减）；如果 $\theta_i^C = 0$ 并且跟零没有显著的区别，则表明成本的 CRS（规模报酬不变）。测量值 θ_i^C 之所以被称为 expansion-path 规模经济，是因为它衡量的是当第 i 家银行当前产出量组合都增加微小比例时，第 i 家银行的成本增加的比例。

但是，收入的 expansion-path 规模报酬的测度与成本的有所不同。收入规模报酬的测度如下

---

① 在对式（3.1）进行一些简单计算后可以很容易看清这一点。

$$\theta_i^R = \frac{R(\lambda Y_i) - \lambda R(Y_i)}{|R(Y_i)|} \tag{3.3}$$

不同于成本的规模报酬，这里我们将 $R(Y_i)$ 的绝对值作为分母，因为一些银行的收入可能为负。θ_i^R 测量值表示，在产出量组合都以微小比例增加的情况下，收入增加的比例。为了更好地解释说明，假设 $\lambda = 1.1$，且 $R(Y_i) > 0$，θ_i^R 的值表示在第 i 家银行所有控制变量固定的情况下，产出量组合都增加 10%，则收入增加的百分比为

$$\frac{R(\lambda Y_i) - R(Y_i)}{R(Y_i)} \times 100 = (\lambda - 1 + \theta_i^R) \times 100 = (0.1 + \theta_i^R) \times 100 \tag{3.4}$$

如果 $\theta_i^R > 0$，那么 $(0.1 + \theta_i^R) \times 100 > 10$，即收入增加的百分比大于产出量组合增加的百分比，这意味着收入的 IRS。与收入的规模经济类似，利润的 expansion-path 规模经济的测度如下

$$\theta_i^\Pi = \frac{\Pi(\lambda Y_i) - \lambda \Pi(Y_i)}{|\Pi(Y_i)|} \tag{3.5}$$

我们也使用 $\Pi(Y_i)$ 的绝对值作为分母，因为一些银行的利润可能为负。θ_i^Π 的测量值表明在产出量组合都增加微小比例的情况下，利润增加的比例。为了便于解释，假设 $\lambda = 1.1$ 且 $\Pi(Y_i) > 0$，那么，在第 i 家银行的所有控制变量固定的情况下，产出量组合增加 10%，利润增长的百分比为

$$\frac{\Pi(\lambda Y_i) - \Pi(Y_i)}{\Pi(Y_i)} \times 100 = (\lambda - 1 + \theta_i^\Pi) \times 100 = (0.1 + \theta_i^\Pi) \times 100 \tag{3.6}$$

如果 $\theta_i^\Pi > 0$，则 $(0.1 + \theta_i^\Pi) \times 100 > 10$，即利润增长的百分比大于产出量组合增加的百分比，意味着利润的 IRS。

将式（3.1）、式（3.3）和式（3.5）组合起来，衡量成本、收入和利润规模报酬的算式可概括为

$$\theta_i^Y = \begin{cases} \dfrac{\lambda Y(Y_i) - Y(\lambda Y_i)}{Y(Y_i)} & \text{if } Y = C \\ \dfrac{Y(\lambda Y_i) - \lambda Y(Y_i)}{|Y(Y_i)|} & \text{if } Y = R, \Pi \end{cases} \tag{3.7}$$

本书中，为了简单起见，我们总是设定 $\lambda = 1.1$。当且仅当

$\theta_i^Y > (=, <) 0$，第i家银行可以说面临着Y的IRS（CRS，DRS）（这里的Y指成本、收入或者利润）。因此，符号θ_i^Y被用来识别银行面临的成本、收入和利润的RTS（规模报酬率）的类型（IRS、CRS或DRS）。我们用式（3.2）、式（3.4）和式（3.6）来解释成本、收入和利润的规模报酬的测量值θ_i^Y。注意成本RTS的解释与收入和利润的不同，而收入RTS的解释与利润的相似。

3.3.2 成本、收入和利润函数的指定

为了估计成本、收入和利润的规模回报率，我们首先需要明确成本、收入和利润函数。为了定义成本、收入和利润函数，我们首先指定右侧（RHS）变量。根据微观经济学理论，银行的成本函数必须是与投入价格有关的一度齐次的。为了确保这个齐次条件得到满足，所有的投入价格和总成本都除以第三个投入价格，即被实物资本价格（W_3）所除。成本函数的RHS的变量为

$$Z_{1i} = \left(Y_{i1} \ Y_{i2} \ Y_{i3} \ \frac{W_{i1}}{W_{i3}} \ \frac{W_{i2}}{W_{i3}} \ EQU_{i1} \ NPL_{i2} \ T_i \right) \tag{3.8}$$

成本函数的自变量为$\frac{C_i}{W_{i3}}$。

根据微观经济学理论，在收入和利润函数方面，不存在关于投入价格的一度齐次假设。因此，协同变量的向量为

$$Z_{2i} = \left(Y_{i1} \ Y_{i2} \ Y_{i3} \ W_{i1} \ W_{i2} \ W_{i3} \ EQU_{i1} \ NPL_{i2} \ T_i \right) \tag{3.9}$$

本定义为收入和利润函数的RHS[①]。收入和利润函数的因变量为R_i或Π_i。注意在（3.9）中收入和利润的函数并不是标准的收入和利润函数，标准的收入和利润函数将产出价格和投入映射到收入和利润。相反，他们是广泛使用的替代的收入和利润函数（Berger et al. 1996，Berger and Mester，1997，2003 and Wheelock and Wilson，2018），他们将投入价格或产出映射到收入和利润。正如Berger et al.（1996）中所讨论的那样，银行应被视为拥有某种程度的定价权，而不是价格接受者，

① 根据经济理论，成本、收入和利润函数应该相互对等。换句话说，这些函数的功能形式在本质上说是相互一致的。但是Berger and Mester（2003）的脚注13指出："齐次限制不必强加在替代利润函数上。"因此，我们的收入和利润函数的函数形式与成本函数的不同。这里我们的RHS变量几乎遵照Wheelock and Wilson（2018）。

因为银行实际上是通过谈判收费和产出价格（如贷款利率）来实现其收入和利润最大化。因此，使用替代的收入和利润函数可以比使用标准的收入和利润函数更好地反映银行的运作方式。本书中成本、收入和利润的回归函数有如下形式

$$Y_i = Y(Z_i) + \epsilon_i \tag{3.10}$$

在这里Y_i代表成本$\frac{C_i}{W_{i3}}$、收入R_i或利润Π_i；Z_i为Z_{1i}或Z_{2i}，取决于我们是在估计成本、收入还是利润函数；ϵ_i是噪声项且$E(\epsilon_i) = 0$；$Y(Z_i)$是需要从数据中估计的条件均值函数①。在获得对$Y(Z_i)$的估计后，我们用它来获得对成本、收入和利润 RTS 的估计，正如式（3.7）中的描述。下一节我们将详细讨论对式（3.10）中的$Y(Z_i)$的估计方法。

3.4 估计和推断

为了估计式（3.10）中的$Y(Zi)$，文献中的标准方法是先为$Y(Zi)$选择一个函数形式，如超对数函数形式，然后使用最大似然估计来获得模型参数的估计以及规模收益的估计。然而，许多论文已经对银行业使用的成本、收入和利润的超对数函数形式是否合适提出了疑问，详见 Wheelock and Wilson（2012，2018，2020）和 Wilson and Zhao（2022）。这并不奇怪，因为超对数函数不能很好地适用右偏的银行数据。

3.4.1 超对数设定的统计检验

遵循 Wheelock and Wilson（2012，2018）中的统计检验，我们使用欧洲银行数据来测试超对数函数形式。用Y_i表示观察值 i 的因变量的对数值，用X_{ip}表示第 p 个 RHS 变量的值。更具体地说，X_{ip}的获得方法是：首先在第 p 个产出中加上$\underline{y}_p + 1$的值（其中$\ddot{y}_p$为样本中第 p 个产出的最小值），以避免出现非正值，然后对每个自变量取对数。超对数函数形式被指定为

① 注意$Y(Z_i) = Y(Y_i)$，因为我们省略了$Y(Y_i)$中所有其他控制变量。

$$Y_i = \alpha_0 + \sum_{p=1}^{P} \alpha_p X_{ip} + \frac{1}{2} \sum_{p=1}^{P} \sum_{p'=1}^{P} \alpha_{pP'} X_{ip} X_{ip'} + \epsilon_i \tag{3.11}$$

在这里，当估计成本函数时，P = 8，而当估计收入和利润函数时，P = 9。

为了测试超对数函数形式，对于每一年，我们将样本按该年总资产的中值划分为两个子样本，这样一个子样本只包括小银行，而另一个子样本只包括大银行。然后用普通最小二乘法（OLS）来估计每个子样本的超对数函数形式。将 $\mathbf{X}_{tj}$ 记作为估计 t 年和子样本 j 的超对数函数的 RHS 变量，其中 $t \in \{1, 2, \ldots, 21\}$ 并且 $j \in \{1, 2\}$。将 $\mathbf{Y}_{tj}$ 记作因变量的对数形式。通过 OLS 估计，系数估计值为

$$\hat{\beta}_{tj} = \left(X'_{tj} X_{tj}\right)^{-1} X'_{tj} Y_{tj} \tag{3.12}$$

残值为

$$\hat{\epsilon}_{tj} = Y_{tj} - X_{tj} \hat{\beta}_{tj} \tag{3.13}$$

对 β_{tj} 的协方差矩阵估计为

$$\hat{\Psi}_{tj} = \left(X'_{tj} X_{tj}\right)^{-1} \left(X'_{tj}\, \mathrm{diag}(\hat{\varepsilon}^2_{tj})\, X_{tj}\right) \left(X'_{tj} X_{tj}\right)^{-1} \tag{3.14}$$

其中 $\mathrm{diag}(\hat{\varepsilon}^2_{tj})$ 是使用 $\hat{\varepsilon}^2_{tj}$ 中元素构造的 $\left(n_{tj} \times n_{tj}\right)$ 对角线矩阵[①]。

对于每年 t，原假设为这两个子样本中的所有系数都应该相等。具体来说，原假设是 H_0: $\beta_{t1} = \beta_{t2}$，即 β_{t1} 和 β_{t2} 逐个元素相等。在 H_0 下，根据 OLS 估计的渐进正态性，我们有以下

$$W = \left(\hat{\beta}_{t1} - \hat{\beta}_{t2}\right)' \left(\hat{\Psi}_{t1} + \hat{\Psi}_{t2}\right)^{-1} \left(\hat{\beta}_{t1} - \hat{\beta}_{t2}\right) \xrightarrow{L} \chi^2(Q) \tag{3.15}$$

的 Wald 统计量。其中 $\chi^2(Q)$ 是自由度为 Q 的卡方分布，Q 等于 H_0 的限制数量，也等于 β_{t1} 中参数的数量，Q = 36 用于成本函数，Q = 45 用于收入和利润函数。检验统计量 $\hat{W}$ 是针对每一年成本、收入和利润分别计算的。

表 3-2 列出了对成本、收入和利润函数的超对数设定的检验结果。显然，所有的 p 值都小于 1%。因此，成本、收入和利润函数的超对数设定在所有情况下都被拒绝。拒绝超对数函数形式并不令人惊讶，因为

① 协方差矩阵估计的构造参考 White（1980）和 Davidson and MacKinnon（1993）。

超对数设定不能很好地适应右偏的欧洲银行数据。这里我们的结果与Wheelock and Wilson（2012，2018）和Wilson and Zhao（2022）相一致，他们的结果都拒绝了美国银行业的超对数设定。因此，本书中，我们没有指定超对数函数形式，而是使用完全非参数化的局部线性方法（Fan and Gijbels，1996）。

表3-2 成本、收入和利润函数的超对数形式设定的检验结果

Year	—Cost—		—Revenue—		—Profit—	
	Wald Statistic	p-value	Wald Statistic	p-value	Wald Statistic	p-value
2000	186.4738	0.0000	101.5626	0.0000	102.5514	0.0000
2001	106.2930	0.0000	128.7625	0.0000	140.7679	0.0000
2002	148.9529	0.0000	152.1497	0.0000	128.9651	0.0000
2003	113.5657	0.0000	128.5285	0.0000	109.8149	0.0000
2004	100.6488	0.0000	153.3444	0.0000	132.8637	0.0000
2005	105.6301	0.0000	116.6587	0.0000	100.7533	0.0000
2006	134.2328	0.0000	132.4798	0.0000	123.2294	0.0000
2007	127.2505	0.0000	170.3521	0.0000	136.3880	0.0000
2008	165.1774	0.0000	163.4390	0.0000	111.0835	0.0000
2009	210.8066	0.0000	180.6806	0.0000	230.6245	0.0000
2010	178.9338	0.0000	109.8281	0.0000	106.1760	0.0000
2011	123.8920	0.0000	169.5566	0.0000	175.6484	0.0000
2012	109.8336	0.0000	200.4657	0.0000	194.4141	0.0000
2013	159.4295	0.0000	158.2724	0.0000	87.6764	0.0000
2014	126.5066	0.0000	223.3711	0.0000	159.8080	0.0000
2015	94.1257	0.0000	84.2468	0.0000	80.7524	0.0000
2016	140.9435	0.0000	94.5511	0.0000	77.2633	0.0001
2017	71.3266	0.0004	83.5078	0.0000	98.2083	0.0000
2018	93.6069	0.0000	111.3976	0.0000	81.5944	0.0000
2019	64.1845	0.0026	72.9705	0.0003	78.4451	0.0001
2020	132.9243	0.0000	120.9510	0.0000	85.7057	0.0000

3.4.2 非参数化、局部线性方法

非参数方法非常灵活，可以捕捉任何函数形式，通过使用非参数方法，我们可以让数据自己说话。然而，使用非参数方法有一个缺点，被称为“维数灾难”，即非参数估计随着更多自变量的加入而收敛得更慢。本书通过使用降维技术（将在下文中讨论）和大数据集，在一定程度上缓解了“维数灾难”。

由于银行数是右偏的，我们首先将自变量标准化，方法是对自变量取对数，减去对数的平均值，再除以对数的标准差①。然后我们对标准化的数据做特征分析，以减少维度。这种方法在数学和经济学中被广泛使用，更多细节参考Wheelock and Wilson（2012，2018，2020）。

表3-3报告了标准化的Z_{1i}和Z_{2i}的主成分中包含的独立线性信息的比例。因此，我们对成本函数使用前5的主要成分，对收入和利润函数使用前6的主要成分。这样做，我们失去了包含在RHS变量中的不超过7%的独立线性信息，但实现了更快的收敛率并减少了估计误差。采用上述程序将会把自变量Z_i转换成$\boldsymbol{\Psi}_i$②。

表3-3 **主成分中包含的独立线性信息**

j	Z_1	Z_2
1	0.50	0.46
2	0.73	0.61
3	0.84	0.72
4	0.89	0.82
5	0.94	0.89
6	0.97	0.93
7	0.99	0.97
8	1.00	0.99
9	–	1.00

注：列j表示前j主成分，这些主成分是按特征值排序的。

① 在取对数之前，我们首先对每个第j个输出值加上$\underline{Y}_j+1$以避免数字问题，其中$\underline{Y}_j \geq 0$是数据中第j个输出的最小值。

② 注意$\boldsymbol{\Psi}_i$将会不同，取决于我们是在估计成本还是收入和利润函数。

对于因变量，我们也通过对其取对数，减去平均值，然后除以对数的标准差来使其标准化。由于收入和利润可能是负数，在取对数之前，我们要做如下转换：$Y_i = Y_i - \underline{Y} + 1 \geqslant 1$，其中 $Y = R$，Π 和 $\underline{Y}$ 为样本中 Y 的最小值。采用如上程序将会使因变量 Y_i 转化为 Y_i。

我们使用完全非参数、局部线性方法来估计

$$Y_i = m(\boldsymbol{\Psi}_i) + v_i \tag{3.16}$$

其中 $m(\boldsymbol{\Psi}_i)$ 是条件均值函数，也是我们主要兴趣所在，v_i 是误差项，而且 $E(v_i|\boldsymbol{\Psi}_i) = 0$，$\sigma^2(v_i|\boldsymbol{\Psi}_i) \in (0,\ \infty)$。

如前所述，使用非参数、局部线性方法意味着我们不假设成本、收入和利润函数的特定函数形式。相反，我们让数据自己说话，也就是说，我们让数据告诉我们成本、收入和利润函数的具体形式。因此，本书使用的模型是非常灵活的。此外，在得到 Y_i 的预测后，可以很容易得到 Y_i 的预测。然后，我们将预测的 Y_i 替换定义在式（3.7）中的 RTS 度量值 θ_i^Y，获得其估计值 $\hat{\theta}_i^Y$。最后，我们使用原始自举法（wild bootstrap）（Härdle，1990；Härdle and Mammen，1993）来对规模报酬进行推断，原始自举法在文献中被广泛用于推断非参数估计值的显著性。更多原始自举法的细节可参考 Wheelock and Wilson（2012，2018，2020）。

3.5 实证结果

3.5.1 一个备注

正如我们在 3.3 中所讨论的，对于 $Y = C$，R，Π，如果 $\hat{\theta}_i^Y$ 是正的并且是显著的，银行面临规模报酬递增；如果 $\hat{\theta}_i^Y$ 是负的并且是显著的，银行面临规模报酬递减；如果 $\hat{\theta}_i^Y$ 与 0 没有显著区别，银行面临规模报酬不变。为了进行统计检验，我们假设银行面临规模报酬不变（即原假设为 $\hat{\theta}_i^Y = 0$），并使用原始自举法构建 $\hat{\theta}_i^Y$ 的 95% 置信区间。假设 95% 的置信区间是 $[a_i,\ b_i]$，如果 $a_i \leqslant 0 \leqslant b_i$，我们接受规模报酬不变；如果 $b_i < 0$，

我们拒绝规模报酬不变而支持规模报酬递减；如果 $a_i > 0$，我们拒绝规模报酬不变而支持规模报酬递增。

3.5.2 主要结果

表3-4总结了各年规模报酬率（RTS）在成本方面的估计值。2000年RTS的中位数为0.0428，意味着对于样本中的中位数银行，在产出数量组合增加10个百分点的情况下，成本增加的百分比是$(0.1 - 0.0428) \times 100 = 5.72 < 10$，意味着成本是规模报酬递增的[①]。此外，每年的大多数估计值都是正数，表明大多数银行在成本上面临IRS。然而，这些正的估计值并不能告诉我们太多，因为我们需要检验这些估计值是否跟0有显著区别。

表3-4 成本规模报酬率估计值的分位数

Year	0.05	0.25	0.5	0.75	0.95
2000	0.0103	0.0314	0.0428	0.0542	0.0777
2001	0.0059	0.0308	0.0434	0.0556	0.0732
2002	0.0089	0.0321	0.0441	0.0561	0.0791
2003	0.0048	0.0317	0.0441	0.0561	0.0767
2004	0.0057	0.0299	0.0426	0.0555	0.0767
2005	0.0099	0.0300	0.0423	0.0545	0.0759
2006	0.0049	0.0290	0.0410	0.0529	0.0755
2007	0.0057	0.0290	0.0416	0.0527	0.0745
2008	0.0046	0.0290	0.0421	0.0558	0.0818
2009	0.0036	0.0303	0.0438	0.0565	0.0813
2010	0.0059	0.0298	0.0434	0.0576	0.0828
2011	0.0057	0.0303	0.0438	0.0569	0.0799

① 关于成本RTS的解释的细节，见3.3中的3.3.1关于式（3.2）的讨论。

续表

Year	0.05	0.25	0.5	0.75	0.95
2012	0.0067	0.0313	0.0447	0.0571	0.0820
2013	0.0040	0.0300	0.0450	0.0587	0.0836
2014	0.0000	0.0290	0.0455	0.0609	0.0858
2015	0.0044	0.0287	0.0423	0.0577	0.0857
2016	−0.0016	0.0282	0.0425	0.0586	0.0858
2017	0.0006	0.0293	0.0438	0.0586	0.0825
2018	−0.0033	0.0255	0.0423	0.0575	0.0888
2019	−0.0008	0.0245	0.0407	0.0537	0.0796
2020	−0.0129	0.0189	0.0398	0.0576	0.0991

表3-5提供了我们对成本方面RTS的估计。它列出了我们样本中每年面临DRS、CRS和IRS的银行数量和比例。表3-5显示，每年至少有57%的银行面临成本方面的IRS，不超过4%的银行面临成本方面的DRS。这表明，在2000—2020年期间，成本方面面临IRS比DRS和CRS的欧洲银行数量要高得多。因此，为了利用成本方面的IRS的潜在好处，银行有动力不断增大其规模。

表3-5 **各年面临成本规模报酬递减、规模报酬不变和规模报酬递增的银行的数量和比例**

Year	Total	—Counts—			—Proportions—		
		DRS	CRS	IRS	DRS	CRS	IRS
2000	962	7	209	746	0.01	0.22	0.78
2001	1 031	12	262	757	0.01	0.25	0.73
2002	1 067	8	246	813	0.01	0.23	0.76
2003	1 052	16	240	796	0.02	0.23	0.76
2004	1 088	18	289	781	0.02	0.27	0.72

续表

Year	Total	—Counts—			—Proportions—		
		DRS	CRS	IRS	DRS	CRS	IRS
2005	1 116	9	299	808	0.01	0.27	0.72
2006	1 103	14	292	797	0.01	0.26	0.72
2007	1 111	19	285	807	0.02	0.26	0.73
2008	1 223	23	358	842	0.02	0.29	0.69
2009	1 229	16	368	845	0.01	0.30	0.69
2010	1 212	17	380	815	0.01	0.31	0.67
2011	1 210	18	359	833	0.01	0.30	0.69
2012	1 155	14	319	822	0.01	0.28	0.71
2013	1 125	18	338	769	0.02	0.30	0.68
2014	1 051	26	293	732	0.02	0.28	0.70
2015	670	11	202	457	0.02	0.30	0.68
2016	613	15	184	414	0.02	0.30	0.68
2017	601	11	176	414	0.02	0.29	0.69
2018	527	12	180	335	0.02	0.34	0.64
2019	506	16	187	303	0.03	0.37	0.60
2020	424	16	168	240	0.04	0.40	0.57

注：DRS指规模报酬递减；CRS指规模报酬不变；IRS指规模报酬递增。显著性水平为5%。

表3-11列出了我们的样本所涵盖的每个国家中面临成本方面的DRS、CRS和IRS的银行的数量和比例。表3-11显示，在每个国家，至少有64%的银行面临成本方面的IRS，不超过5%的银行面临成本方面的DRS。此外，在一些国家，没有一家银行面临成本方面的DRS。这表明，在每个欧洲国家，多数银行在成本方面面临IRS而不是DRS或者

CRS。经济学家和政策制定者通常更关注大银行，因为它们的规模（用总资产衡量）通常在银行业中占主导地位，而它们的倒闭对银行业和整个社会都是一场灾难。因此，我们也按规模四分位数来汇报结果，其中规模四分位数是按总资产来划分的。

表3-12报告了每个规模四分位数和每一年面临DRS、CRS和IRS的银行比例。表3-12显示，成本方面的IRS在不同规模的四分位数和不同年份都很普遍。此外，在每一年，大银行（那些处于第四个规模四分位数的银行）比小银行更有可能面临成本方面的IRS。因此，大银行继续扩大资产规模并不令人惊讶，因为它们有可能正在利用成本方面的IRS。我们的结果与其他发现大银行成本规模报酬递增的论文一致，如美国银行相关的研究Hughes and Mester（2013）、Kovner et al.（2015）和Wheelock and Wilson（2001，2012，2018），欧洲银行相关的研究Beccalli et al.（2015）和加拿大银行相关的研究Allen and Liu（2007）。

现有的文献大多关注成本方面的RTS，而收入和利润方面的RTS则被忽略了。我们因此也报告了收入和利润方面的RTS，因为银行规模的不断扩大也可能意味着银行在利用收入或利润方面的IRS。表3-6总结了各年欧洲银行在收入方面的RTS的估计值。2000年欧洲银行收入方面RTS的中位数是-0.0520，这意味着对于中位数的银行（假设它有正的收入），在产出数量组合增加10个百分点的情况下，收入增加的百分比是$(0.1 - 0.0520) \times 100 = 4.80 < 10$，意味着收入的DRS。此外，每年的大多数估计值都是负的，表明大多数银行都面临着收入方面的DRS。然而，我们需要检验其跟0是否有显著差别。

表3-7列出的收入方面的RTS的一般结果显示，在每一年，大多数银行（至少71%）在收入方面面临DRS，许多银行（21%～26%）面临收入方面的DRS，而只有少数银行（不超过4%）在收入方面面临IRS。这表明，收入方面的DRS比CRS占比更高，而CRS比IRS占比更高。收入方面的RTS结果与成本方面的结果显然不同，因为我们之前发现成本方面的IRS比DRS和CRS占比更高。

表3-6 收入规模报酬率估计值的分位数

Year	0.05	0.25	0.5	0.75	0.95
2000	−0.0940	−0.0653	−0.0520	−0.0345	0.0329
2001	−0.0986	−0.0659	−0.0540	−0.0389	0.0254
2002	−0.0941	−0.0660	−0.0529	−0.0363	0.0220
2003	−0.0976	−0.0684	−0.0547	−0.0385	0.0101
2004	−0.1023	−0.0684	−0.0538	−0.0364	0.0162
2005	−0.0991	−0.0667	−0.0535	−0.0370	0.0240
2006	−0.1011	−0.0683	−0.0545	−0.0375	0.0111
2007	−0.1047	−0.0686	−0.0539	−0.0361	0.0124
2008	−0.1017	−0.0697	−0.0551	−0.0385	0.0100
2009	−0.0966	−0.0687	−0.0545	−0.0347	0.0153
2010	−0.1119	−0.0701	−0.0539	−0.0361	0.0148
2011	−0.1017	−0.0711	−0.0554	−0.0388	0.0169
2012	−0.1035	−0.0710	−0.0556	−0.0373	0.0126
2013	−0.1130	−0.0712	−0.0559	−0.0395	0.0081
2014	−0.1096	−0.0715	−0.0567	−0.0382	0.0112
2015	−0.1004	−0.0686	−0.0546	−0.0358	0.0466
2016	−0.1097	−0.0718	−0.0550	−0.0361	0.0285
2017	−0.1001	−0.0700	−0.0562	−0.0378	0.0320
2018	−0.0989	−0.0702	−0.0558	−0.0387	0.0169
2019	−0.1150	−0.0714	−0.0546	−0.0395	0.0099
2020	−0.1058	−0.0720	−0.0559	−0.0357	0.0420

表3-7 各年面临收入规模报酬递减、规模报酬不变和规模报酬递增的银行的数量和比例

Year	Total	—Counts—			—Proportions—		
		DRS	CRS	IRS	DRS	CRS	IRS
2000	962	724	216	22	0.75	0.22	0.02
2001	1 031	772	236	23	0.75	0.23	0.02
2002	1 067	803	231	33	0.75	0.22	0.03
2003	1 052	788	241	23	0.75	0.23	0.02
2004	1 088	787	274	27	0.72	0.25	0.02
2005	1 116	805	276	35	0.72	0.25	0.03
2006	1 103	824	249	30	0.75	0.23	0.03
2007	1 111	829	253	29	0.75	0.23	0.03
2008	1 223	919	274	30	0.75	0.22	0.02
2009	1 229	898	291	40	0.73	0.24	0.03
2010	1 212	876	294	42	0.72	0.24	0.03
2011	1 210	908	270	32	0.75	0.22	0.03
2012	1 155	868	254	33	0.75	0.22	0.03
2013	1 125	866	231	28	0.77	0.21	0.02
2014	1 051	775	244	32	0.74	0.23	0.03
2015	670	478	175	17	0.71	0.26	0.03
2016	613	447	153	13	0.73	0.25	0.02
2017	601	455	130	16	0.76	0.22	0.03
2018	527	390	129	8	0.74	0.24	0.02
2019	506	391	109	6	0.77	0.22	0.01
2020	424	312	97	15	0.74	0.23	0.04

注：DRS指规模报酬递减；CRS指规模报酬不变；IRS指规模报酬递增。显著性水平为5%。

表3-13列出了我们的样本所涵盖的每个国家中面临收入方面的DRS、CRS和IRS的银行的数量和比例。表3-13显示，在每个国家，大多数银行在收入方面面临DRS或CRS，而只有极少数银行（不超过8%）在收入方面面临IRS。此外，在几个国家中，没有一家银行面临收入方面的IRS。这表明，在每个欧洲国家，收入方面的DRS和CRS要比IRS占比大很多。

此外，我们将收入方面的RTS结果根据银行规模的四分位数进行进一步的划分，结果汇报在表3-14中。表3-14显示，在每一年，在每个规模四分位数组，都有大量的银行面临DRS或CRS。此外，规模最大的前四分之一的大银行比小银行更有可能面临收入方面的DRS（大约90%）。结合表3-7、表3-13和表3-14的结果，我们发现，收入方面的DRS和CRS广泛存在于每个规模四分位数组、每一年以及我们样本所涵盖的每一个国家；并且，大银行比小银行更可能面临收入方面的DRS。收入方面的RTS的这些结果表明，欧洲银行可以利用的收入方面的RTS的好处并不多。

表3-8总结了各年利润方面的RTS的估计值。2000年利润方面的RTS的中位数是-0.0536，这意味着对于中位数的银行（假设它有正的利润），在产出数量组合增加10个百分点的情况下，利润增加的百分比是$(0.1 - 0.0536) \times 100 = 4.64 < 10$，意味着利润方面的DRS。此外，每一年的许多估计值都是负的，表明许多银行面临着利润方面的DRS。然而，我们仍然需要检验其跟0是否存在着显著的区别。

表3-8　**利润规模报酬率估计值的分位数**

Year	0.05	0.25	0.5	0.75	0.95
2000	-0.0888	-0.0663	-0.0536	-0.0359	0.0440
2001	-0.0921	-0.0659	-0.0527	-0.0349	0.0198
2002	-0.0870	-0.0660	-0.0538	-0.0388	0.0097
2003	-0.0810	-0.0656	-0.0541	-0.0382	0.0184
2004	-0.0874	-0.0651	-0.0533	-0.0379	0.0122

续表

Year	0.05	0.25	0.5	0.75	0.95
2005	−0.0861	−0.0654	−0.0539	−0.0370	0.0118
2006	−0.0887	−0.0658	−0.0537	−0.0382	0.0089
2007	−0.0876	−0.0662	−0.0545	−0.0406	0.0049
2008	−0.0894	−0.0672	−0.0553	−0.0415	0.0038
2009	−0.0875	−0.0661	−0.0556	−0.0397	0.0097
2010	−0.0859	−0.0671	−0.0552	−0.0404	0.0086
2011	−0.0913	−0.0674	−0.0556	−0.0400	0.0067
2012	−0.0905	−0.0672	−0.0546	−0.0399	−0.0002
2013	−0.0908	−0.0688	−0.0566	−0.0415	−0.0003
2014	−0.0943	−0.0691	−0.0555	−0.0411	−0.0027
2015	−0.0876	−0.0677	−0.0547	−0.0405	0.0221
2016	−0.0921	−0.0689	−0.0553	−0.0401	0.0124
2017	−0.0926	−0.0701	−0.0578	−0.0414	0.0111
2018	−0.0919	−0.0694	−0.0566	−0.0375	0.0175
2019	−0.0933	−0.0694	−0.0563	−0.0385	0.0160
2020	−0.1005	−0.0718	−0.0559	−0.0358	0.0167

利润方面的RTS的一般结果见表3-9。在每一年，大多数银行（从53%到67%不等）在利润方面面临DRS，许多银行（从31%~46%不等）在利润方面面临CRS，而不超过3%的银行在利润方面面临IRS。表3-15显示，在每个国家，大多数银行在利润方面面临DRS或CRS，而很少有银行在利润方面面临IRS。表3-16显示，一般来说，这些结果在不同规模的四分位数组和不同年份仍然成立。此外，规模最大的四分位数组的大银行（约90%）比其他三个规模四分位数组的银行更有可能面临利润方面的DRS。表3-9、表3-15和表3-16的结果表明，利润方面的规模报酬递减（DRS）在每一年、每一个规模分组和每一个国家中都很普遍。

表3-9　各年面临利润规模报酬递减、规模报酬不变和规模报酬递增的银行的数量和比例

Year	Total	—Counts—			—Proportions—		
		DRS	CRS	IRS	DRS	CRS	IRS
2000	962	555	379	28	0.58	0.39	0.03
2001	1 031	542	478	11	0.53	0.46	0.01
2002	1 067	596	454	17	0.56	0.43	0.02
2003	1 052	594	445	13	0.56	0.42	0.01
2004	1 088	622	455	11	0.57	0.42	0.01
2005	1 116	610	498	8	0.55	0.45	0.01
2006	1 103	638	446	19	0.58	0.40	0.02
2007	1 111	696	398	17	0.63	0.36	0.02
2008	1 223	808	396	19	0.66	0.32	0.02
2009	1 229	797	408	24	0.65	0.33	0.02
2010	1 212	779	411	22	0.64	0.34	0.02
2011	1 210	785	404	21	0.65	0.33	0.02
2012	1 155	752	383	20	0.65	0.33	0.02
2013	1 125	755	350	20	0.67	0.31	0.02
2014	1 051	678	361	12	0.65	0.34	0.01
2015	670	403	257	10	0.60	0.38	0.01
2016	613	368	235	10	0.60	0.38	0.02
2017	601	397	193	11	0.66	0.32	0.02
2018	527	342	171	14	0.65	0.32	0.03
2019	506	324	173	9	0.64	0.34	0.02
2020	424	249	164	11	0.59	0.39	0.03

注：DRS指规模报酬递减；CRS指规模报酬不变；IRS指规模报酬递增。显著性水平为5%。

请注意，每一年，银行数量大约是1 000家（尤其是2014年之前的那些年），这意味着每一年规模最大的四分位数组的银行的数量大约是250家。然而，人们可能会说，并不是所有的规模在前250的银行都会被认为是大银行。因此，我们也报告了规模在前50和前10最大银行的结果，以进一步研究最大银行的成本、收入和利润方面的RTS。

表3-10列出了前50家大银行在成本收入和利润方面面临DRS、CRS和IRS的比例。表3-10显示，对于前50家银行来说，至少有70%的银行在成本上面临IRS（在2000年，甚至有96%的银行面临IRS），而很少有银行（不超过4%）在成本上面临DRS。此外，在有些年份，前50家银行中没有一家面临成本方面的DRS。相比之下，表3-10显示，不超过4%的银行在收入方面面临IRS，而大多数银行（不低于80%）在收入方面面临DRS。在某些年份，前50家银行中没有一家在收入方面面临IRS。对于利润方面的RTS，表3-10显示，前50家银行中的大多数（不少于90%）面临DRS，而很少有银行面临IRS。结合这些结果，我们发现前50家银行更有可能在成本上面临IRS，在收入上面临DRS，在利润上面临DRS。

我们得到了每年前10名大银行在成本、收入和利润方面的RTS估计值，并对其显著（与0的区别）进行了检验。表3-17至表3-19报告了前10家大银行每年在成本、收入和利润上面分别面临哪种类型的RTS（DRS、CRS或IRS）。

对于成本方面的RTS，表3-17中的结果显示，在2000—2020年的前10家银行中，在210个统计检验情况中，CRS被拒绝而支持IRS的有182个，CRS被拒绝而支持DRS的只有2个，而CRS在剩余的26个中被接受。与前10家银行在成本方面主要面临IRS的证据相比，表3-18中的结果表明，前10家银行在收入方面主要面临DRS。在210个统计检验情况中，收入方面的CRS被拒绝而支持DRS的有200个情况，CRS在9个情况中被接受，而CRS被拒绝而支持IRS的只有1个情况。对于利润方面的RTS，表3-19中的结果表明，对于每一年，前10家银行中的大多数都面临DRS，而CRS只有2个情况被接受。更重要的是，没有一家银行在利润方面面临IRS。

表3-10　前50家大银行面临成本、收入和利润的规模报酬递减、规模报酬不变和规模报酬递增的比例

Year	—Cost—				—Revenue—				—Profit—			
	θ^C	DRS	CRS	IRS	θ^R	DRS	CRS	IRS	θ^Π	DRS	CRS	IRS
2000	0.04	0.00	0.04	0.96	−0.06	0.96	0.04	0.00	−0.07	0.98	0.00	0.02
2001	0.04	0.00	0.14	0.86	−0.05	0.94	0.06	0.00	−0.07	0.96	0.04	0.00
2002	0.04	0.00	0.12	0.88	−0.06	1.00	0.00	0.00	−0.06	0.98	0.02	0.00
2003	0.04	0.00	0.14	0.86	−0.06	0.92	0.08	0.00	−0.06	0.96	0.04	0.00
2004	0.04	0.02	0.20	0.78	−0.06	0.96	0.04	0.00	−0.06	0.96	0.04	0.00
2005	0.04	0.00	0.10	0.90	−0.06	0.92	0.06	0.02	−0.06	0.96	0.04	0.00
2006	0.04	0.00	0.16	0.84	−0.05	0.90	0.10	0.00	−0.06	0.96	0.04	0.00
2007	0.04	0.00	0.16	0.84	−0.05	0.90	0.10	0.00	−0.06	0.92	0.06	0.02
2008	0.04	0.00	0.12	0.88	−0.05	0.88	0.12	0.00	−0.06	0.92	0.06	0.02
2009	0.04	0.00	0.10	0.90	−0.05	0.90	0.10	0.00	−0.06	0.90	0.08	0.02
2010	0.04	0.00	0.16	0.84	−0.05	0.84	0.12	0.04	−0.06	0.92	0.08	0.00
2011	0.04	0.00	0.06	0.94	−0.05	0.80	0.20	0.00	−0.06	0.94	0.02	0.04
2012	0.04	0.00	0.16	0.84	−0.06	0.86	0.12	0.02	−0.06	0.96	0.04	0.00
2013	0.05	0.00	0.16	0.84	−0.06	0.94	0.06	0.00	−0.06	0.94	0.04	0.02
2014	0.04	0.00	0.14	0.86	−0.06	0.86	0.14	0.00	−0.06	0.94	0.06	0.00
2015	0.04	0.00	0.14	0.86	−0.06	0.84	0.16	0.00	−0.06	0.90	0.08	0.02
2016	0.04	0.00	0.08	0.92	−0.06	0.96	0.04	0.00	−0.07	0.92	0.08	0.00
2017	0.04	0.00	0.12	0.88	−0.07	0.96	0.04	0.00	−0.07	0.98	0.02	0.00
2018	0.04	0.00	0.22	0.78	−0.06	0.88	0.12	0.00	−0.07	1.00	00.00	0.00
2019	0.05	0.00	0.08	0.92	−0.06	0.96	0.04	0.00	−0.06	0.92	0.08	0.00
2020	0.04	0.04	0.26	0.70	−0.06	0.92	0.06	0.02	−0.06	0.92	0.06	0.02

注：DRS指规模报酬递减；CRS指规模报酬不变；IRS指规模报酬递增；θ^Y是前五十大银行的θ_i^Y均值。显著性水平为5%。

总的来说，我们的研究结果表明，在每一年，大量的银行在成本方面面临IRS（至少57%），而大多数银行在收入（至少71%）和利润（至少53%）方面面临DRS。这些结果在不同规模的四分位数组、不同国家和不同年份都成立。尽管在全球金融危机和欧洲债务危机发生数年后，欧洲银行业的监管发生了重大变化，但是，这些研究结果表明，欧洲银行业在成本、收入和利润方面所面临的RTS没有发生变化。此外，研究结果显示，与小银行（处于规模第一个四分位数组的银行）相比，大银行（处于规模第四个四分位数组的银行）更有可能在成本上面临IRS，在收入上面临DRS，在利润上面临DRS。大多数规模前50的银行（也包括规模前10的银行）在成本上面临IRS，在收入上面临DRS，在利润上面临DRS。

3.6 结论

银行的规模一直在不断地增长。以前的文献已经提供了充分的证据，表明美国的银行在成本方面面临着规模回报递增的情况，即使是最大的银行。然而，欧洲银行在这方面的证据并不充分，甚至文献对于欧洲大银行规模报酬的估计得出了不同的结论。我们汇报了2000—2020年在36个欧洲国家经营的银行在成本、收入和利润方面的规模回报的新估计。我们的估计是基于非参数、局部线性方法，而不是传统的超对数方法（一种参数方法）。在当前的银行研究中，超对数的成本、收入和利润函数的设定被认为是不准确的。

我们发现强有力的证据表明，在不同年份、不同银行规模四分位数和不同国家，大多数欧洲银行的成本都具有规模回报率递增。相反，在不同年份、不同银行规模四分位数和不同国家，大多数银行的收入和利润都面临着规模回报率递减。

此外，结果显示，大银行（每年处于规模最大的四分位数的银行）与小银行（每年处于规模最小的四分位数的银行）相比，更有可能面临成本方面的规模回报率递增、收入和利润方面的规模回报率递减的情况。排名前50的大银行大多面临着成本方面的规模回报率增加，收入和利润方面的规模回报率递减的情况。这些结果也适用于排名前10的最大银行。

我们的结果表明，成本方面的规模经济，而不是收入和利润方面的规模经济，是导致欧洲银行规模的持续增长的可能原因之一。限制银行规模可能不会给欧洲银行的收入和利润带来太大的负担，但可能会阻止欧洲银行利用成本方面的规模收益增加的效应。政策制定者在提出与银行规模有关的新法规时，需要权衡这些政策带来的成本和收益。

3.7 附录：额外的结果

表3-11至表3-19列出了正文中未显示的其他结果。

表3-11　各国面临成本DRS、CRS和IRS的银行数量和比例

Country	Total	—Counts—			—Proportions—		
		DRS	CRS	IRS	DRS	CRS	IRS
Albania	144	1	45	98	0.01	0.31	0.68
Austria	775	14	209	552	0.02	0.27	0.71
Belgium	347	7	74	266	0.02	0.21	0.77
Bulgaria	245	1	72	172	0.00	0.29	0.70
Belarus	219	2	55	162	0.01	0.25	0.74
Switzerland	1 819	24	567	1 228	0.01	0.31	0.68
Czechia	261	6	89	166	0.02	0.34	0.64
Germany	1 458	22	433	1 003	0.02	0.30	0.69
Denmark	648	5	145	498	0.01	0.22	0.77
Estonia	78	4	22	52	0.05	0.28	0.67
Spain	659	11	143	505	0.02	0.22	0.77
Finland	161	1	56	104	0.01	0.35	0.65
France	1 430	25	379	1 026	0.02	0.27	0.72

续表

Country	Total	—Counts—			—Proportions—		
		DRS	CRS	IRS	DRS	CRS	IRS
United Kingdom	1 248	26	398	824	0.02	0.32	0.66
Greece	218	0	56	162	0.00	0.26	0.74
Croatia	456	11	117	328	0.02	0.26	0.72
Hungary	257	5	77	175	0.02	0.30	0.68
Ireland	169	3	39	127	0.02	0.23	0.75
Iceland	53	0	18	35	0.00	0.34	0.66
Italy	1 606	13	416	1 177	0.01	0.26	0.73
Lithuania	131	2	30	99	0.02	0.23	0.76
Luxembourg	884	22	299	563	0.02	0.34	0.64
Latvia	292	3	99	190	0.01	0.34	0.65
Moldova	200	1	47	152	0.01	0.23	0.76
North Macedonia	189	4	64	121	0.02	0.34	0.64
Netherlands	362	4	94	264	0.01	0.26	0.73
Norway	195	0	63	132	0.00	0.32	0.68
Poland	493	9	107	377	0.02	0.22	0.76
Portugal	306	4	73	229	0.01	0.24	0.75
Romania	366	8	91	267	0.02	0.25	0.73
Russia	2 548	55	757	1 736	0.02	0.30	0.68
Sweden	309	3	93	213	0.01	0.30	0.69
Slovenia	206	1	57	148	0.00	0.28	0.72
Slovakia	176	5	53	118	0.03	0.30	0.67
Turkey	487	6	103	378	0.01	0.21	0.78
Ukraine	681	8	194	479	0.01	0.28	0.70

表3-12　按规模四分位数计算，面临成本DRS、CRS和IRS的银行所占比例

Year	—1st quartile—			—2nd quartile—			—3rd quartile—			—4th quartile—		
	DRS	CRS	IRS	DRS	CRS	IRS	DRS	CRS	IRS	DRS	CRS	IRS
2000	0.00	0.22	0.78	0.00	0.19	0.81	0.02	0.28	0.71	0.00	0.19	0.81
2001	0.02	0.24	0.74	0.01	0.25	0.74	0.02	0.32	0.67	0.00	0.21	0.79
2002	0.01	0.23	0.76	0.00	0.21	0.79	0.01	0.26	0.73	0.01	0.22	0.77
2003	0.02	0.23	0.76	0.01	0.26	0.73	0.02	0.27	0.71	0.02	0.16	0.83
2004	0.02	0.27	0.71	0.01	0.28	0.70	0.03	0.27	0.71	0.01	0.24	0.75
2005	0.01	0.31	0.68	0.00	0.25	0.74	0.01	0.30	0.69	0.00	0.21	0.79
2006	0.01	0.30	0.68	0.02	0.25	0.73	0.01	0.27	0.71	0.01	0.23	0.76
2007	0.01	0.29	0.70	0.02	0.27	0.71	0.02	0.26	0.72	0.01	0.21	0.78
2008	0.03	0.31	0.66	0.01	0.34	0.65	0.01	0.30	0.69	0.02	0.23	0.75
2009	0.02	0.38	0.60	0.02	0.34	0.64	0.01	0.24	0.76	0.00	0.24	0.76
2010	0.02	0.38	0.60	0.01	0.35	0.64	0.02	0.29	0.69	0.01	0.24	0.76
2011	0.01	0.38	0.61	0.02	0.30	0.68	0.02	0.32	0.66	0.01	0.18	0.81
2012	0.00	0.30	0.70	0.02	0.29	0.69	0.02	0.32	0.67	0.00	0.20	0.80
2013	0.01	0.34	0.66	0.03	0.35	0.62	0.02	0.31	0.67	0.01	0.20	0.79
2014	0.03	0.27	0.70	0.02	0.29	0.69	0.03	0.31	0.66	0.02	0.24	0.74
2015	0.01	0.34	0.65	0.04	0.29	0.68	0.01	0.29	0.71	0.02	0.29	0.69
2016	0.05	0.31	0.64	0.00	0.39	0.61	0.03	0.29	0.67	0.01	0.20	0.78
2017	0.01	0.31	0.68	0.03	0.35	0.62	0.01	0.34	0.65	0.03	0.17	0.80
2018	0.03	0.34	0.63	0.03	0.40	0.57	0.01	0.31	0.69	0.02	0.32	0.66
2019	0.04	0.43	0.54	0.05	0.43	0.52	0.02	0.34	0.64	0.02	0.28	0.69
2020	0.01	0.44	0.55	0.05	0.43	0.52	0.04	0.37	0.59	0.06	0.34	0.60

表 3-13　**各国面临收入DRS、CRS和IRS的银行数量和比例**

Country	Total	—Counts—			—Proportions—		
		DRS	CRS	IRS	DRS	CRS	IRS
Albania	144	88	53	3	0.61	0.37	0.02
Austria	775	556	194	25	0.72	0.25	0.03
Belgium	347	274	69	4	0.79	0.20	0.01
Bulgaria	245	184	54	7	0.75	0.22	0.03
Belarus	219	174	38	7	0.79	0.17	0.03
Switzerland	1 819	1 255	504	60	0.69	0.28	0.03
Czechia	261	192	59	10	0.74	0.23	0.04
Germany	1 458	1 082	333	43	0.74	0.23	0.03
Denmark	648	504	127	17	0.78	0.20	0.03
Estonia	78	54	21	3	0.69	0.27	0.04
Spain	659	545	111	3	0.83	0.17	0.00
Finland	161	108	52	1	0.67	0.32	0.01
France	1 430	1 128	268	34	0.79	0.19	0.02
United Kingdom	1 248	919	295	34	0.74	0.24	0.03
Greece	218	173	39	6	0.79	0.18	0.03
Croatia	456	319	123	14	0.70	0.27	0.03
Hungary	257	184	67	6	0.72	0.26	0.02
Ireland	169	146	18	5	0.86	0.11	0.03
Iceland	53	39	14	0	0.74	0.26	0.00
Italy	1 606	1 247	326	33	0.78	0.20	0.02
Lithuania	131	91	30	10	0.69	0.23	0.08
Luxembourg	884	711	152	21	0.80	0.17	0.02
Latvia	292	187	93	12	0.64	0.32	0.04

续表

Country	Total	—Counts—			—Proportions—		
		DRS	CRS	IRS	DRS	CRS	IRS
Moldova	200	120	75	5	0.60	0.38	0.03
North Macedonia	189	111	75	3	0.59	0.40	0.02
Netherlands	362	296	59	7	0.82	0.16	0.02
Norway	195	148	37	10	0.76	0.19	0.05
Poland	493	393	90	10	0.80	0.18	0.02
Portugal	306	221	74	11	0.72	0.24	0.04
Romania	366	278	86	2	0.76	0.23	0.01
Russia	2 548	1 774	684	90	0.70	0.27	0.04
Sweden	309	228	73	8	0.74	0.24	0.03
Slovenia	206	158	46	2	0.77	0.22	0.01
Slovakia	176	134	37	5	0.76	0.21	0.03
Turkey	487	424	55	8	0.87	0.11	0.02
Ukraine	681	470	196	15	0.69	0.29	0.02

表3-14　　**按规模四分位数计算，面临收入DRS、CRS和IRS的银行所占比例**

Year	—1st quartile—			—2nd quartile—			—3rd quartile—			—4th quartile—		
	DRS	CRS	IRS	DRS	CRS	IRS	DRS	CRS	IRS	DRS	CRS	IRS
2000	0.52	0.45	0.03	0.77	0.20	0.03	0.80	0.17	0.02	0.92	0.08	0.00
2001	0.54	0.42	0.04	0.76	0.21	0.03	0.79	0.20	0.01	0.91	0.09	0.01
2002	0.58	0.39	0.03	0.76	0.19	0.04	0.77	0.20	0.03	0.90	0.09	0.01
2003	0.56	0.41	0.03	0.74	0.23	0.03	0.79	0.19	0.02	0.91	0.08	0.00
2004	0.54	0.43	0.03	0.74	0.24	0.03	0.75	0.22	0.03	0.87	0.12	0.01
2005	0.53	0.43	0.04	0.71	0.25	0.04	0.77	0.20	0.03	0.87	0.11	0.02

续表

Year	—1st quartile—			—2nd quartile—			—3rd quartile—			—4th quartile—		
	DRS	CRS	IRS	DRS	CRS	IRS	DRS	CRS	IRS	DRS	CRS	IRS
2006	0.55	0.39	0.05	0.74	0.23	0.03	0.79	0.19	0.02	0.91	0.09	0.00
2007	0.61	0.35	0.04	0.73	0.24	0.03	0.75	0.23	0.02	0.89	0.10	0.01
2008	0.61	0.35	0.04	0.76	0.22	0.02	0.80	0.17	0.03	0.83	0.16	0.01
2009	0.58	0.36	0.06	0.74	0.23	0.03	0.75	0.22	0.03	0.85	0.13	0.02
2010	0.61	0.34	0.05	0.71	0.25	0.04	0.74	0.23	0.03	0.83	0.15	0.02
2011	0.59	0.35	0.05	0.76	0.23	0.01	0.80	0.17	0.03	0.85	0.14	0.01
2012	0.65	0.30	0.04	0.77	0.20	0.03	0.76	0.22	0.03	0.83	0.16	0.01
2013	0.65	0.31	0.04	0.72	0.26	0.01	0.83	0.13	0.04	0.87	0.12	0.01
2014	0.65	0.30	0.06	0.68	0.28	0.04	0.79	0.20	0.00	0.83	0.15	0.02
2015	0.48	0.46	0.06	0.71	0.28	0.01	0.80	0.18	0.02	0.87	0.12	0.01
2016	0.49	0.48	0.03	0.71	0.25	0.04	0.82	0.16	0.01	0.90	0.10	0.00
2017	0.53	0.44	0.03	0.75	0.21	0.05	0.81	0.16	0.03	0.95	0.05	0.00
2018	0.55	0.45	0.01	0.75	0.22	0.03	0.78	0.21	0.02	0.89	0.11	0.01
2019	0.61	0.37	0.02	0.78	0.20	0.02	0.79	0.20	0.01	0.91	0.09	0.00
2020	0.57	0.39	0.05	0.69	0.25	0.06	0.78	0.20	0.02	0.91	0.08	0.02

表 3-15 **各国面临利润DRS、CRS和IRS的银行数量和比例**

Country	Total	—Counts—			—Proportions—		
		DRS	CRS	IRS	DRS	CRS	IRS
Albania	144	35	108	1	0.24	0.75	0.01
Austria	775	421	339	15	0.54	0.44	0.02
Belgium	347	243	96	8	0.70	0.28	0.02
Bulgaria	245	132	112	1	0.54	0.46	0.00
Belarus	219	117	100	2	0.53	0.46	0.01

续表

Country	Total	—Counts—			—Proportions—		
		DRS	CRS	IRS	DRS	CRS	IRS
Switzerland	1 819	848	943	28	0.47	0.52	0.02
Czechia	261	191	66	4	0.73	0.25	0.02
Germany	1 458	879	556	23	0.60	0.38	0.02
Denmark	648	386	251	11	0.60	0.39	0.02
Estonia	78	44	34	0	0.56	0.44	0.00
Spain	659	486	160	13	0.74	0.24	0.02
Finland	161	84	74	3	0.52	0.46	0.02
France	1 430	1 033	375	22	0.72	0.26	0.02
United Kingdom	1 248	743	487	18	0.60	0.39	0.01
Greece	218	175	39	4	0.80	0.18	0.02
Croatia	456	144	309	3	0.32	0.68	0.01
Hungary	257	160	90	7	0.62	0.35	0.03
Ireland	169	129	33	7	0.76	0.20	0.04
Iceland	53	44	9	0	0.83	0.17	0.00
Italy	1 606	1 127	463	16	0.70	0.29	0.01
Lithuania	131	60	70	1	0.46	0.53	0.01
Luxembourg	884	552	306	26	0.62	0.35	0.03
Latvia	292	138	150	4	0.47	0.51	0.01
Moldova	200	45	154	1	0.23	0.77	0.01
North Macedonia	189	50	136	3	0.26	0.72	0.02
Netherlands	362	291	67	4	0.80	0.19	0.01
Norway	195	128	57	10	0.66	0.29	0.05
Poland	493	363	123	7	0.74	0.25	0.01

续表

Country	Total	—Counts—			—Proportions—		
		DRS	CRS	IRS	DRS	CRS	IRS
Portugal	306	203	97	6	0.66	0.32	0.02
Romania	366	244	121	1	0.67	0.33	0.00
Russia	2 548	1 590	906	52	0.62	0.36	0.02
Sweden	309	171	135	3	0.55	0.44	0.01
Slovenia	206	148	57	1	0.72	0.28	0.00
Slovakia	176	129	44	3	0.73	0.25	0.02
Turkey	487	410	74	3	0.84	0.15	0.01
Ukraine	681	347	318	16	0.51	0.47	0.02

表 3-16　**按规模四分位数计算，面临利润DRS、CRS和IRS的银行所占比例**

Year	—1st quartile—			—2nd quartile—			—3rd quartile—			—4th quartile—		
	DRS	CRS	IRS	DRS	CRS	IRS	DRS	CRS	IRS	DRS	CRS	IRS
2000	0.16	0.81	0.02	0.48	0.51	0.01	0.78	0.19	0.04	0.89	0.07	0.04
2001	0.10	0.88	0.02	0.40	0.60	0.00	0.72	0.26	0.01	0.88	0.10	0.02
2002	0.13	0.86	0.01	0.43	0.57	0.00	0.76	0.22	0.02	0.91	0.06	0.03
2003	0.13	0.85	0.02	0.47	0.53	0.00	0.78	0.21	0.01	0.89	0.10	0.02
2004	0.15	0.84	0.01	0.47	0.53	0.01	0.76	0.22	0.01	0.91	0.08	0.01
2005	0.14	0.86	0.00	0.44	0.55	0.01	0.73	0.26	0.01	0.88	0.12	0.00
2006	0.18	0.80	0.02	0.48	0.49	0.03	0.78	0.21	0.01	0.87	0.11	0.01
2007	0.27	0.72	0.00	0.56	0.42	0.02	0.80	0.18	0.01	0.87	0.11	0.02
2008	0.33	0.65	0.02	0.59	0.39	0.02	0.85	0.13	0.01	0.87	0.12	0.01
2009	0.31	0.67	0.02	0.62	0.36	0.02	0.79	0.19	0.02	0.88	0.11	0.02
2010	0.27	0.70	0.03	0.62	0.37	0.01	0.80	0.18	0.01	0.88	0.10	0.02

续表

Year	—1st quartile—			—2nd quartile—			—3rd quartile—			—4th quartile—		
	DRS	CRS	IRS	DRS	CRS	IRS	DRS	CRS	IRS	DRS	CRS	IRS
2011	0.27	0.72	0.01	0.61	0.37	0.01	0.81	0.16	0.03	0.90	0.08	0.01
2012	0.28	0.71	0.01	0.62	0.37	0.01	0.84	0.14	0.02	0.87	0.10	0.03
2013	0.32	0.66	0.02	0.65	0.33	0.02	0.81	0.17	0.02	0.90	0.09	0.01
2014	0.32	0.68	0.00	0.56	0.42	0.02	0.83	0.16	0.01	0.87	0.11	0.01
2015	0.21	0.78	0.01	0.50	0.49	0.01	0.83	0.16	0.01	0.86	0.11	0.03
2016	0.15	0.82	0.03	0.46	0.52	0.02	0.86	0.12	0.01	0.93	0.07	0.00
2017	0.25	0.74	0.01	0.69	0.31	0.01	0.77	0.17	0.05	0.93	0.07	0.00
2018	0.23	0.73	0.05	0.61	0.38	0.02	0.82	0.14	0.05	0.95	0.05	0.00
2019	0.29	0.70	0.01	0.60	0.37	0.02	0.80	0.17	0.02	0.87	0.12	0.02
2020	0.16	0.79	0.05	0.52	0.47	0.01	0.82	0.15	0.03	0.85	0.13	0.02

表3-17　　前10大银行所面临的成本规模报酬率的类型

Year	10th	9th	8th	7th	6th	5th	4th	3rd	2nd	1st
2000	I3	I3	I3	I3	I3	I3	I3	I3	I3	I3
2001	I3	I3	I3	I3	I3	I3	I3	I3	I3	I3
2002	I3	I3	I3	I3	I3	I3	I3	I3	I3	I3
2003	I3	I3	I3	I3	I3	I3	I3	I3	I3	C
2004	I3	I3	I3	D1	C	I3	I3	I2	I3	D2
2005	I3	I3	I3	I3	I3	I3	I3	I3	I3	I2
2006	I3	C	I3	I3	C	I3	I3	I3	I2	I3
2007	I3	C	I3	I3	C	I3	I3	I3	I3	C
2008	I3	I3	C	I3	C	I3	I3	I3	I3	I3
2009	I3	C	I3	I3	I3	I3	I3	I3	C	I3
2010	I3	I3	I3	I3	C	I3	I3	I3	C	I3

续表

Year	10th	9th	8th	7th	6th	5th	4th	3rd	2nd	1st
2011	I3	C	I3	I3	I3	I3	I3	I3	I3	I3
2012	I3	I3	C	C	C	I3	I2	I3	I1	I3
2013	I3	C	I3	C	I3	I3	I3	C	I3	I3
2014	I3	I3	I3	I3	C	I3	I3	I3	I3	C
2015	I3	I3	I3	I3	I3	I3	I3	I3	C	I3
2016	I3	I3	I3	I3	I3	I3	I3	I3	I3	I3
2017	I3	I2	I3	I3	I3	I3	I3	I3	I3	I3
2018	I3	I3	I3	I3	I3	I3	I3	I3	I3	I3
2019	I3	I3	I3	I3	I3	I3	I3	I3	I3	I3
2020	I3	C	I3	C	I3	I3	C	I3	I3	I3

注：I、C、D分别代表规模报酬率的增加、不变和减少。在10%、5%或1%水平上的统计学显著性（与0的差异）分别用1、2或3表示。例如，I3表示在百分之一的水平上，规模收益增加。

表3-18　　前10大银行所面临的收入规模报酬率的类型

Year	10th	9th	8th	7th	6th	5th	4th	3rd	2nd	1st
2000	D3	D3	D3	D3	D3	D3	D3	D3	D3	D3
2001	D3	D3	D3	D3	D3	D3	D3	D3	D3	D3
2002	D3	D3	D3	D3	D3	D3	D3	D3	D3	D3
2003	D3	D3	C	D3	D3	D3	D3	D3	D3	D3
2004	D3	D3	D3	D3	D3	D3	D3	D3	D3	D3
2005	D3	D3	D3	D3	D3	D3	D3	D3	D3	D3
2006	D3	D3	C	D3	D3	D3	D3	D3	D3	D3
2007	D3	D3	D3	D3	D3	D3	D3	D3	D3	D3
2008	D3	D3	C	D3	D3	D3	D3	D3	D3	D3

续表

Year	10th	9th	8th	7th	6th	5th	4th	3rd	2nd	1st
2009	D3	D3	D3	D3	D3	D3	D3	D3	D3	D3
2010	D3	D3	D3	D3	D3	C	D3	D3	D2	D3
2011	C	D3	D3	D3	D3	D3	D3	D3	D3	D3
2012	D3	D3	D3	D3	D3	D3	D3	D3	D1	D3
2013	D3	D3	D3	D3	D3	D3	D3	D3	D3	D3
2014	D3	D3	C	D3	D3	D3	D2	D1	D3	C
2015	D3	D3	D3	D3	I1	D3	D3	D3	D3	D3
2016	D3	D3	D3	D3	D3	D3	D3	D3	D3	D3
2017	D3	D3	D3	D3	D3	D3	D3	D3	D3	D3
2018	D3	D3	D3	D3	D3	D3	C	D3	D3	D3
2019	D3	D3	D3	D3	D3	D3	D3	D3	D3	D3
2020	D3	D3	D3	D3	D3	D3	D3	D3	D3	C

注：I、C、D分别代表规模报酬率的增加、不变和减少。在10%、5%或1%水平上的统计学显著性（与0的差异）分别用1、2或3表示。例如，I3表示在百分之一的水平上，规模收益增加。

表3-19　　前10大银行所面临的利润规模报酬率的类型

Year	10th	9th	8th	7th	6th	5th	4th	3rd	2nd	1st
2000	D3	D3	D3	D3	D3	D3	D3	D3	D3	D3
2001	D3	D3	D3	D3	D3	D3	D3	D3	D3	D3
2002	D3	D3	D3	D3	D3	D3	D3	D3	D3	D3
2003	D3	D3	D3	D3	D3	D3	D3	D3	D3	D3
2004	D3	D3	D3	D3	D3	D3	D3	D3	D3	D3
2005	D3	D3	D3	D3	D3	D3	D3	D3	D3	D3
2006	D3	D3	D3	D3	D3	D3	D3	D3	D3	D3

续表

Year	10th	9th	8th	7th	6th	5th	4th	3rd	2nd	1st
2007	D3	D3	D3	D3	D3	D3	D3	D3	D3	D3
2008	D3	D3	D3	D3	D3	D3	D3	D3	D3	D3
2009	D3	D3	D3	D3	D3	D3	D3	D3	D3	D3
2010	D3	D3	D3	D3	D3	D3	D3	D3	D3	D3
2011	C	D3	D3	D3	D3	D3	D3	D3	D3	D3
2012	D3	D3	D3	D3	D3	D3	D3	D3	D3	D3
2013	D3	D3	D3	D3	D3	D3	D3	D3	D3	D3
2014	D3	D3	D3	D3	D3	D3	D3	D3	D3	D3
2015	D3	D3	D3	D3	D3	D3	D3	D3	D3	D3
2016	D3	D3	D3	D3	C	D3	D3	D3	D3	D3
2017	D3	D3	D3	D3	D3	D3	D3	D3	D3	D3
2018	D3	D3	D3	D3	D3	D3	D3	D3	D3	D3
2019	D3	D3	D3	D3	D3	D3	D3	D3	D3	D3
2020	D3	D3	D3	D3	D3	D3	D3	D3	D3	D3

注：I、C、D分别代表规模报酬率的增加、不变和减少。在10%、5%或1%水平上的统计学显著性（与0的差异）分别用1、2或3表示。例如，I3表示在百分之一的水平上，规模收益增加。

主要参考文献

[1] AHMAD N，NAVEED A，AHMAD S，et al.Banking sector performance，profitability，and efficiency：a citation-based systematic literature review [J]．Journal of Economic Surveys，2020（34）：185–218.

[2] AKHIGBE A，MCNULTY J E. The profit efficiency of small US commercial banks [J]．Journal of Banking & Finance，2003（27）：307–325.

[3] ALLEN F，QIAN J Q，GU X.An overview of China's financial system [J]．Annual Review of Financial Economics，2017（9）：191–231.

[4] ALLEN J，LIU Y. Efficiency and economies of scale of large Canadian banks [J]．Canadian Journal of Economics，2007（40）：225–244.

[5] ALTUNBAS Y，CHAKRAVARTY S. Frontier cost functions and bank efficiency [J]．Economics Letters，2001（72）：233–240.

[6] ALTUNBAS Y，GARDENER E，MOLYNEUX P，et al. Efficiency in European banking [J]．European Economic Review，2001（45）：1931–1955.

[7] ALTUNBAS Y，MOLYNEUX P. Economies of scale and scope in European banking [J]．Applied Financial Economics，1996（6）：367–375.

[8] AN Q，CHEN H，WU J，et al. Measuring slacks-based efficiency for commercial banks in China by using a two-stage DEA model with undesirable

output [J]. Annals of Operations Research, 2015 (235): 13-35.

[9] BANKER R D, CHARNES A, COOPER W W. Some models for estimating technical and scale inefficiencies in data envelopment analysis [J]. Management Science, 1984 (30): 1078-1092.

[10] BAUMOL W J, PANZAR J C, WILLIG R D.Contestable markets and the theory of industry structure [M]. New York: Harcourt Brace Jovanovich, 1982.

[11] BECCALLI E, ANOLLI M, BORELLO. Are European banks too big? evidence on economies of scale [J]. Journal of Banking & Finance, 2015 (58): 232-246.

[12] BECCALLI E, ROSSI L.Economies or diseconomies of scope in the EU banking industry? [J]. European Financial Management, 2020 (26): 1261-1293.

[13] BERGER A N, HANWECK G A, HUMPHREY D B.Competitive viability in banking [J]. Journal of Monetary Economics, 1987 (20): 501-520.

[14] BERGER A N, HASAN I, ZHOU M.Bank ownership and efficiency in China: what will happen in the world's largest nation? [J]. Journal of Banking and Finance, 2009 (33): 113-130.

[15] BERGER A N, HUMPHREY D B, PULLEY L B.Do consumers pay for one-stop banking? evidence from an alternative revenue function [J]. Journal of Banking & Finance, 1996 (20): 1601-1621.

[16] BERGER A N, MESTER L J. Inside the black box: what explains differences in the efficiencies of financial institutions? [J]. Journal of Banking & Finance, 1997 (21): 895-947.

[17] BERGER A N, MESTER L J. Explaining the dramatic changes in performance of US banks: technological change, deregulation, and dynamic changes in competition [J]. Journal of Financial Intermediation, 2003 (12): 57-95.

[18] BOOT A, HOFFMANN P, LAEVEN L, et al.Fintech: what's old, what's new? [J]. Journal of Financial Stability, 2021 (53): 100836.

[19] BOUCINHA M, RIBEIRO N, WEYMAN-JONES T. An assessment of Portuguese banks'efficiency and productivity towards Euro area participation [J]. Journal of Productivity Analysis, 2013 (39): 177-190.

[20] BRAEUTIGAM R R, DAUGHETY A F. On the estimation of returns to

scale using variable cost functions [J]. Economics Letters, 1983 (11): 25-31.

[21] BREWER E, JAGTIANI J.How much did banks pay to become too-big-to-fail and to become systemically important? [J]. Journal of Financial Services Research, 2013 (43): 1-35.

[22] CAVALLO L, ROSSI S P.Scale and scope economies in the European banking systems [J]. Journal of Multinational Financial Management, 2001 (11): 515-531.

[23] CAVES D W, CHRISTENSEN L R, SWANSON J A.Productivity growth, scale economies, and capacity utilization in U.S.railroads, 1955-1974 [J]. American Economic Review, 1981 (71): 994-1002.

[24] CHEN X, SKULLY M, BROWN K. Banking efficiency in China: application of DEA to pre-and post-deregulation eras: 1993—2000 [J]. China Economic Review, 2005 (16): 229-245.

[25] CHEN Z, HE Z, LIU C.The financing of local government in China: stimulus loan wanes and shadow banking waxes [J]. Journal of Financial Economics, 2020 (137): 42-71.

[26] CONG L W, GAO H, PONTICELLI J, et al. Credit allocation under economic stimulus: evidence from China [J]. The Review of Financial Studies, 2019 (32): 3412-3460.

[27] DARAIO C, BONACCORSI A, SIMAR L. Rankings and university performance: a conditional multidimensional approach [J]. European Journal of Operational Research, 2015 (244): 918-930.

[28] DARAIO C, SIMAR L.Advanced robust and nonparametric methods in efficiency analysis [M]. New York: Springer Science+Business Media, LLC, 2007.

[29] DARAIO C, SIMAR L.Directional distances and their robust versions: computational and testing issues [J]. European Journal of Operational Research, 2014 (237): 358-369.

[30] DARAIO C, SIMAR L, WILSON P W. Central limit theorems for conditional efficiency measures and tests of the ‘separability condition’ in non-parametric, two-stage models of production [J]. The Econometrics Journal, 2018 (21): 170-191.

[31] DAS S R.The future of fintech [J]. Financial Management, 2019 (48): 981-1007.

[32] DAVIDSON R，MACKINNON J. Estimation and inference in econometrics [M]. New York：Oxford University Press，1993.

[33] DEMIRGÜÇ-KUNT A，HUIZINGA H. Are banks too big to fail or too big to save? international evidence from equity prices and CDS spreads [J]. Journal of Banking & Finance，2013（37）：875-894.

[34] DEYOUNG R，HASAN I. The performance of de novo commercial banks：a profit efficiency approach [J]. Journal of Banking & Finance，1998（22）：565-587.

[35] DIETSCH M. Economies of scale and scope in French commercial banking industry [J]. Journal of Productivity Analysis，1993（4）：35-50.

[36] DONG J，YIN L，LIU X，et al. Impact of internet finance on the performance of commercial banks in China [J]. International Review of Financial Analysis，2020（72）：101579.

[37] DONG Y，FIRTH M，HOU W，et al. Evaluating the performance of Chinese commercial banks：a comparative analysis of different types of banks [J]. European Journal of Operational Research，2016（252）：280-295.

[38] DONG Y，HAMILTON R，TIPPETT M. Cost efficiency of the Chinese banking sector：a comparison of stochastic frontier analysis and data envelopment analysis [J]. Economic Modelling，2014（36）：298-308.

[39] DU K，WORTHINGTON A C，ZELENYUK V. Data envelopment analysis，truncated re-gression and double-bootstrap for panel data with application to Chinese banking [J]. European Journal of Operational Research，2018（265）：748-764.

[40] DUYGUN M，SHABAN M，SICKLES R C，et al. How a regulatory capital requirement affects banks' productivity：an application to emerging economies [J]. Journal of Productivity Analysis，2015（44）：237-248.

[41] FAN J，GIJBELS I. Local polynomial modelling and its applications [M]. London：Chapman and Hall，1996.

[42] FÄRE R. Fundamentals of production theory [M]. Berlin：Springer-Verlag，1988.

[43] FÄRE R，GROSSKOPF S，LOVELL C A K. The measurement of efficiency of production [M]. Boston：Kluwer-Nijhoff Publishing，1985.

[44] FARRELL M J. The measurement of productive efficiency [J]. Journal of the Royal Statistical Society A，1957（120）：253-281.

[45] FENG G, GAO J, PENG B, et al.A varying-coefficient panel data model with fixed effects: theory and an application to US commercial banks [J]. Journal of Econometrics, 2017 (196): 68-82.

[46] FENG G, SERLETIS A. Efficiency, technical change, and returns to scale in large US banks: panel data evidence from an output distance function satisfying theoretical regularity [J]. Journal of Banking & Finance, 2010 (34): 127-138.

[47] FENG G, ZHANG X.Returns to scale at large banks in the US: a random coefficient stochastic frontier approach [J]. Journal of Banking & Finance, 2014 (39): 135-145.

[48] FETHI M D, SHABAN M, WEYMAN-JONES T. Turkish banking recapitalization and the financial crisis: an efficiency and productivity analysis [J]. Emerging Markets Finance and Trade, 2012 (48): 76-90.

[49] FIORDELISI F, RADIĆ N, WEYMAN-JONES T.Bank performance and the shadow price of capital [R]. Unpublished working paper, Facoltàdi Economia, Università degli StudiRomaTre, 2018.

[50] FUNGÁČOVÁ Z, PESSAROSSI P, WEILL L. Is bank competition detrimental to efficiency? evidence from China [J]. China Economic Review, 2013 (27): 121-134.

[51] GALLANT A R.On the bias in flexible functional forms and an essentially unbiased form: the fourier flexible form [J]. Journal of Econometrics, 1981 (15): 211-245.

[52] GANDHI P, LUSTIG H, PLAZZI A. Equity is cheap for large financial institutions [J]. The Review of Financial Studies, 2020 (33): 4231-4271.

[53] GILBERT A, WILSON P W.Effects of deregulation on the productivity of Korean banks [J]. Journal of Economics and Business, 1998 (50): 133-155.

[54] GOISIS G, GIORGETTI M L, PARRAVICINI P, et al.Economies of scale and scope in the European banking sector [J]. International Review of Economics, 2009 (56): 227-242.

[55] GU H, YUE J. The relationship between bank efficiency and stock returns [J]. World Journal of Social Sciences, 2011 (1): 95-106.

[56] GUO F, JINGYI W, FANG W, et al.Measuring China's digital financial

inclusion: index compilation and spatial characteristics [J]. China Economic Quarterly, 2020 (19): 1401–1418.

[57] HALDANE A, BOOTH P. On being the right size [J]. Journal of Financial Perspectives, 2014 (2) .

[58] HALL P. The Bootstrap and Edgeworth Expansion [M]. New York: Springer-Verlag, 1992.

[59] HÄRDLE W. Applied Nonparametric Regression [M]. Cambridge: Cambridge University Press, 1990.

[60] HÄRDLE W, MAMMEN E. Comparing nonparametric versus parametric regression fits [J]. Annals of Statistics, 1993 (21): 1926–1947.

[61] HASANNASAB M, MARGARITIS D, STAIKOURAS C. The financial crisis and the shadow price of bank capital [J]. Annals of Operations Research, 2019 (282): 131–154.

[62] HENDERSON D J, PARMETER C F. Applied nonparametric econometrics [M]. Cambridge: Cambridge University Press, 2015.

[63] HORNUF L, KLUS M F, LOHWASSER T S, et al. How do banks interact with fintech startups? [J]. Small Business Economics, 2021 (57): 1505–1526.

[64] HUANG T H, LIN C I, CHEN K C. Evaluating efficiencies of Chinese commercial banks in the context of stochastic multistage technologies [J]. Pacific-Basin Finance Journal, 2017 (41): 93–110.

[65] HUANG Z, DU X. Holding the market under the stimulus plan: local government financing vehicles' land purchasing behavior in China [J]. China Economic Review, 2018 (50): 85–100.

[66] HUGHES J P. Incorporating risk into the analysis of production [J]. Atlantic Economic Journal, 1999 (27): 1–23.

[67] HUGHES J P, MESTER L J. Who said large banks don't experience scale economies? evidence from a risk-return-driven cost function [J]. Journal of Financial Intermediation, 2013 (22): 559–585.

[68] HUGHES J P, MESTER L J, MOON C G. Are scale economies in banking elusive or illusive? evidence obtained by incorporating capital structure and risk-taking into models of bank production [J]. Journal of Banking and Finance, 2001 (25): 2169–2208.

[69] JI K, SONG W, WANG R. Research on China's commercial banks rating and ranking based on DEA [J]. American Journal of Operations

Research, 2012 (2): 122-125.

[70] KNEIP A, PARK B, SIMAR L. A note on the convergence of nonparametric DEA efficiency measures [J]. Econometric Theory, 1998 (14): 783-793.

[71] KNEIP A, SIMAR L, WILSON P W. Asymptotics and consistent bootstraps for DEA estimators in non-parametric frontier models [J]. Econometric Theory, 2008 (24): 1663-1697.

[72] KNEIP A, SIMAR L, WILSON P W. When bias kills the variance: central limit theorems for DEA and FDH efficiency scores [J]. Econometric Theory, 2015 (31): 394-422.

[73] KNEIP A, SIMAR L, WILSON P W. Testing hypotheses in nonparametric models of production [J]. Journal of Business and Economic Statistics, 2016 (34): 435-456.

[74] KNEIP A, SIMAR L, WILSON P W. Inference in dynamic, nonparametric models of production: central limit theorems for Malmquist indices [J]. Econometric Theory, 2021 (37): 537-572.

[75] KOVNER A, VICKERY J, ZHOU L. Do big banks have lower operating costs? [J]. Journal of Financial Perspectives, 2015 (3): 157-196.

[76] LANGFIELD S, MARCO P. Bank bias in Europe: effects on systemic risk and growth [J]. Economic Policy, 2016 (31): 51-106.

[77] LEE I, SHIN Y J. Fintech: ecosystem, business models, investment decisions, and challenges [J]. Business Horizons, 2018 (61): 35-46.

[78] LI C. Quantitative measurement and analysis of fintech risk in China [J]. Economic Research-Ekonomska Istraživanja, 2021: 1-19.

[79] LIN X, ZHANG Y. Bank ownership reform and bank performance in China [J]. Journal of Banking & Finance, 2009 (33): 20-29.

[80] LIU Q, PAN X, TIAN G G. To what extent did the economic stimulus package influence bank lending and corporate investment decisions? evidence from China [J]. Journal of Banking and Finance, 2018 (86): 177-193.

[81] LIU W, ZHOU Z, MA C, et al. Two-stage DEA models with undesirable input-intermediate-outputs [J]. Omega, 2015 (56): 74-87.

[82] MALIKOV E, RESTREPO-TOBÓN D A, KUMBHAKAR S C. Heterogeneous credit union production technologies with endogenous switching and

correlated effects [J]. Econometric Reviews, 2018 (37): 1095-1119.

[83] MCALLISTER P H, MCMANUS D. Resolving the scale efficiency puzzle in banking [J]. Journal of Banking and Finance, 1993 (17): 389-405.

[84] MESTER L J. Efficiency in the savings and loan industry [J]. Journal of Banking & Finance, 1993 (17): 267-286.

[85] MITCHELL K, ONVURAL N M. Economies of scale and scope at large commercial banks: evidence from the fourier flexible functional form [J]. Journal of Money, Credit and Banking, 1996 (28): 178-199.

[86] NOULAS A G, RAY S C, MILLER S M. Returns to Scale and Input Substitution for Large U.S. Banks [J]. Journal of Money, Credit and Banking, 1990 (22): 94-108.

[87] OUYANG M, PENG Y. The treatment-effect estimation: a case study of the 2008 economic stimulus package of China [J]. Journal of Econometrics, 2015 (188): 545-557.

[88] PARK B U, JEONG S O, SIMAR L. Asymptotic distribution of conical-hull estimators of directional edges [J]. Annals of Statistics, 2010 (38): 1320-1340.

[89] PARK B U, SIMAR L, WEINER C. FDH efficiency scores from a stochastic point of view [J]. Econometric Theory, 2000 (16): 855-877.

[90] RACINE J. Consistent significance testing for nonparametric regression [J]. Journal of Business & Economic Statistics, 1997 (15): 369-378.

[91] RADIĆ N. Shareholder value creation in Japanese banking [J]. Journal of Banking and Finance, 2015 (52): 199-207.

[92] RAY S C, DESLI E. Productivity growth, technical progress, and efficiency change in industrialized countries: comment [J]. American Economic Review, 1997 (87): 1033-1039.

[93] RESTREPO-TOBÓN D, KUMBHAKAR S C. Nonparametric estimation of returns to scale using input distance functions: an application to large U.S.banks [J]. Empirical Economics, 2015 (48): 143-168.

[94] RIME B, STIROH K J. The performance of universal banks: evidence from Switzerland [J]. Journal of Banking & Finance, 2003 (27): 2121-2150.

[95] ROBINSON P M. Root-n-consistent semiparametric regression [J].

Econometrica, 1988 (56): 931-954.

[96] SANTOS J A C.Evidence from the bond market on banks' "Too-Big-to-Fail" subsidy [J]. FRBNY Economic Policy Review, 2014 (20): 29-39.

[97] SAPCI A, MILES B. Bank size, returns to scale, and cost efficiency [J]. Journal of Economics and Business, 2019 (105): 105842.

[98] SEALEY C, LINDLEY J.Inputs, outputs, and a theory of production and cost at depository financial institutions [J]. Journal of Finance, 1977 (32): 1251-1266.

[99] SHEPHARD R W. Theory of cost and production functions [M]. Princeton: Princeton University Press, 1970.

[100] SIMAR L, VAN KEILEGOM I, ZELENYUK V. Nonparametric least squares methods for stochastic frontier models [J]. Journal of Productivity Analysis, 2017 (47): 189-204.

[101] SIMAR L, VANHEMS A, VAN KEILEGOM I.Unobserved heterogeneity and endogeneity in nonparametric frontier estimation [J]. Journal of Econometrics, 2016 (190): 360-373.

[102] SIMAR L, WILSON P W.Estimation and inference in two-stage, semi-parametric models of productive efficiency [J]. Journal of Econometrics, 2007 (136): 31-64.

[103] SIMAR L, WILSON P W.Two-stage DEA: caveat emptor [J]. Journal of Productivity Analysis, 2011 (36): 205-218.

[104] SIMAR L, WILSON P W. Estimation and inference in nonparametric frontier models: recent developments and perspectives [J]. Foundations and Trends in Econometrics, 2013 (5): 183-337.

[105] SIMAR L, WILSON P W. Statistical approaches for nonparametric frontier models: a guided tour [J]. International Statistical Review, 2015 (83): 77-110.

[106] SIMAR L, WILSON P W. Central limit theorems and inference for sources of productivity change measured by nonparametric Malmquist indices [J]. European Journal of Operational Research, 2019 (277): 756-769.

[107] SIMAR L, WILSON P W.Hypothesis testing in nonparametric models of production using multiple sample splits [J]. Journal of Productivity Analysis, 2020 (53): 287-303.

[108] UEDA K, WEDER DI MAURO B. Quantifying structural subsidy values for systemically important financial institutions [J]. Journal of Banking & Finance, 2013 (37): 3830-3842.

[109] VENNET R V. Cost and profit efficiency of financial conglomerates and universal banks in Europe [J]. Journal of Money, Credit and Banking, 2002 (34): 254-282.

[110] WALKER G. Economies of scale in Australian banks 1978—1990 [J]. Australian Economic Papers, 1998 (37): 71-87.

[111] WANG K, HUANG W, WU J, et al. Efficiency measures of the Chinese commercial banking system using an additive two-stage DEA [J]. Omega, 2014 (44): 5-20.

[112] WEYMAN-JONES T. Efficiency, competition and the shadow price of capital [M]. London: Palgrave Macmillan UK, 2016: 147-167.

[113] WHEELOCK D C, WILSON P W. Evaluating the efficiency of commercial banks: does our view of what banks do matter? [J]. Federal Reserve Bank of St.Louis Review, 1995 (77): 39-52.

[114] WHEELOCK D C, WILSON P W. Technical progress, inefficiency, and productivity change in U. S. banking, 1984—1993 [J]. Journal of Money, Credit, and Banking, 1999 (31): 212-234.

[115] WHEELOCK D C, WILSON P W. New evidence on returns to scale and product mix among U. S. commercial banks [J]. Journal of Monetary Economics, 2001 (47): 653-674.

[116] WHEELOCK D C, WILSON P W. Non-parametric, unconditional quantile estimation for efficiency analysis with an application to Federal Reserve check processing operations [J]. Journal of Econometrics, 2008 (145): 209-225.

[117] WHEELOCK D C, WILSON P W. Robust nonparametric quantile estimation of efficiency and productivity change in U. S. commercial banking, 1985—2004 [J]. Journal of Business and Economic Statistics, 2009 (27): 354-368.

[118] WHEELOCK D C, WILSON P W. Are credit unions too small? [J]. Review of Economics and Statistics, 2011 (93): 1343-1359.

[119] WHEELOCK D C, WILSON P W. Do large banks have lower costs? new estimates of returns to scale for U. S. banks [J]. Journal of Money, Credit, and Banking, 2012 (44): 171-199.

[120] WHEELOCK D C，WILSON P W.The evolution of scale-economies in U.S.banking [J]. Journal of Applied Econometrics，2018 (33)：16–28.

[121] WHITE H.A heteroskedasticity-consistent covariance matrix estimator and a direct test for heteroskedasticity [J]. Econometrica，1980 (48)：817–838.

[122] WILSON P W.Asymptotic properties of some non-parametric hyperbolic efficiency estimators [M]. Berlin：Springer-Verlag，2011：115–150.

[123] WILSON P W. Dimension reduction in nonparametric models of production [J]. European Journal of Operational Research，2018 (267)：349–367.

[124] WILSON P W，ZHAO S.Evidence from shadow price of equity on "Too-Big-to-Fail" Banks [J]. Journal of Productivity Analysis，2022 (57)：23–40.

[125] WILSON P W，ZHAO S.Investigating the performance of Chinese banks over 2007—2014 [J]. Annals of Operations Research，2023 (321)：663–692.

[126] WONG C.The fiscal stimulus programme and public governance issues in China [J]. OECD Journal on Budgeting，2011 (11)：1–22.

[127] YAO M，DI H，ZHENG X，et al. Impact of payment technology innovations on the traditional financial industry：a focus on China [J]. Technological Forecasting and Social Change，2018 (135)：199–207.

[128] YAO S，HAN Z，FENG G.Ownership reform，foreign competition and efficiency of Chinese commercial banks：a nonparametric approach [J]. The World Economy，2008 (31)：1310–1326.

[129] YAO S，JIANG C，FENG G，et al.WTO challenges and efficiency of Chinese banks [J]. Applied Economics，2007 (39)：629–643.

[130] YE J，ZHANG A，DONG Y. Banking reform and industry structure：evidence from China [J]. Journal of Banking & Finance，2019 (104)：70–84.

[131] ZHA Y，LIANG N，WU M，et al.Efficiency evaluation of banks in China：a dynamic two-stage slacks-based measure approach [J]. Omega，2016 (60)：60–72.

[132] ZHANG T X，WANG Y.Production efficiency of Chinese banks：a revisit [J]. Managerial Finance，2014 (40)：969–986.

[133] 刘孟飞，蒋维．金融科技促进还是阻碍了商业银行效率？——基于中国银

行业的实证研究 [J]. 当代经济科学，2020 (42): 56-68.

[134] 卜亚，张倩. 金融科技对商业银行效率的影响研究——基于技术溢出视角的分析 [J]. 经济论坛，2021 (5): 37-49.

[135] 杜莉，刘铮. 数字金融对商业银行信用风险约束与经营效率的影响 [J]. 国际金融研究，2022 (6): 75-85.

[136] 杨望，徐慧琳，谭小芬，等. 金融科技与商业银行效率——基于DEA-Malmquist模型的实证研究 [J]. 国际金融研究，2020 (7): 56-65.

[137] 沈悦，郭品. 互联网金融、技术溢出与商业银行全要素生产率 [J]. 金融研究，2015 (3): 160-175.

[138] 邱晗，黄益平，纪洋. 金融科技对传统银行行为的影响——基于互联网理财的视角 [J]. 金融研究，2018 (11): 17-29.

[139] 郭峰，王靖一，王芳，等. 测度中国数字普惠金融发展：指数编制与空间特征 [J]. 经济学（季刊），2020 (19): 1401-1418.

索引

后记

在本书完成之际，特别感谢 Paul Wilson 教授和 Valentin Zelenyuk 教授在我读博以及工作期间对我的耐心指导。没有他们思想上的启迪和对研究工作的以身示范，本书是难以呈现在读者面前的。感谢吴季教授在相关论文写作过程中给予的帮助与支持。此外，本书在编校过程中，得到了索萌嘉和杨璐钰同学的翻译、解咏琪和王小妞同学的校对，在此亦表示感谢。

本书的出版获得了东北财经大学出版基金资助，在此表示衷心的感谢。由于作者水平有限且时间不充裕，书中难免有缺点和不足之处，恳请读者批评指正。

赵世荣

2023 年 12 月